中華文化促進會主持編纂

國家“十一五”重點圖書出版規劃項目

中國社會科學院哲學社會科學創新工程學術出版資助項目

出品人 王石 段先念

今注本二十四史

金史

七

志

〔四〕

元 脱脱等 撰

張博泉 程妮娜 主持校注

中國社會科學出版社

金史　卷四三

志第二十四

輿服上

天子車輅　皇后妃嬪車輦　皇太子車制　王公以下車制及鞍勒飾

古者車輿之制，各有名物表識，以祀以封，以田以戎，[1]所以别上下、明等威也。歷代相承，互有損益，或因時創始，或襲舊致文，[2]奇巧日滋，浮靡益蕩。加以後世便習騎乘，車用盖寡，[3]惟於郊廟祀享法駕導引，爲一代令儀而不敢廢也。其於先王經世立法之意，寥乎闊哉！

[1]田：通“畋”，狩獵。

[2]襲舊致文：意爲沿用舊式樣。

[3]車用盖寡：春秋時期，北方騎馬習俗傳入中原後，出行使用車子的情況逐漸減少。

金初得遼之儀物，既而克宋，於是乎有車輅之制。[1]熙宗幸燕，[2]始用法駕。迨至世宗，制作乃定，班班乎古矣！考禮文，證國史，以見一代之制度云。

[1]輅：大車。

[2]熙宗：廟號。即完顏合剌，漢名亶。1135年至1149年在位。　燕：燕京，即今北京。

大定十一年，將有事於南郊，[1]命太常寺檢宋南郊禮，[2]鹵簿當用玉輅、[3]金輅、[4]象輅、[5]革輅、[6]木輅、[7]耕根車、[8]明遠車、[9]指南車、[10]記里鼓車、[11]崇德車、[12]皮軒車、[13]進賢車、[14]黄鉞車、[15]白鷺車、[16]鸞旗車、[17]豹尾車、[18]軺車、[19]羊車各一，[20]革車五，[21]屬車十二。[22]除見有車輅外，闕象、[23]木、革輅、耕根、明遠、皮軒、進賢、白鷺、羊車，大輦各一，[24]革車三，屬車四。

[1]南郊：在中都南門豐宜門外，設有祭祀天地的圓壇。

[2]太常寺：官名。掌管太廟、廩犧、郊社、諸陵、大樂等官屬。熙宗皇統三年（1143）正月始置。　南郊禮：在南郊舉行的祭天禮儀。

[3]鹵簿：帝王出行儀仗。漢應劭《漢官儀》："天子出車駕次第謂之鹵，兵衛以甲盾居外爲前導，皆謂之簿，故曰鹵簿。"　玉輅：帝王所乘車之一。車架的各端頭以玉爲飾，是最高等級的車。

[4]金輅：車架的各端頭以金爲飾。

[5]象輅：車架的各端頭以象牙爲飾。

[6]革輅：車架的各端頭飾以革。

［7］木輅：車架的各端頭飾以黑漆。

［8］耕根車：漢代以來帝王親耕藉田時所乘之車。

［9］明遠車：帝王儀仗用車之一。即唐代四望車，四面有窗可供觀望。

［10］指南車：古代一種指示方向的車輛，是古代帝王出門時，儀仗車輛之一。《宋書》卷一八《禮志》："其制如鼓車，設木人於車上，舉手指南。車雖回轉，所指不移。"

［11］記里鼓車：又名記道車、大章車。獨轅雙輪，利用車輪帶動大小不同的一組齒輪，使車輪走滿一里時，其中一個齒輪剛好轉動一圈，輪軸撥動車廂上的木人打鼓或擊鍾，報告行程。

［12］崇德車：帝王儀仗用車之一。由秦朝的辟惡車演變而來，意在辟邪。秦朝辟惡車上有桃弧棘矢，所以禳却不祥。北宋初的崇德車車廂周施花版，四角刻辟惡獸，中載黄旗，亦繡此獸。車上有太卜署令一人，在車中執旗。駕四馬，駕士十八人。北宋政和時期，車建黄羅繡崇德旗一面，彩畫刻木獅豸四頭。北宋末宣和元年（1119），以巫代替太卜署令，以弧矢代替辟惡獸。金承宋制，具體不詳。

［13］皮軒車：漢代出現的一種帝王儀仗車隊中的前驅車。即以虎皮飾車爲皮軒，取《禮記·曲禮》"前有士師，則載虎皮"之義。金承前制。

［14］進賢車：帝王儀仗用車之一。車名意爲進賢任能。

［15］黄鉞車：帝王儀仗用車之一。車廂赤質，曲壁，中設金鉞一柄。車上有武士一人，在車中執鉞。

［16］白鷺車：隋代開始帝王儀仗用車之一。一名鼓吹車，獨轅，以白鷺爲車廂飾。

［17］鸞旗車：漢代前驅車。赤質，曲壁，一轅。上載赤旗，繡鸞鳥。

［18］豹尾車：唐貞觀後加於鹵簿内，制同黄鉞車。車上戴朱漆竿，杆首綴豹尾，一人執之。

[19]軺車：一種輕便快速的小馬車。

[20]羊車：用羊牽引的小車，爲帝王在宫中行幸所乘。《晋書》卷三一《后妃傳上》:“（晋武帝）常乘羊車，恣其所之，至便宴寢。宫人乃取竹葉插户，以鹽汁灑地，而引帝車。”隋代曾經駕以果下馬，即可在果樹下穿行的小馬，其大如羊。

[21]革車：古代兵車的一種。

[22]屬車：帝王出行時的侍從車。

[23]闕：義同“缺”。

[24]大輦：帝王乘坐的大車。

按《五禮新儀》,[1]玉輅以青，金輅以緋，象輅以銀褐，革輅以黄，木輅以皂，蓋其物有合隨輅之色者，有當用别色者，如玉輅用青絲繡雲龍絡帶，青羅繡寶相花帶,[2]青畫輪轅，青氂牛尾,[3]，此隨輅之色者也。若象、木、革輅則當用緋、用銀褐、用黄及皂。若至尊乘御步武所及，非若餘物但爲美觀，其踏床、[4]倚背、[5]踏道之褥皆用紅錦,[6]座褥、及行馬褥、透壁輭簾三，用銀褐、黄、青羅錦三色。又大輦，宋陶穀創意爲之,[7]至祥符中以其太重,[8]減七百餘斤，可見當時亦無定制，各以意從長斟酌造之。其制，金玉輅闕，可見者象輅、革輅、木輅，耕根、皮軒、進賢、明遠、白鷺、羊車、革車、大輦，凡十有一。

[1]《五禮新儀》：即北宋《政和五禮新儀》。宋議禮局官知樞密院鄭居中等奉勑撰，二百二十卷。

[2]羅：一種絲織品，采用絞經組織使經綫形成明顯絞轉的絲織物。

[3]犛牛：即犛牛。

[4]踏床：又叫脚床子，木質的矮凳。形似長條床，放置在座前，人坐時把脚踏在其上

[5]倚背：車上座具的靠背。

[6]褥：褥墊，鋪在踏床倚背踏道上的墊子。　錦：是用彩色絲綫以重組織織成的多彩顯花織物，是古代絲織品中結構複雜、變化豐富的一種。

[7]陶穀：五代至北宋人（903—970）。《宋史》卷二六九有傳。

[8]祥符：即宋真宗第三個年號“大中祥符”（1008—1016）的簡稱。

象輅，黄質，金塗銅裝，[1]以象飾諸末。[2]輪衣以銀褐。[3]建大赤。[4]餘同玉輅。

[1]金塗銅：即銅鎏金。古代金屬工藝裝飾技法之一。是將金和水銀合成金汞齊，塗在銅器表面，然後加熱使水銀蒸發，金就附着在器面不脱。　裝：車體。

[2]以象飾諸末：車木的各個端頭以象牙裝飾。

[3]輪衣：輪蓋的罩衣。輪指車頂的輪形蓋。

[4]大赤：即大紅旗。

革輅，黄質，鞔之以革，金塗銅裝，輪衣以黄，建大白。餘同玉輅。

木輅，黑質，漆之，輪衣以皂，建大麾。餘同玉輅。

耕根車，青質，蓋三重，制如玉輅而無玉飾。

皮軒車，赤質，上有漆柱，貫五輪相重，[1]畫虎紋，一轅。[2]

[1]貫五輪相重：漆柱貫穿五重輪蓋。
[2]一轅：獨轅車。

進賢車，赤質，如革車，緋輪衣、絡帶、門簾並繡鳳。[1]上設朱漆床、香案，紫綾衣。一轅。

[1]門簾並繡鳳：原作"門簾並鳳"，據中華點校本補。

明遠車，制如屋，[1]鋭頂，[2]重簷，勾欄。[3]頂上有金龍，四角垂鐸。[4]上層四面垂簾，下層周以花板。三轅。

[1]制如屋：車廂如屋。
[2]鋭頂：尖頂，四阿式頂特徵。
[3]勾欄：四周外有圍欄。
[4]垂鐸：吊懸銅鐸。

白鷺車，赤質，周施花板，上有漆柱，柱杪刻爲鷺鷥，[1]銜鵝毛筩，紅綬帶。柱貫五輪相重。輪衣、皂頂、緋裙、緋絡帶，並繡飛鷺。一轅。

[1]柱杪：柱子。

羊車，赤質，兩壁油畫龜紋，金鳳翅，幰衣、[1]結帶並繡瑞羊。二轅。

[1]幰衣：車上的帷幔。

大輦，赤質，正方，油畫，金塗銀葉龍鳳裝。其上四面施行龍、雲朵、火珠，方鑑、[1]銀絲囊網，珠翠結雲龍，鈿窠霞子。[2]四角龍頭銜香囊。[3]頂輪施耀葉，[4]中有銀蓮花，坐龍。[5]紅綾裏，碧牙壓帖。内設圓鑑、香囊，銀飾勾欄臺坐，紫絲條網畛鍇。中施黄褥，上置御座、曲几，香爐、錦結綬。几衣、輪衣、絡帶並緋繡雲龍寶相花，金綫壓。長竿四，[6]飾以金塗銀龍頭。畫梯、[7]托叉、[8]行馬。[9]

[1]方鑒：方形銅鏡。

[2]鈿窠：用金、銀、玉、貝等物鑲嵌的界格花紋。

[3]四角：指車廂屋的外四角。

[4]耀葉：明亮的金玉製成的葉子。

[5]坐龍：前肢立，後肢貼卧於地的坐式龍（圖1）。

[6]長竿四：疑爲在車廂外竪立四根長竿。

[7]畫梯：上下車用的車梯。

[8]托叉：本爲武器，這裏可能指支撑車轅的用具。

[9]行馬：防護木架。車停時陳於車輦旁，攔阻其他人馬靠近車輦。

圖1　北京房山金陵遺址出土的銅坐龍
（首都博物館藏）

七寶輦，制如大輦，飾以玉裙網，[1]七寶[2]，滴子用真珠。[3]宋欽宗爲上皇製，[4]海陵自汴取而用之。[5]

[1]玉裙網：綴連玉飾的裙網，車廂外的下部裝飾。

[2]七寶：佛教用語。説法不一，《無量壽經》以金、銀、琉璃、珊瑚、琥珀、硨磲、瑪瑙爲七寶；《恒水經》以白銀、黄金、珊瑚、白珠、硨磲、明月珠、摩尼珠爲七寶。

[3]滴子：下垂的珠串。

[4]上皇：指宋徽宗。

[5]汴：汴京，原北宋的都城，在今河南省開封市。

皇后之車六。一曰重翟車，[1]青質，金飾金塗銅鈒花葉段裝，釘耀葉二十四，明金立鳳一，[2]紫羅銷金生色寶相帷一，[3]青羅、青油幰衣各一，[4]朱絲絡網、紫羅明金。生色雲龍絡帶各二，兩廂明金五彩間裝翟羽二，[5]金塗鍮石長轅鳳頭三，横轅立鸞八，香鑪香寶子一副，[6]宜男錦帶結，[7]朱紅漆杌子、[8]踏床各一，扶板扶魚一副，紅羅明金衣褥，紅羅襯褥一，青羅行道褥四，青羅明金生色雲鳳夾幔一，紅羅明金緣紅竹簾二，金塗銅葉段行馬二，[9]朱紅漆金塗銀葉裝釘胡梯一，青羅胡梯尋儀褥二，踏道褥十，青絹裹大麻索二，油蒙帕一。

[1]重翟車：皇后乘座的車子，以飾兩重野鷄翎毛爲標志。

[2]明金：貼金、上金、泥金。

[3]銷金：又稱灑金，即敷灑金粉。　生色：用單一顔色介質創造多種顔色的効果。

[4]青油：我國特産的一種由烏桕樹種仁榨得的乾性油，也叫梓油。

[5]翟羽：長尾山雉的翎毛。

[6]香寶子：與香爐配套使用的香料盒（圖2）。

[7]宜男錦：是宋代開始流行一種錦名。

[8]杌子：小凳子。

[9]段：原作“斷”，從中華點校本改。

二曰厭翟車，[1]赤質，倒仙錦帷一，紫羅、紫油幰衣各一，朱絲絡網，宜男錦絡帶各二，餘同重翟，惟行道褥、夾幔、尋儀褥羅及裹索等用紅。[2]

圖2　宣化天慶三年（1113）三號遼墓壁畫中的香爐與寳子
（河北省文物研究所《宣化遼墓壁畫》，文物出版社 2001 年版）

[1]厭翟車：皇后乘座車子，僅次於重翟車。
[2]行道褥：原無“褥”字，從中華點校本補。

三曰翟車，黄質，金飾鍮石葉段裝釘，[1]宜男錦帷，黄羅油幰衣，鍮石長轅鳳頭三，[2]而無横轅立鸞，餘同厭翟，而羅色用黄。

[1]鍮石葉：石片。
[2]長轅鳳頭：長車轅的端頭以鳳頭爲飾。

四曰安車，[1]赤質，倒仙錦帷，紫、油幰衣，朱絲絡網，天下樂錦絡帶，鍮石長轅鳳頭三，無横轅立鸞及香爐香寳子，餘同翟車，而色皆用紅。

[1]安車：一種起源與先秦時代的車子。通常用一匹馬牽引，可以在車廂裏坐乘的車子。上古乘車一般都是站立在車上，而安車則可以安坐，故名。

五曰四望車，朱質，宜男錦帷，青、油幰衣，轅端螭頭二，餘並同安車。

六曰金根車，[1]朱質，紫羅、紫油幰衣，朱絲絡網、倒仙錦絡帶各二，[2]踏床衣褥用紅綾，[3]尋儀褥、踏道褥並用綾，餘並同安車。

[1]金根車：秦始皇首創的皇帝所乘之車。因爲根是載養萬物的，故衹有皇帝纔配得上乘這種車。加之用金裝飾，顯得豪華富麗。後來皇后也乘座。

[2]絡網：原無此二字，從中華點校本補。

[3]踏床衣褥用紅綾：原作"踏床褥用紅綾衣"，從中華點校本改。

造六車成後，復改造圓輅、重簷，方輅、五華、亭頭、平頭六等之制，又增製九龍車一，高二丈、廣一丈一尺、長二丈六尺。五鳳車四，各高一丈八尺，長廣如之。圓輅車一、方輅車一、重簷車一，各高一丈七尺，長一丈八尺，廣八尺。皆駕馬四，駕士各五十人，並平巾幘、生色青緋黄三色寶相花衫、銀褐抹帶、大口袴。平頭輦一、[1]五華輦一、亭頭輦一，各高一丈九尺，廣丈五寸，長三丈。舁士各九十六人作兩番代，[2]並生色緋寶相花衫，餘如前製。管押人員三十五人，長脚幞頭、[3]紫羅窄衫、金銅帶束。[4]駕馬繁纓、[5]涼屜、鈴拂、[6]包尾皆從車色，[7]金銅面，[8]插翟尾，朱轡，朱總。龍車合用紅羅傘一，傘子二人用本服錦帽幞帶。

[1]平頭輦：亦曰太平輦，飾如逍遥輦而無屋。

[2]舁士：執拿物品者。

[3]幞頭：一種頭衣，式樣較多。金代幞頭帽盔由帽盔和兩條帶構成，帽盔呈二層臺階狀，前低後高，帶稱爲脚。長脚即長帶。

[4]金銅帶束：腰紮繫金銅牌飾的腰帶。

[5]繁纓：懸在馬頸下的纓穗。

[6]鈴拂：挂在馬胸帶等部位的鈴鐺。

[7]包尾：在馬尾巴中部繫纏的布帛。

[8]金銅面：又稱當盧，放在馬額頭上長的鎏金銅飾。

又檢定扇、障等制。偏扇如仙人羽扇。行障六扇，各長八尺、高六尺，用紅羅表、朱裏，畫雲鳳，龍首竿銜鞶結，[1]每障用宫人四。坐障三扇，各長七尺、高五尺，畫雲鳳，紅羅表、朱裏，餘同行障。錦六柱八扇，各闊二尺、高三尺，冒以錦，内給使八人執。

[1]龍首竿銜鞶結：扇杆爲龍首竿，龍口銜鞶結。

宫人車制如屬車，駕士八人，平巾幘、緋衫、大口袴、鞋韈、供奉宫人三十人，雲脚紗帽、紫衫束帶，緑靴。

明昌元年三月，[1]定妃嬪車輦同鍍金鳳頭、黄結。御妻、世婦用間金鳳頭、梅紅結子。

[1]明昌：金章宗年號（1190—1196）。

皇太子車制。大定六年十二月，[1]奏皇太子金輅典故制度，及上用金輅儀式，奉勅詳定。輈、[2]旗、旂首及應用龍者更以麟爲飾，[3]省去障塵等物。上用金輅名件色數，依上公以九爲節，減四分之一。上用輅，軾前有金龍改爲伏鹿，[4]軾上坐龍改爲鳳，旂十二旒減爲九，駕赤騮六減爲四，及簾褥用黄羅處改用梅紅，餘並具體成造。其制，赤質，金飾諸末，重較。[5]箱畫虡文鳥獸，黄屋。軾作赤伏鹿，龍輈。金鳳一，在軾前。設障塵。[6]朱蓋黄裹。輪畫朱牙。左建九旒，[7]右載闟戟。[8]旂首銜金龍頭，結綏及鈴緌。八鸞在衡，[9]二鈴在軾。駕赤騮四，金鑁方釳，插翟尾，鏤錫鞶，纓九就。皇帝輅自頂至地高一丈七尺，今殺四分之一爲一丈三尺二寸，[10]脩廣之殺亦如之。[11]

[1]大定：金世宗年號（1161—1189）。
[2]輈：車轅。
[3]旂：有鈴鐺的旗幟。
[4]軾：車廂前的横木扶手。
[5]較：同“鉸”。是貼在皮革條表面的金屬或玉石的飾牌。
[6]障塵：遮擋灰塵的用具。
[7]九旒：儀仗用的旗幟。
[8]闟戟：儀仗用的戟。
[9]衡：車轅前部的横木
[10]殺（shā）：減少。
[11]修廣：高度和寬度

王公以下車制。一品，轅用銀螭頭，凉棚杆子、[1]月板並許以銀裝飾。三品以上，螭頭不得施銀，凉棚杆子、月板亦聽用銀爲飾。五品以上，轅獅頭。六品以下，轅雲頭。庶人坐車平頭，止用一色黑油。

[1]凉棚杆子：在車厢的前面伸出凉棚，罩住轅馬。凉棚前端以長木杆支撑在車轅上，可通過調節木杆的俯仰來調整凉棚的高度。

親王鞍，塗金銀裹，[1]仍鈒以開花。[2]障泥用紫羅，[3]飾以錦。轡以塗金銀裝，束用絲結。皇家小功以上、[4]太皇太后皇太后大功以上、[5]皇后期親以上、[6]并一品官、及官職俱至三品以上者，障泥許用金花。若經賜或御毬場内，不在禁限。

[1]塗金銀裹：馬鞍體爲木質，在馬鞍的前橋和後橋及鞍翅的外面罩一層包片（圖3）。

[2]鈒以開花：刻出花紋。

[3]障泥：馬背鞍子兩側的墊子。在馬鐙的裏側，防止騎者鞋靴的泥沾污馬身（圖4）。

[4]小功：喪服五服之一。喪服用較粗的熟布製成，服期五個月。這裏指屬於小功範圍的親屬。

[5]大功：喪服五服之一。喪服用細麻布製成，色白，服期九個月。這裏指屬於大功範圍的親屬。

[6]期親：指喪服一年的親屬，長輩如祖父母、伯叔父母、在室姑母；平輩如兄弟、姊妹、妻子；小輩如姪子、嫡孫等。

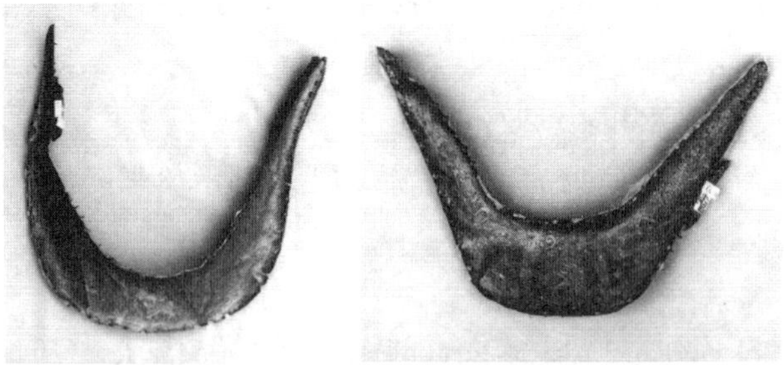

圖3　哈爾濱新香坊墓地出土金代鎏金銀質的馬鞍包片

（楊海鵬《哈爾濱新香坊墓地出土的金代文物》,《北方文物》2007 年第 3 期）

圖4　金人張瑀《文姬歸漢圖》中的幛泥

（吉林省博物館藏）

舊制，親王、[1]宰執任外者，[2]與大興尹，[3]皆服小帽、束帶、銀鞍、絲鞭。大定中，世宗以京尹亦外官三品，而與親王無别，遂命不得御銀鞍、鞭，惟同外三品例，幞頭、帶、展皂視事。

[1]親王：金朝建立後，女真皇帝承用漢制，封其兄弟與諸子爲親王。

[2]宰執：宰相與執政。

[3]大興尹：京府官。正三品。金中都治於大興府（今北京市）。

承安二年，[1]制護衛銅裝鞍轡不得借人。庶人馬鞍許用黑漆，以骨、角、鐵爲飾，不得用玉較具及金、銀、犀、象飾鞍轡。

[1]承安：金章宗年號（1196—1200）。

輿服中

天子衮冕　視朝之服　皇后冠服　皇太子冠服　宗室外戚及一品命婦服用　臣下朝服　祭服　公服

昔者聖人制爲玄黄黼黻之服，[1]以象天地之德，以章貴賤之儀，夏、商損益，至周大備，不可以有加矣。自秦滅棄禮法，先王之制靡敝不存，漢初猶服袀玄以從大祀，[2]歷代雖漸復古，終亦不純而已。金制皇帝服通天、絳紗、衮冕、偪舄，[3]即前代之遺制也。其臣有貂蟬法服，[4]即所謂朝服者。[5]章宗時，禮官請參酌漢、唐，更製祭服，[6]青衣朱裳，[7]去貂蟬竪筆，[8]以别於朝服。惟公朝則又有紫、緋、緑三等之服，[9]與夫窄紫、展皂等事，[10]悉著于篇云。

[1]玄黄：均指禮服的顔色。玄，黑中顯紅之色。古人習慣將天稱爲玄色，地稱爲黄色。爲表示對天地的尊崇，將二色用於衣裳。　黼黻：施於禮服上的兩種圖案。黼，爲用黑白二色組成的斧形紋案，有決斷的喻意。黻，爲兩“弓”相背的圖案（一説兩“己”相背），象徵背惡向善。黼黻圖案同屬十二章紋之列，用以劃分等級。

[2]袀玄：又作“袀袨”。一種上衣下裳均爲玄黑色禮服，流行於秦漢之際。《淮南子·齊俗訓》：“尸祝袀袨。”漢高誘注：“袀，純服；袨，墨齋衣也。”

[3]通天：即通天冠。皇帝專用的禮冠，始於秦代。初時的冠式較爲簡陋，後經晋、隋、唐等多代發展完善，至宋代時，式樣已經變得相當成熟。《宋史·輿服志三》：“通天冠，二十四梁，加金博山，附蟬十二，高廣各一尺。青表朱裏，首施珠翠，黑介幘，織纓翠緌，玉犀簪導。”　絳紗：即絳紗袍，皇帝的朝禮服。在少數朝代皇太子亦以之爲禮服。袍形爲交領右衽，寬身大袖。袍色爲紅裏紅面，領、袖、襟、裾等處均施以緣邊。　衮冕：帝王的祭祀禮服，見於周代。主要包括：冕冠、上衣、下裳、大帶、蔽膝、舄、佩等。這種禮服除帝王穿著之外，三公亦可穿著，但在飾物的規制上則有明顯的區别，在龍紋的畫法和蔽膝顔色的配飾及紋飾等方面均有所差異，以示地位的尊卑。　偪舄：即舄。又作“複舄”。複底的禮鞋。這種禮鞋在周代已經普及並且被納入了禮制，漢、唐、宋等各代均沿用以之爲禮鞋。

[4]貂蟬：冠飾，即貂的尾巴和用金或其他材料製成的蟬形。傳説貂蟬原爲北方胡人冠飾，戰國時由趙武靈王效仿而開始傳入中原，秦漢時曾一度專用於侍臣。古人根據貂蟬的特點引申其意，並喻示飾者也要具其特色。宋代，配飾貂蟬的規格上提，唯王公以外，他人不得飾用。　法服：按照國家法律規定製作的冠服。

[5]朝服：又稱“具服”。一種祭祀、朝會兼用的禮服。在周

代就已出現，至唐宋時期如故。唐宋的朝服主要由冠、衣、裙、中單、蔽膝、帶、方心曲領、佩飾、履等組成。其等序主要體現在所戴之冠上，如皇帝以戴通天冠爲主，群臣戴梁冠，以其梁數細化等級。金代朝服基本承襲唐宋之制（圖5）。

圖5　朝服

（山西繁峙岩上寺金代壁畫）

［6］祭服：行祭祀禮時穿的服裝。周代各項禮儀獻寶已經十分完備，根據所祭物件地位的不同定有詳細的禮序，所穿的祭服亦有所不同。至隋唐及兩宋時期，祭服則主要以冕服系列爲主。

［7］青衣朱裳：指祭祀時所穿的青玄之衣和纁色裳，區別不是很大，均屬青紅之色。

［8］竪筆：又稱“立筆”。一種冠飾。它是由漢代的“簪筆”發展而來，早期的簪筆是古代文官上朝議事時隨身攜帶的刀、筆等辦公用品，不用時習慣插於髮髻之中，如同簪子。以後簪筆在實用

的同時，又有了裝飾作用。隨唐時稱竪筆爲“白筆”，宋時又稱“立筆”。立筆已經不是筆直狀，而是若彈簧一樣打若干圈，圈多者爲貴，且不分文武均飾以立筆。

[9]公服：又稱“從省服”，公幹時所穿的禮服。始見於北魏。在等序上公服略遜於朝服，較朝服省略了蔽膝、劍、綬等飾物，主要用於官員們日常處理公務和一些非重要的儀禮場合穿著。

[10]窄紫：又稱“窄袍”。即窄袖的紫色袍。其式爲圓領、窄袖，袍長過膝。皇帝及内侍等人穿著。　展皂：疑爲黑色的展角幞頭。

天眷三年，[1]有司以車駕將幸燕京，合用通天冠、絳紗袍，據見闕名件，依式成造。禮服，袍、裳、方心曲領、中單、蔽膝、革帶、大帶、玉具劍、綬、佩、舄、韈。[2]乘輿服，大綬六采，黑、黄、赤、白、縹、緑，[3]小綬三色，[4]同大綬，間施三玉環，大綬五百首，[5]小綬半之。白玉雙佩、革帶、玉鉤鰈。[6]

[1]天眷三年：即1138年。從這一年開始，金熙宗開始全面引入施用漢制禮服形式。

[2]袍：一種不分男女的傳統衣裝。最初衹被當做保暖的衣裝使用。形制爲交領右衽，上下通身，近似於深衣。秦漢之際，袍的作用開始發生變化，由夾絮保暖的内衣變爲單層的外衣，甚至當作禮服。經魏晋南北朝的發展至隋唐兩宋時期，袍服的應用已經廣泛普及，上至皇帝下至末等小吏均有。等級劃分是以不同的顔色區分尊卑高下的，自唐代始，黄色成爲皇帝專用的袍色，百官則以紫、朱、緑、青等色劃分品級。　裳：下體之裝。其式類似於現代的裙子，長短及於膝下，男女均可穿著。周代以降，隨着深衣、玄端等上下一體衣的出現，裳作爲外飾衣裝的應用有所減少，大多衹在大

禮儀活動中隨祭服或朝服相配穿著。　方心曲領：與朝服配用的領飾，可以約束交領擁折。其式爲圓形空心圈，邊圈較寬，使用時套在頸胸之際。空圈的下方還附設一長方形附飾，叫“方心”。　中單：又稱“中衣”。穿著於禮服之内，内衣之外的襯衣。其式爲交領右衽，身長短於外罩的禮服，領、袖、襟、裾等處鑲有緣邊（圖6）。　蔽膝：禮服上的附飾。早期的蔽膝是用熟皮製成，後則用絲帛代之。其式樣爲上狹下寬，呈豎長梯形狀，使用時將蔽膝正置於身體下前部，用革帶繫於腰間，遮擋住下體的前半身。蔽膝在應用時，根據不同的禮服種類又有“芾”“韠”的不同稱法。唐宋時規定蔽膝衹爲祭服和朝服裝之附飾。　革帶：即皮革製成的腰帶。亦有“鞶革”“鞶帶”的稱法。早期的革帶比較窄細，以後逐漸變寬；帶首設有供結帶用的帶鈎和帶鐍。革帶的作用除了可以束身之外，還可用於繫束佩韍和懸掛佩飾。　大帶：束腰的絲帛質帶。用於祭服和朝服。大帶較革帶要寬，除束身外其裝飾意義似乎更大。因其較長，圍繫後還有餘帶，一般都將之垂飾於身前，叫“紳”。大帶等級區別主要表現在帶的顏色、裝飾和所用材料的質地上。　玉具劍：指主要用玉質材料做裝飾的禮儀用劍。由劍柄、劍刃和劍鞘三部分組成，在劍身的不同位置又分别裝飾有玉劍首、玉璏、玉珌、玉璲、玉琫等。　綬：用絲綫編製成的帶子。秦漢以前綬帶主要供穿繫玉佩，用顔色區分尊卑。其後綬的使用範圍擴大，可以用來掛繫印璽。　佩：穿著禮服時所佩掛的組玉。由若干種不同形狀的玉組成，故又稱之爲“雜佩”。　襪：即襪子。襪所用材料最初是皮革，所以又作“韤”，後逐漸改用織物替代。

［3］縹（piāo）：淺青色。

［4］小綬：佩飾的一種，較大綬短，其首數亦減少一半。品位高者繫在綬帶間飾以玉環，隋唐以後開始盛行。

［5］首：組成綬的一般單位。首以下的單位還有“系”和“扶”。一根絲縷稱爲一系，四系合爲一扶，五扶組爲一首。自漢代始，綬首的多少是區别等級高下的標志之一，首多者爲貴。

圖6　内穿中單的朝臣

（山西繁峙岩上寺金代壁畫）

[6]觻：承受帶鈎的環。

冕制。天板長一尺六寸，[1]廣八寸，前高八寸五分，後高九寸五分，身圍一尺八寸三分，并納言，[2]並用青羅爲表，紅羅爲裏，周迴用金稜。天板下有四柱，四面珍珠網結子，花素墜子，前後珠旒共二十四，[3]旒各長一尺二寸。青碧綫織造天河帶一，[4]長一丈二尺，闊二寸，兩頭各有真珠金碧旒三節，玉滴子節花。[5]紅綫組帶二，上有真珠金翠旒，玉滴子節花，下有金鐸子二。梅紅綫款幔帶一。黈纊二，[6]真珠垂繫，上用金萼子二。簪窠，款幔、組帶鈿窠，各二，内組帶鈿窠四並玉鏤塵碾造。玉簪一，[7]頂方二寸，導長一尺二寸，簪頂刻鏤塵雲龍。

[1]天板：即“冕板”，又稱“延”或“綖”，是冕冠的組成部分。天板位於冠篇頂部，木質，呈長方形，前圓後方，外裹以麻布，上玄色，下纁色。板體略微前傾，呈前低後高狀。

[2]納言：巾冠後面的結交處。始於漢代，當時用於尚書等文臣，意喻臣下有向皇帝納諫之責，以示忠正。

[3]旒：同“斿”，即“冕旒”。垂懸於冕冠前後的串飾。將若干種顏色的玉珠用彩色絲繩貫穿而成。十二旒爲最高等級，天子方可以飾之，以下按不同等序又有九、七、五、三旒之分。漢代改用單色玉珠，晋時又有用翡翠、珊瑚及雜珠爲旒者，隋唐則仿効漢代以單色珠爲旒飾。

[4]天河帶：皇帝專用的横貫於冕板上的帶飾。帶寬二寸左右，長短不一，一般在一丈左右，繞天板後垂於腹前或足邊。

[5]玉滴子：玉珠製成的墜子。

[6]黈纊：冕冠上的飾件。黄色絲綿製成的小圓球，用冠上垂下的絲帶聯繫，垂懸於兩側耳際。其喻意是告誡戴冠者勿聽讒言。

[7]簪：固頭髻或冠的籤子。一頭呈尖狀，以利於穿插；另一頭用不同技法（如鏤刻、雕琢等工藝）製成各種造型，用以裝飾。簪早期又稱作“笄”，主要用於男子固冠，其後亦用於男女束髮。早期的笄大多以動物骨牙質製成，後世則以玉、竹、各種金屬制笄簪。

衮，[1]用青羅夾製，五綵間金繪畫，正面日一、月一、昇龍四、山十二，[2]上下襟華蟲、火各六對，[3]虎、蜼各六對；[4]背面星一、昇龍四、山十二，華蟲、火各十二對，虎、蜼各六對。中單一，白羅單製，羅領、褾、襈。[5]裳一，帶、褾、襈，紅羅八幅夾製，[6]繡藻三十二、粉十六、米十六、黼三十二、黻三十二。[7]蔽膝一，帶、褾、襈，並紅羅夾製，繡昇龍二。綬一副：大綬以赤黄黑白緑縹六綵織，紅羅托裏，小綬三色，同大綬，銷金黄羅綬頭，[8]上間施三玉環，皆刻雲龍，大綬五百首，小綬半之。緋白大帶一，銷金黄羅帶頭，鈿窠二十四。紅羅勒帛一，[9]青羅抹帶一。玉佩二，白玉上中下璜各一，[10]半月各二，[11]皆刻雲龍，玉滴子各二，皆以真珠穿製。金篦鈎、獸面、水葉、環、釘。涼帶一，紅羅裹，縷金，[12]上有玉鵝七，鉈尾束各一，[13]金攀龍口，以玳瑁板襯釘脚。舄，重底，紅羅面，白綾托裏，如意頭，[14]銷金黄羅緣口，玉鼻仁飾以珠。韈用緋羅加綿。

[1]衮：亦稱"衮衣""衮服"，祭禮所穿之服。衣式爲交領右衽，衣長至膝。青色，領袖、衣緣等包有寬緣爲飾，衣上繡有紋飾（即紋章）以此辯别等級。皇帝和上公均可穿著衮冕，但所飾章紋則有所不同。除周代外（周代日月星辰三章飾於旌旗，天子也衹能用所餘九章），皇帝一般飾用十二章（衣和裳），上公飾用九章；另外，皇帝所飾龍紋爲升龍，上公則飾以降龍。

[2]日：太陽圖案。屬十二章之一。所謂十二章即十二種不同的圖紋，包括：日、月、星辰、山、龍、華蟲、宗彝、藻、火、粉米、黼、黻。分别飾於皇帝的禮服之上，臣子按等序酌減施用。

[3]襟：義同"衽"。上衣的交合之處。古時，上衣的領子和衣襟大多爲貫通式，衣襟相交亦稱"交領"。穿著時兩襟相交，裹體於内，以蔽風寒。夏商至唐宋，衣襟已有多種形式，有右襟式，左襟式，還有對襟式和曲襟式。金代則以左右襟和對襟幾種式樣較

爲普遍。　華蟲：又稱“雉”，即一種野鷄圖紋。

［4］蜼（zhì）：傳説中類似於猴的長尾獸。蜼與虎分别施飾於禮器之上，稱“宗彝”，施用於禮服之中，屬十二章紋之列。

［5］褾（biǎo）：衣冠的包邊。其質料和色彩一般要與冠衣本身有所不同，起到裝飾的作用。　襈（zhuàn）：用與衣服本身不同顔色、質地織物包飾的衣邊。

［6］幅：指布帛等織物的寬度。《禮記·王制》：“布帛精粗不中數，幅廣狹不中量，不粥於市。”《説文解字》：“幅，布帛廣也。”

［7］粉米：粟米狀圖案。十二章紋之一。

［8］銷金：即用純金粉末爲染料，直接對絲帛等織物進行染飾的工藝。

［9］勒帛：帛絹質的帶子。主要用於繫束背子或抱肚，使用時攔腰圍攏繫於身前，是宋代常見的服裝飾件之一。

［10］璜：玉佩飾。半圓狀，多用於組佩之中。

［11］半月：指組佩中的冲牙。形狀似牙，亦有兩頭尖形如月牙者。

［12］縷金：用金綫在織物上繡製圖案的工藝。

［13］鉈尾：又名“撻尾”“塌尾”“獺尾”“魚尾”等。革帶的尾部裝飾，一般是用金屬等堅硬之物將帶尾包嵌。朝臣和庶人均可佩飾。在使用時，鉈尾可以爲平行插式，又可做上或下插式。

［14］如意：這裏指如意形禮鞋頭飾。

凡大祭祀、加尊號、受册寶，則服衮冕。行幸、齋戒出宫或御正殿，則通天冠、絳紗袍。

鎮圭，[1]大圭。[2]皇統九年十月二十四日，[3]禮部下太常，畫鎮圭式樣，大禮使據三禮圖以進，用之。大定十一年，太常寺按禮“大圭長三尺，抒上終葵首，天子服之”。自西魏、隋、唐以來，大圭長尺二寸，與鎮圭同。蓋鎮圭以鎮天下，以四鎮山爲飾，今其圭已依古制，惟無大圭。今御府有故宋白玉圭，圓，無上刓及終葵首。自西魏以來，所制玉笏皆長尺有二寸，[4]方而不折，雖非先王之法，蓋後世玉難得，隨宜故也。擬合以御府所藏，行禮就用。

[1]鎮圭：帝王在朝禮時所用的禮器。上圓下方的長條形狀，質地以玉爲多。器身上飾有山形圖案，表示執圭者能鎮安四方。

[2]大圭：又稱"珽"，即帝王專用笏板。玉質長方形，供朝儀時記事之用，不用時插於腰帶間。

[3]皇統：金熙宗年號（1141—1149）。

[4]笏：又稱"笏板""手板"等。朝儀時記事用。以不同質地區分身份等級。

視朝之服。初，太宗即位，始服赭黄，自後視百官朝御袍帶。章宗即位，以世宗之喪，有司請御純吉，不從，乃服淡黄袍、烏犀帶。[1]常朝則服小帽、紅襴、偏帶或束帶。[2]

[1]淡黄袍：淺黄色圓領袍。窄袖，衣長至膝下，唐代始爲皇帝專用。　烏犀帶：以黑色犀牛角爲裝飾的腰帶。

[2]紅襴：袍身在大約膝部位置加飾的一道横飾，表示對古時上衣下裳的追懷、尊崇。始見於北周武帝時期，隋唐、兩宋、遼金亦襲用。1988 年在黑龍江省阿城市金代齊王墓中便有一襴袍出土地，該袍爲織金絹袍，盤領，在距袍底二十七點五釐米處的下擺位置織有一寬七釐米的横襴（圖 7）。　偏帶：又作"扁帶"，即革帶。　束帶：即革質腰帶，金代又稱之爲"吐鶻"。帶上鑲有銙，

圖7　襴袍

（黑龍江省阿城市金代齊王墓出土）

銙上一般雕有山水、猛禽等圖案爲飾。銙按照不同的等級飾以玉、金、犀象骨爲飾，其中以玉質爲貴。

皇后冠服。花株冠，[1]用盛子一，青羅表、青絹襯金紅羅托裏，用九龍、四鳳，前面大龍銜穗毬一朵，前後有花株各十有二，及鸂鶒、孔雀、雲鶴、王母仙人隊、浮動插瓣等，[2]後有納言，上有金蟬鑻金兩博鬢，[3]以上並用鋪翠滴粉縷金裝珍珠結製，下有金圈口，[4]上用七寶鈿窠，後有金鈿窠二，穿紅羅鋪金款幔帶一。

[1]花株冠：皇后禮冠。冠式參照唐宋禮冠形式，除保留龍鳳、花株等飾外，又添加了人物和珍禽形象爲飾。株，原作“珠”，從

中華點校本改。下同。

[2]仙人隊：原作“隊仙人”，從中華點校本改。

[3]博鬢：后妃及命婦禮冠飾物。其構造是先用竹絲等韌物成形，外飾娟帛，再用各種珠寶裝飾。其整體呈圓形的長條狀，一端與冠體相連，垂於肩際，另一端與肩相齊。在使用時，每兩隻爲一組，左右各一組，飾於冠側，稱“二博鬢”。

[4]金圈口：即金質的冠口圈。

褘衣，[1]深青羅織成翬翟之形，[2]素質，十二等，領、褾、襈並紅羅織成雲龍。中單以素青紗製，領織成黼形十二，褾、袖、襈織成雲龍，並織紅縠造。[3]裳，八副，[4]深青羅織成翟文六等，褾、襈織成紅羅雲龍，明金帶腰。[5]蔽膝，深青羅織成翟文三等，領緣，緅色羅織成雲龍。[6]明金帶大綬一，長五尺，[7]闊一尺，黄赤白黑縹緑六彩織成，小綬三色同大綬，間七寶鈿窠，施三玉環，上碾雲龍，撚金綫織成大小綬頭，[8]紅羅花襯。大帶，青羅朱裏，紕其外，上以朱錦，下以緑錦，紐約用青組，撚金綫織成帶頭。玉佩二朵，每朵上中下璜各一，半月墜子各二，並玉碾。縷金打鈒獸面、篦鈎佩子各一，[9]水葉子真珠穿綴。青衣革帶，用縷金青羅裹造，上用金打鈒水地龍，鵝眼鉈尾，龍口攀束子共八事，以玳瑁襯金釘脚。[10]抹帶二，紅羅、青羅各一，並明金造，各長一丈五寸。舄，以青羅製，白綾裏，如意頭，明金、黄羅準上用，玉鼻仁真珠裝，綴繫帶。韈，青羅表裏，綴繫帶。

[1]褘衣：皇后及命婦的祭服之一。自周代起被列爲第一等的禮服，祇在祭先王時穿著。其衣式爲袍制，交領右衽，寬衣大袖，衣長及地；領袖、襟衽飾有緣邊。衣色爲玄黑，衣上飾有采色的翬鳥紋。

[2]翬：本爲一種錦鷄，因其羽毛有五色，而被用以裝飾后妃的禮服。　翟：一種長尾的野鷄。亦被用來裝飾婦女的高級禮服。

[3]縠：絲織物的一種，采用强撚的平紋織法使其出縐。適合夏裝。

[4]副：據前文"裳一，帶、褾、襈、紅羅八幅夾制"，"副"似當作"幅"。

[5]明金：刺繡工藝。一般是將純金打製成絲狀金綫，繡飾於衣物上。

[6]緅：赤青色。近於雀頭之色，所以又作"爵雀"。

[7]長五尺：當作"長二丈五尺"按，金代服飾制度基本仿効漢唐，唐制皇后綬長爲二丈四尺，與之相近。

[8]撚金：紡織工藝。一般是用金綫與絲綫合製而成，絲綫在内，金綫纏在外，俗稱"金綫"。

[9]鈒：指在器物上嵌飾鏤刻的金屬紋案。

[10]玳瑁：或作"瑇瑁"。海龜的甲骨。經常被製成笄簪或其他飾品。

犀冠，減撥花樣，縷金裝造，上有玉簪一，下有玳瑁盤一。

皇太子冠服。冕用白珠九旒，紅絲組爲纓，青纊充耳，[1]犀簪導。衮，青衣朱裳，五章在衣，山、龍、華蟲、火、宗彝，四章在裳，藻、粉米、黼、黻。白紗中單，青褾襈裾。革帶，塗金銀鉤䚢。蔽膝，隨裳色，爲火、山二章。瑜玉雙佩，四采織成大綬，間施玉環三。白襪，朱舄，舄加金塗銀釦。謁廟則服之。

[1]充耳：又作“瑱”，冕冠飾物。爲玉質小球，使用時用紞（絲繩）繫結，垂懸於左右耳際，暗喻飾充耳者勿要妄聽。

遠遊冠，[1]十八梁，[2]金塗銀花，飾博山附蟬，紅絲組爲纓，犀簪導。朱明服，[3]紅裳，白紗中單，方心曲領，絳紗蔽膝，白襪黑舄。餘同衮冕。册寶則服之。

[1]遠遊冠：諸王及皇太子的禮冠。形制與通天冠相似，冠的展篇上設梁若干，但不設山述之飾，結纓以固冠。

[2]梁：禮冠之飾。條狀，直竪於冠體的正前面，數目不等，漢代始見並以此劃分等級。以梁爲飾的冠主要有通天冠、遠遊冠和進賢冠。

[3]朱明服：或稱“朱明衣”，皇太子禮服。由絳紗袍改製而來。晉隋之際在一些禮儀活動中，皇太子與皇帝一樣皆穿降紗袍。唐肅宗時，太子以爲著降紗袍有犯君禮，故由降紗袍改爲朱明服。

桓圭，[1]長九寸、廣三寸、厚半寸，用白玉，若屋之桓楹，爲二稜。

[1]桓圭：禮器。長條形狀，飾有竪稜，執於手中。周禮規定，不同等序的爵位，執用不同的圭。桓圭爲公所執。

太子入朝起居及與宴，則朝服，紫袍、玉帶、雙魚袋。[1]其視事及見師少賓客，則服小帽、皂衫、玉束帶。

[1]魚袋：飾有魚紋的囊袋。制始於唐代。當時爲了皇宫安全，

規定五品以上官員要身帶魚符，合對無誤者方可入内。裝魚符的佩囊稱爲“魚袋”。宋代廢魚符之制，保留魚袋，演變成一種佩飾。

宗室及外戚并一品命婦，衣服聽用明金，期親雖別籍、女子出嫁並同。又五品以上官母、妻，許披霞帔。[1]唯首飾、霞帔、領袖、腰帶，許用明金、籠金、間金之類。[2]其衣服止用明銀、象金及金條壓繡。正班局分承應帶官人，雖未出職係班，其祖母及母、妻、子孫之婦、同籍兄弟之妻、及在室女、孫、姊妹並同。又禁私家用純黄帳幕陳設，若曾經宣賜鸞輿服御，日月雲肩、龍文黄服、五箇鞘眼之鞍皆須更改。[3]

[1]霞帔：命婦禮服上所用的飾物之一。其形制爲一條長絲帛的帶子。上飾有動物圖紋，兩頭呈斜尖狀，並加有墜子。使用時，繞頸而過，平搭於兩肩，下垂至膝間。宋代始見。

[2]籠金、間金：刺繡針法。

[3]雲肩：即披肩。絲質，爲呈雲朵狀的披飾，中心部位設有領窩，周邊飾成雲朵式。使用時繞頸而過，披於肩背及前後胸。雲肩在金代以前就已出現，金代以後盛行（圖8）。

臣下朝服。凡導駕及行大禮，文武百官皆服之。正一品：貂蟬籠巾，[1]七梁額花冠，[2]貂鼠立筆，銀立筆，犀簪導，佩劍，緋羅大袖、緋羅裙、緋羅蔽膝各一，[3]緋白羅大帶，天下樂暈錦玉環綬一，[4]白羅方心曲領、白紗中單、銀褐勒帛各一，玉珠佩二，金塗銀革帶，烏皮履，白綾韈。正二品：七梁冠，銀立筆，犀簪導，不

圖8　披雲肩女子
（金人張瑀《文姬歸漢圖》）

佩劍，緋羅大袖，雜花暈錦玉環綬，餘並同。正四品：[5]五梁冠，銀立筆，犀簪，白獅錦銀環綬，珠佩，銀革帶，御史中丞則獬豸冠、青荷蓮綬，[6]餘並同。正五品：四梁冠，簇四金鵰錦銅環綬，銀珠佩，餘並同。正六品至七品：三梁冠，黄獅錦銅環綬，銅珠佩，[7]銅束帶，餘並同。

[1]貂蟬籠巾：又稱"貂蟬冠"，簡稱"籠巾"。宋代始興的一種高級别朝服禮冠。由漢唐時期的籠冠演變而來。宋代籠巾爲藤絲質，編成彪城式，外髹以大漆，在不同位置飾有蟬、銀花、立筆和貂尾等物，使用時加在進賢冠上。

[2]七梁額花冠：即加飾有額花的七梁冠。七梁是指在冠篇的正前方裝飾的七條竪梁，它是梁冠中較爲高級的。七梁冠由漢代進賢冠演化而來的。宋代等級被細化，冠梁最多被增至七梁，以下又有六、五、四、三、二梁若干等之分。金代因襲宋制，額花亦延續

宋代禮俗。

［3］大袖：朝服衣著之一，由漢代承襲而來。朝禮服多爲大袖式衣，亦作爲貴婦禮服。　裙：裙子。屬下裳類裝。用若幅織物拼接而成，繫於腰，下垂於膝或足部上下。隋唐以前男女均可穿著。宋初又將裙作爲朝服使用，金依宋制。

［4］天下樂暈錦：錦名。因所織圖案而得名。其圖案主要由宫燈、穀物、飛鳥等組成，象徵五穀豐收，天下民樂。宋代十分盛行，主要用於皇帝賜給朝臣的時服之用。金代仍視其爲高級織物。

［5］正四品：按，《宋史·輿服志》所載朝服制度，六梁冠當爲三品官所戴之冠。而“正四品”和前文所述“正一品”“正二品”的貂蟬籠巾和七梁冠則基本符合宋代服制。據此，疑“正四品”前脱關於“正三品”的“六梁冠”叙述。

［6］獬豸冠：或稱“法冠”。獬貂爲傳説中一種獨角神羊，能辨别是非曲直。戰國時楚王發明此冠，秦漢時將此冠用於執法者，故稱“法冠”。

［7］銅珠佩：原無“銅”字，從中華點校本補。

大定二十二年祫享，攝官、導駕二品冠七梁，三品四品冠六梁，服有金花，五品冠五梁，六品冠四梁，七品冠三梁，監察御史獬豸冠、青綬，八品九品冠二梁，餘製並同。

祭服。皇統七年，太常寺言：“太廟成後，奉安神主，祫享行禮，凡行事、執事、助祭、陪位官，准古典當服衮冕、九章畫降龍，隨品各有等差。《通典》云虞、夏、殷並十二章，日、月、星辰、山、龍、華蟲作繪於衣，宗彝、藻、火、粉米、黼、黻絺繡於裳。周升三辰於旂，登龍於山，登火於宗彝，作九章之服，龍、山、華蟲、火、宗彝繪於衣，藻、粉米、黼、黻繡於裳。‘公之服自衮冕而下如王之服，侯伯之服自鷩冕而下如公之服’。[1]又後魏帝服衮冕，與祭者皆朝服。又《開元禮》一品服九章。又《五禮新儀》正一品服九旒冕、犀簪、青衣畫降龍。今汴京舊禮直官言，自宣和二年已後，一品祭服七旒冕、大袖無龍。唐雖服九章服，當時司禮少常伯孫茂道言，‘諸臣之章雖殊，然飾龍名衮，尊卑相亂，請三公服鷩冕八章爲宜’。臣等竊謂歷代衣服之制不同，若從後魏則止服朝服，或用宋服則爲七章，若遵唐九章，則有飾龍名衮尊卑相亂之議。”尚書省乃奏用後魏故事，止用燕京大册禮時所服朝服以祭。

[1]鷩冕：天子及侯伯的祭禮服。次衮冕一等。天子所用鷩冕在旒數和章紋上均略於衮冕。主要用於享先公、饗射等禮儀。侯伯所用鷩冕又次於天子，主要用於助天子祭祀。

大定三年八月，詔遵皇統制，攝官則朝服，散官則公服，[1]以皇太子爲亞獻，服衮冕。

[1]公服：又稱“從省服”。朝中包括皇帝在内的官員辦理公務時所穿的服裝，以服色劃分等級。

十四年，用唐制，若祭遇雨雪則服常服，[1]謂今之公服也。

[1]常服：又稱“讌服”。古時稱常服爲褻服，意思是家居之

服。北朝時期開始作爲一般的公務之服。至隋唐，應用範圍進一步擴大。

泰和元年八月，禮官言："祭服所以接神，朝服所以事君，雖歷代損益不同，然未嘗不有分别。是以衮冕十二旒，玄衣纁裳備十二章，天子之祭服也。通天冠、絳紗袍、紅羅裳，天子之視朝服也。臣下之服則用青衣朱裳以祭，朱衣朱裳以朝。國朝惟天子備衮冕、通天冠二等之服，今群臣但有朝服，而祭服尚闕，每有祀事但以朝服從事，實於典禮未當。請依漢、唐故事，祭服冕旒畫章，然君臣冕服雖章數各殊而俱飾龍名衮，而唐孫茂道已有尊卑相亂之論。然三公法服有龍，恐涉於僭，國初禮官亦嘗駁議。乞參酌古今，改置祭服，其冠則如朝冠，而但去其貂蟬、竪筆，其服用青衣、朱裳、白襪、朱履，[1]非攝事者則用朝服，庶幾少有差别。"上曰："朝、祭之服，固宜分也。"

[1]朱履：朱色的禮鞋。履，一般指單底的鞋子。這裏所述三朱履應爲與祭服或朝服相配的禮鞋。據《新唐書・車服志》和《宋史・輿服志》所載，唐代群臣祭朝之服所配之履應爲雙底的禮履，即"舄"，金依唐宋之制。

公服。大定官制，文資五品以上官服紫。三師、三公、親王、宰相一品官服大獨科花羅，[1]徑不過五寸，執政官服小獨科花羅，徑不過三寸。二品、三品服散搭花羅，謂無枝葉者，徑不過寸半。四品、五品服小雜花羅，謂花頭碎小者，徑不過一寸。六品、七品服緋芝蔴羅。八品、九品服緑無紋羅。應武官皆服紫。凡散官、職事皆從一高，上得兼下，下不得僭上，窄紫亦同服色，各依官制品格。其諸局分承應人並服無紋素羅。十五年制曰：“袍不加襴，非古也。”遂命文資官公服皆加襴。

[1]獨科花：指在織物面上繡織一個一定尺寸的花紋。

帶制，皇太子玉帶，佩玉雙魚袋。親王玉帶，佩玉魚。一品玉帶，佩金魚。二品笏頭毬文金帶，佩金魚。三品、四品荔枝或御仙花金帶，並佩金魚。五品，服紫者紅鞓烏犀帶，[1]佩金魚，服緋者紅鞓烏犀帶，佩銀魚，服緑者並皂鞓烏犀帶。武官，一品、二品佩帶同，三品、四品金帶，五品、六品、七品紅鞓烏犀帶，皆不佩魚，八品以下並皂鞓烏犀帶。司天、太醫、内侍、教坊，服皆同文武官，惟不佩魚。應殿庭承應五品以下官，非入内不許金帶，又展紫入殿庭者，[2]並許服紅鞓，不佩魚。又二品以上官，許兼服通犀帶，三品官若治事及見賓客，許兼服花犀帶。

[1]鞓（tíng）：革帶的帶身。唐代帶鞓流行黑色，五代前後改興紅色，宋代亦以紅色爲尚。金代鞓帶則紅、黑兼用。

[2]展紫：《遼史·輿服志》，公服，謂之“展裹”，著紫。故所謂“展紫”，即指紫色公服，以色名之。下“展皂”同。

大定二年制，百官趨朝、赴省，並須裹帶。五品以上官，趨朝則朝服，赴省則展皂，雨雪沾衣則從便。凡朝參，主寶、主符展紫，御仙花或太平花金束帶。近侍給使、供御筆硯、直長、符寶吏紫襖子，[1]塗金束帶。輪直，則近侍給使並常服，常服則展紫。閤門六尚，遇朝參侍立則服本品服，若宮中當直則服窄紫、金帶。學士院官、修起居注、補闕、拾遺、祕書丞、祕書郎，朝參侍立則服本品服、色帶，當直則窄紫、金帶。[2]東宮左右衛率、僕正、副僕正、典儀、贊儀、內直郎丞，當直亦許服之。太子太師出入宮中則展紫，至東宮則展皂，三少則展紫。

[1]襖子：一種較袍短的上衣。男女皆可穿著。衣內有襯裏，起保暖作用，大多用於冬季（圖9）。

[2]窄紫：即紫窄袍。

輿服下

衣服通制

君子之服，以稱德也，故德之備者其文備。古者王公及士庶人莫不各有一定之制，而不敢相逾者，蓋風俗之奢儉，法令之齊一，必於是而觀焉。《詩》曰："彼都人士，狐裘黃黃。[1]其容不改，出言有章。"其三章曰："彼都人士，充耳琇實。彼君子女，謂之尹吉。"此言都邑之盛，人物之懿也。明昌間，章宗謂宰臣曰："今風俗侈靡，莫若律以制度，使貴賤有等。其令禮部具典故以

圖9　醬色鶴紋綿襖
（黑龍江省阿城市金代齊王墓）

聞。”他日又謂參知政事張萬公曰：“山東風俗如何？”萬公對以奢，左丞守貞因言衣服之制，上曰：“如卿所言，正恐失人心耳。”守貞曰：“止是商賈有不悦者。”萬公曰：“乞寬與之期，三年之内當如制矣。”於是，上以禮部所擬太繁，以尚書省所擬而行之。嗟乎，人君以風俗爲言，其亦知所務矣。

[1]裘：用動物毛皮製成的衣裳。

金人之常服四：帶，巾，[1]盤領衣，[2]烏皮靴。[3]其束帶曰吐鶻。

[1]巾：指金代人所特有的“方頂巾”。應爲幞頭的改良。

[2]盤領衣：亦稱爲“圓領”“團領”。指盤圓之狀的領式。盤領式衣起源於北方少數民族地區，北朝時期傳入中原，隋唐時被廣

泛用於官服，但大多衹被用作常服（圖10）。

圖10　著盤領衣男子

（山西省沁源縣正中村金墓壁畫）

[3]靴：又作“鞾”。一種高靿（筒）的鞋，多用皂、黄等色皮革製成，是西北少數民族的傳統服裝之一。

巾之制，以皂羅若紗爲之，上結方頂，折垂于後。頂之下際兩角各綴方羅徑二寸許，方羅之下各附帶長六七寸。當横額之上，或爲一縮襞積。[1]貴顯者於方頂，循十字縫飾以珠，其中必貫以大者，謂之頂珠。帶旁各絡珠結綬，長半帶，垂之，海陵賜大興國者是也。

[1]襞積：又作“辟積”“襞積”。是服裝設計製作時爲收縮某一部位寬度而常用的一種打摺縫製工藝，多用於下裳或裙子。

其衣色多白，三品以皂，窄袖，盤領，縫腋，下爲襞積，而不缺袴。[1]其胸臆肩袖，或飾以金繡，其從春水之服則多鶻捕鵝，雜花卉之飾，其從秋山之服則以熊鹿山林爲文，其長中骭，取便於騎也。

[1]缺袴：又作“缺胯”，即缺髂袍衫。西北少數民族服飾。指在圓領袍衫的兩側胯下部位各裁開成衩。由於袍衫的開衩使穿著者便於活動，所以首先在軍中流行。

吐鶻，玉爲上，金次之，犀象骨角又次之。銙周鞓，[1]小者間置於前，大者施於後，左右有雙鉈尾，納方束中，其刻琢多如春水、秋山之飾。左佩牌，右佩刀。刀貴鑌，[2]柄尚鷄舌木，黄黑相半，有黑雙距者爲上，或三事五事。室飾以醬瓣樺，鏢口飾以鮫，[3]或屑金鍮和漆，[4]塗鮫隙而礲平之。[5]醬瓣樺者，謂樺皮班文色殷紫如醬中豆瓣也，産其國，故尚之。

[1]銙：腰帶上的一種裝飾。在革鞓上按照一定的間隔距離釘嵌。早期的銙大多爲金屬質，以方形較爲常見，銙身大多雕鏤有一些花紋。銙還有一定的實用性，一般在銙的下端附有掛環，環上附帶，可以懸掛刀劍等物。唐以後，銙的實用特點除在一些少數民族地區中繼續流行外，中原地區已逐漸轉變爲一種裝飾，成了劃分等級的標識。

[2]鑌（bīn）：上等好鐵。

[3]鏢（biāo）口：指刀鞘末端的尖翹部分。　鮫（jiāo）：鯊魚。這裏指用鯊魚皮裝飾的鞘飾。

[4]鍮（tōu）：黄銅。

[5]礲（lóng）：同“礱”，打磨。

初，女直人不得改爲漢姓及學南人裝束，違者杖八十，編爲永制。

婦人服襜裙，[1]多以黑紫，上編繡全枝花，周身六襞積。上衣謂之團衫，[2]用黑紫或皂及紺，直領，[3]左衽，[4]掖縫，[5]兩傍復爲雙襞積，前拂地，後曳地尺餘。帶色用紅黃，前雙垂至下齊。年老者以皂紗籠髻如巾狀，散綴玉鈿於上，[6]謂之玉逍遥。[7]此皆遼服也，金亦襲之。許嫁之女則服綽子，[8]製如婦人服，以紅或銀褐明金爲之，對襟彩領，前齊拂地，後曳五寸餘。

[1]襜裙：金代貴族婦女所穿的裙子。志中所述簡略，1988 年在黑龍江省阿城市金墓中出土的一條完整襜裙則是很好的補充。該裙爲夾制，内襯絲綿。裙身分爲兩部分，上部爲腰筒，素駝色絹質。背部留有開口，開口上側縫綴有繫帶各一條，供穿著時束繫。下半部爲裙筒，絹質，有織金折枝梅花圖案。裙身裁成喇叭狀，周身設有襞積折兒，與志中所述基本相近（圖 11）。

圖 11　襜裙

（黑龍江省阿城市金代齊王墓）

[2]團衫：爲金代婦女常見的外衣。其式爲直領，對襟，窄袖，身長及地，下擺寬綽，與中原地區漢族婦女衣衫有一定區别（圖 12）。

圖 12　外罩團衫金代婦女
（河南省焦作市金墓壁畫）

[3]直領：衣裝的領式。領與衣的兩襟相直通，一般用於對襟式的衣裝（圖 13）。按，“直領”與下文“左衽”相矛盾，既爲直領，應無左右衽。

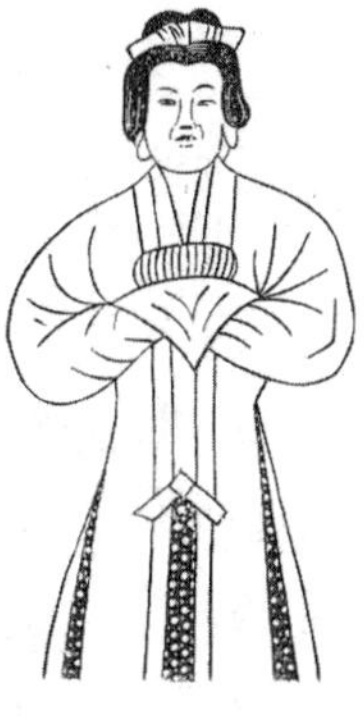

圖 13　著直領式衣金代女子
（山西省介休市金代墓磚雕）

[4]左衽：衣襟的種類之一。中國傳統衣裝習俗多爲交領大襟形式，衣襟又分爲左衽式和右衽式。其中衣襟從右向左掩合稱爲左衽。中原地區漢族人習俗用右衽，唯死者殆衣用左衽。少數民族則

多習慣用左衽。

[5]掖縫：上衣材料經裁剪後在腋下匯合的合縫處。

[6]鈿：又作“鏌”。一種飾於頭髻上的花飾。

[7]玉逍遥：妝飾頭髻用的巾子。上飾有玉鈿，多用於遼金時期的老年婦女。

[8]綽子：一種外套。相當於唐宋時期流行的半臂或背子。

明昌六年制，文武官六貫石以上承應人并及廕者，許用牙領，紫圓板皂條羅帶，皂靴，上得兼下。係籍儒生止服白衫領，繫背帶並以紫圓絛羅帶，乾皂靴。餘人用純紫領，不得用緣，雜色圓板絛羅帶不得用紫，靴用黃及黑油皂蠟等，婦人各從便。

泰和四年，以親王品官既分領緣，而復有皂靴之禁，似涉太煩，遂聽親王用銀褐領紫緣，品官皆紫領白緣，餘從明昌制。

書袋之制。大定十六年，世宗以吏員與士民之服無別，潛入民間受賕鬻獄，有司不能檢察，遂定懸書袋之制。省、樞密院令、譯史用紫紵絲爲之，臺、六部、宗正、統軍司、檢察司以黑斜皮爲之，寺、監、隨朝諸局、并州縣，並黃皮爲之，各長七寸、闊二寸、厚半寸，並於束帶上懸帶，公退則懸於便服，違者所司糾之。

大定十三年，太常寺擬士人及僧尼道女冠有師號、并良閒官八品以上，許服花紗綾羅絲紬。在官承應有出身人、帶八品以下官，未帶官亦同，許服花紗綾羅紵絲絲紬，家屬同，婦人許用珠爲首飾。其都孔目與八品良閒官同，[1]京府州縣司吏皆與庶人同。

[1]良閒官：原無“閒”字，從中華點校本補。

庶人止許服絁紬、絹布、毛褐、花紗、無紋素羅、絲綿，其頭巾、繫腰、領帕許用芝蔴羅、絛用絨織成者，[1]不得以金玉犀象諸寶瑪瑙玻璃之類爲器皿、及裝飾刀把鞘、并銀裝釘床榻之類。

[1]毛褐：粗劣的毛織物。

婦人首飾，不許用珠翠鈿子等物，翠毛除許裝飾花環冠子，[1]餘外並禁。

兵卒許服無紋壓羅、絁紬、絹布、毛褐。

奴婢止許服絁紬、絹布、毛褐。

倡優遇迎接、公筵承應，許暫服繪畫之服，其私服與庶人同。

[1]花環冠子：金代婦女流行的冠子，特點是在冠的環緣處嵌有一圈珠飾（圖14）。

圖 14　戴花環冠侍女

（河南省焦作市金代壁畫墓）

金史　卷四四

志第二十五

兵

兵制　禁軍　養兵之法

金興，用兵如神，戰勝攻取，無敵當世，曾未十年遂定大業。原其成功之速，俗本鷙勁，人多沉雄，兄弟子姓才皆良將，[1]部落保伍技皆鋭兵。加之地狹産薄，無事苦耕可給衣食，有事苦戰可致俘獲，勞其筋骨以能寒暑，徵發調遣事同一家。是故將勇而志一，兵精而力齊，一旦奮起，變弱爲强，以寡制衆，用是道也。

[1]兄弟子姓：按，此“姓”字疑是“姪”字之誤。

及其得志中國，自顧其宗族國人尚少，乃割土地、崇位號以假漢人，使爲之効力而守之。猛安謀克雜厠漢地，[1]聽與契丹、漢人昏因以相固結。[2]迨夫國勢寖盛，則歸土地、削位號，罷遼東渤海、漢人之襲猛安謀克者，[3]漸以兵柄歸其内族。然樞府簽軍募軍兼采漢制，[4]伐宋之役參用漢軍及諸部族而統以國人，[5]非不知制勝長策在於以志一之將、用力齊之兵也，第以土宇既廣，豈得盡任其所親哉。馴致極盛，乃自患其宗族國人之多，積其猜疑，卒自戕賊，遂致强本刊落，[6]醇風鍥薄，將帥携离，兵士驕惰。迄其亡也，"忠孝"等軍構難于内，[7]乣軍雜人召禍于外，[8]向之所謂志一而力齊者，不見可恃之勢焉。豈非自壞其家法而致是歟？抑是道也可用於新造之邦，不可以保長久之天下歟？

[1]猛安謀克：女真部落軍事組織與地方行政設置的稱謂。後也用作榮譽稱號，世襲。對於來降的各部族人，"率用猛安、謀克之名以授其首領而部伍其人"，後由於漢地居民的反對，罷漢、渤海的猛安謀克，僅於女真人、契丹人、奚人中實行。

[2]昏因：同"婚姻"。

[3]遼東：京路名。據《大金國志》卷九《熙宗孝成皇帝一》"東京留守宗雋"，東京二字下有小注稱"遼東"，可見遼東實爲東京之别稱。治所在今遼寧省遼陽市。

[4]樞府：官署名。指樞密院，掌軍興武備機密之事。長官爲樞密使，從一品；下設樞密副使、簽書樞密院事、同簽樞密院事等官。

[5]伐宋之役參用漢軍及諸部族而統以國人：《三朝北盟會編》卷九九引范仲熊《北記》："丙午歲十一月，粘罕陷懷州，殺霍安國。范仲熊貸命令往鄭州養濟，途中與燕人同行，因問：'此中來者是幾國？共有多少兵馬？'其番人答言：'此中隨國相來者，有達靼家、有奚家、有黑水家、有小葫蘆家、有契丹家、有党項家、有

黠戛斯、有大石家、有回鶻家、有室韋家、有漢兒家，共不見得數目。'”可見伐宋之役北方大多數部族都參與其中。

[6]刊：砍削。

[7]忠孝軍：金軍種之一。金宣宗時，由回紇、乃蠻、羌人、吐谷渾和中原地區曾被蒙古俘虜逃回的漢人組成，以善騎射爲條件。人有兩馬或三馬，糧餉高於其他部隊三倍，作戰時充先鋒。

[8]乣（jiū）軍：由北方被征服部族人組成的部隊。遼代分屬契丹八部統領，泛稱乣軍，無定制。金代乣軍形成正式兵種，分屬東北路、西北路、西南路招討司統領，諸乣軍各有專名。本書卷五七《百官志三》、卷二四《地理志上》、卷四四《兵志》共提到十二個乣軍的名稱。乣軍的地位低於部族軍，由雜居的各部族人臨時性組成的部隊也稱乣軍。本書卷四四《兵志》載，迭剌、唐古二部五乣共有五千五百八十五户，卷四六《食貨志》稱移典乣有一千六百餘户，則乣軍每一軍當管有一千餘户。

金以兵得國，奉詔作《金史》，故於金之《兵志》考其興亡得失之跡，特著於斯。兵制、馬政、養兵等法載諸舊史者，昈列于篇。[1]

[1]昈（hù）：明，分明。施國祁《金史詳校》卷三下認爲當作“臚”。

金之初年，諸部之民無它徭役，壯者皆兵，平居則聽以佃漁射獵習爲勞事，有警則下令部内，及遣使詣諸孛堇徵兵，[1]凡步騎之仗糗皆取備焉。其部長曰孛堇，行兵則稱曰猛安、謀克，[2]從其多寡以爲號，猛安者千夫長也，謀克者百夫長也。謀克之副曰蒲里衍，[3]士卒之副從曰阿里喜。[4]

[1]孛菫：女真部落首領稱號。金建國後，轉化爲中央低級官員與地方官員的稱號。熙宗改革以後，廢除孛菫制。

[2]行兵則稱曰猛安、謀克：源於千夫（户）長和百夫（户）長，後演變爲軍事組織和軍官稱號。此處説“猛安者千夫長也，謀克者百夫長也”，則當時的猛安謀克規模上小於完顔阿骨打的定制。《三朝北盟會編》卷三稱女真建國前“自推雄豪酋長，小者千户，大者數千户”，此時的猛安組織是與部落制相配合的，一個小的部落至少可以組成一個猛安，而大的部落則可以包括幾個猛安。按，本書卷二《太祖紀》，寧江州戰役中“遇渤海軍攻我左翼七謀克，衆少却”，則是時七謀克兵力當與渤海兵力大體相當或略少。渤海軍人數，《太祖紀》爲八百人，《三朝北盟會編》卷二一引《亡遼録》及《宋會要》都作一千人，《契丹國志》卷十《天祚皇帝》則記爲三千人。賈敬顔、林榮貴認爲“一千人近是”。故此時七謀克兵當少於一千人。每謀克約一百人至一百四十人左右。與“謀克者百夫長也”正相合。當是與女真氏族組織相配合的。

[3]蒲里衍：又譯作蒲輦。女真氏族長謀克的副職，一謀克轄兩蒲里衍，一蒲里衍管正軍（即甲軍）五十名。

[4]阿里喜：又譯爲阿里熹。女真語，有“副”“次”之意。女真士卒的副從，多由正軍（即甲軍）的子弟擔任。正軍一人可携帶阿里喜一至二人，充任雜役，又稱“阿里喜隨色人”或“帖軍”。代替正軍頂盔貫甲時被稱爲“擐甲阿里喜”，有功者與正軍同受升賞。按猛安謀克之制久已存在。本書卷六七《桓赧散達傳》：“世祖至，責讓肅宗失利之狀。使歡都、冶訶以本部七謀克助之。”卷一二〇《唐括德温傳》：“曾祖石古從太祖平臘醅、麻産，領謀克。祖脱孛魯，領其父謀克，從太祖伐遼。”卷八一《迪姑迭傳》：“迪姑迭年二十餘，代領父謀克，攻寧江州。”都可以證明這一點。

《柳邊紀略》卷三:"康熙丙寅年，沙兒虎舊城掘一銅章，傳送禮部。大若州印，面篆'合重渾謀克印'六字。背左一行楷書如面文，右一行刻'大同二年少府監造'八字。"如此史料可信，則遼世宗時女真人已經實行猛安謀克制度。故本書中此段文字當是對金太祖以前相當長時間里女真人兵制的概括説明，並不僅僅指金建國前後。本段前貫以"金之初年"不確。下文"以三百户爲謀克，謀克十爲猛安"也非是另立新制，衹是對傳統制度作整頓而已。

部卒之數，初無定制，至太祖即位之二年，[1]既以二千五百破耶律謝十，[2]始命以三百户爲謀克，謀克十爲猛安。[3]繼而諸部來降，率用猛安、謀克之名以授其首領而部伍其人。出河之戰兵始滿萬，[4]而遼莫敵矣。及來流、鴨水、鐵驪、鱉古之民皆附，[5]東京既平，[6]山西繼定，[7]内收遼、漢之降卒，外籍部族之健士。嘗用遼人訛里野以北部百三十户爲一謀克，[8]漢人王六兒以諸州漢人六十五户爲一謀克，[9]王伯龍及高從祐等並領所部爲一猛安。[10]

[1]二年：此指完顔阿骨打襲位爲都勃極烈的第二年，即收國元年的前一年，1114 年。

[2]耶律謝十：契丹人。事迹不詳。據《遼史》卷二七《天祚紀二》、卷九八《蕭兀納傳》及《宋會要·蕃夷契丹》，是役遼軍主帥爲東北路統軍使蕭兀納，副統帥爲海州刺史高仙壽，則耶律謝十不過是蕭兀納部下將領而已。史書之所以如此記載，可能因爲他是在本次戰役中被女真人殺死的官職最高的契丹人。《契丹國志》卷十《天祚皇帝上》，"會集女真諸部甲馬二千，首犯混同江之東，名寧江州"，記女真人兵數爲二千，與此二千五百異。

［3］謀克十爲猛安：舊制一猛安約一千人，一謀克約百餘人，太祖爲適應兵力增加的形勢，將謀克的編制擴大。按上文“其部長曰孛堇，行兵則稱曰猛安、謀克，從其多寡以爲號”，則猛安與謀克之間原無隸屬關係，衹是統兵多的部長稱猛安，統兵少的部長稱謀克。使謀克隸於猛安應是太祖此次改革的一項内容。此處所説編制數當爲一種原則，當時多有例外。據本書卷七二《銀术可傳》，“收國二年，分鴨懶、阿懶所遷謀克二千户，以銀术可爲謀克”，可證。據《三朝北盟會編》卷三，女真建國前“自推雄豪酋長，小者千户，大者數千户”，完顔阿骨打制猛安爲三千户，實際相當於一個大的酋長所統領的户數。《三朝北盟會編》卷四引馬擴《茅齋自叙》女真，“每三五里之間有一二族帳，每族帳不過三五十家”，則一謀克相當於十個族帳，一猛安相當於一百個族帳。不完全依舊有的氏族部落制來組織猛安謀克，當也是此次改革的内容之一。

［4］出河：地名。即出河店，一説在今黑龍江省肇源縣茂興站南的吐什吐；一説在今肇源縣望海屯舊城址；一説在今肇東縣八里城。

［5］來流：河名。即今吉林省拉林河。　鴨水：即鴨子河。今嫩江。　鐵驪：部族名。金太祖即都勃極烈的第二年，鐵驪王回离保來降。時在出河戰役之後。　鱉古：女真部族名。又作鱉故德、鼻骨德。居住地在今布庫河流域及黑龍江、松花江合流處之東北地方。金太祖即都勃極烈的第二年，其部長胡蘇魯以城降，時在出河戰前。

［6］東京：遼京路名。金初因之。治所在今遼寧省遼陽市。

［7］山西：指西京路。治所在今山西省大同市。

［8］訛里也：僅見於此及卷二。

［9］王六兒：漢人。僅見於此及卷二。

［10］王伯龍：漢人。本書卷八一有傳。　高從祐：契丹人。僅見於此及卷二。按，本書卷二《太祖紀》，天輔二年（1118）閏九月，“北部訛里野，漢人王六兒、王伯龍，契丹特末、高從祐等，

各率衆來降”，應是以所部建猛安謀克，而不是依“三百户爲謀克，謀克十爲猛安”的定數編制。據本書卷八一《王伯龍傳》，“天輔二年，率衆二萬及其輜重來降，授世襲猛安”，一猛安二萬人，遠過應有之數。此處是在講猛安謀克編制的例外情況，前邊所述訛里野、王六兒是舉少於定制的例子，後述王伯龍、高從祐是舉多於定制的例子。故高從祐的猛安人數也一定相當可觀。

至天會二年，[1]平州既平，[2]宗望恐風俗揉雜，[3]民情弗便，乃罷是制，諸部降人但置長吏，[4]以下從漢官之號。五年，[5]伐宋之役，調燕山、雲中、中京、上京、東京、遼東、平州、遼西、長春八路民兵，[6]隸諸萬户，[7]其間萬户亦有專統漢軍者。熙宗皇統五年，又罷遼東漢人、渤海猛安謀克承襲之制，[8]浸移兵柄於其國人，乃分猛安謀克爲上中下三等，[9]宗室爲上，餘次之。

[1]天會：金太宗年號（1123—1134），金熙宗初年沿用不改（1135—1137）。

[2]平州：州名。治所在今河北省盧龍縣。

[3]宗望：女真人。本名斡魯補，又作斡离不，金太祖之子。本書卷七四有傳。

[4]諸部降人但置長吏：按，本書卷五五《百官志一》：“漢官之制，自平州人不樂爲猛安、謀克之官，始置長吏以下。天輔七年（1123），以左企弓行樞密院于廣寧，尚踵遼南院之舊。”與此異。

[5]五年：中華點校本據本書卷三《太宗紀》，天會四年（1126）“八月庚子，詔左副元帥宗翰、右副元帥宗望伐宋”，“十一月甲子，宗翰自太原趨汴，丙寅，宗望自真定趨汴”，閏月丙辰“克汴城”，“十二月癸亥，宋主桓降”，改爲“四”。施國祁《金史詳校》卷三下也認爲，“五當作四”。三上次男則據本書卷三《太

宗紀》，天會三年“十月甲辰，詔諸將伐宋”，認爲應是“三”。康鵬認爲作“五”不誤。

［6］燕山：路名。遼開泰元年（1012）號燕京，府名析津，金初沿之。海陵貞元元年（1153）從上京會寧府遷都於此，改爲中都。治所在今北京市。　雲中：府名。此指遼大同府，代稱遼西京道。金代稱西京，治所在今山西省大同市。　中京：遼京路名。金初沿之，海陵貞元元年改爲北京，治所在今内蒙古自治區寧城縣西大名城。　上京：遼京路名。金初沿之，後改爲臨潢府路。治所在今内蒙古自治區巴林左旗林東鎮南波羅城。　遼西：州名。治所在今遼寧省義縣。　長春：遼州名。治所在今吉林省松原市前郭爾羅斯蒙古族自治縣他虎城。此處名爲八路，考之路名，實爲九路。康鵬認爲當删“遼東”。此八路即遼末八個財賦路（康鵬《〈金史·兵志〉辨正二則》，《隋唐遼宋金元史論叢》第三輯，上海古籍出版社2013年版）。

［7］萬户：軍官名。金太祖時對材堪統衆的軍官授以萬户官職，負責統領猛安謀克作戰，隸屬於都統，子孫世襲。海陵天德間罷。據本書卷三《太宗紀》，天會三年十月，“知樞密院事劉彦宗兼領漢軍都統”，卷七八《劉彦宗傳》，“詔彦宗兼領漢軍都統”。知此指劉彦宗。除此一軍外，上述八路所簽發之漢軍皆分隸各萬户。

［8］罷遼東漢人、渤海猛安謀克承襲之制：本書卷八〇《大臭傳》：“天眷三年，罷漢、渤海千户謀克。”日人三上次男據此認爲，此處“皇統五年”應移至“乃分猛安謀克”之上，而此處應更爲“天眷三年”。施國祁則認爲當將上句加入“熙宗”二字之後，“據下文‘皇統……又罷’語，知必係脱載”。張博泉認爲，熙宗天眷三年（1140）和皇統五年（1145）曾兩次罷遼東漢人、渤海人猛安謀克，天眷三年所罷漢人、渤海人猛安謀克，是指作爲地方行政組織的猛安謀克，是爲實行州縣制的改革作準備，皇統五年在遼東罷漢人、渤海人猛安謀克承襲制度，主要是指軍事的猛安謀克的承襲制度。

[9]分猛安謀克爲上中下三等：《鄱陽集》卷四《跋金國文具録劄子》曰："猛安、謀克以管女真户爲上，雜以漢人爲下。"而《金國文具録劄子》成書於宋紹興十三年，即金皇統三年，可證在此之前猛安謀克也是分等級的。

至海陵庶人天德二年，[1]省併中京、東京、臨潢、咸平、泰州等路節鎮及猛安謀克，[2]削上中下之名，但稱爲"諸猛安謀克"，循舊制間年一徵發，以補老疾死亡之數。

[1]天德：金海陵王年號（1149—1152）。

[2]臨潢：路名。即遼上京。治所在今内蒙古自治區巴林左旗林東鎮南波羅城。　咸平：路名，即咸平府路。治所在今遼寧省開原市開原老城。　泰州：路名。治所在今吉林省洮南市東北雙塔鄉城四家子舊城址。一説在今黑龍江省泰來縣塔子城。金承安三年（1198）移治長春縣，即今吉林省前郭爾羅斯蒙古族自治縣西北塔虎村。　節鎮：指節度州，爲金代地方建置州的一種。長官爲節度使，從三品。

貞元遷都，[1]遂徙上京路太祖、遼王宗幹、秦王宗翰之猛安，[2]併爲合扎猛安，[3]及右諫議烏里補猛安，[4]太師勗、宗正宗敏之族，[5]處之中都。[6]斡論、和尚、胡剌三國公，[7]太保昂，[8]詹事烏里野，[9]輔國勃魯骨，[10]定遠許烈，[11]故杲國公勃迭八猛安處之山東。[12]阿魯之族處之北京。[13]按達族屬處之河間。[14]二年，[15]命兵部尚書蕭恭等，[16]與舊軍皆分隸諸總管府、節度使，[17]授田牛使之耕食，以蕃衛京國。

[1]貞元：金海陵王年號（1153—1155）。

[2]遼王：封爵名。天眷格，爲大國封號第一。　宗幹：女真人。本名斡本，金太祖庶長子。本書卷七六有傳。　秦王：封爵名。天眷格，《大金集禮》爲大國封號第五，《金史·百官志》爲第四。　宗翰：女真人。即完顔粘没喝，漢語訛爲粘罕，國相撒改之長子。本書卷七四有傳。三上次男認爲，“太祖”與“遼王宗幹”之間漏“太宗”二字。

[3]合扎：據本卷下文，“合扎者，言親軍也，以近親所領，故以名焉”，是爲金侍衛親軍的前身。

[4]右諫議：即右諫議大夫，爲諫院屬官。正四品。　烏里補：女真人。又作吾里補，徒單恭之子。

[5]太師：三師之一。正一品。　勗：女真人。本名烏野，一名烏也，字勉道。本書卷六六有傳。　宗正：官名。即判大宗正事，爲大宗正府長官。從一品。以皇族中屬親者充，掌敦睦糾率宗屬欽奉王命。泰和六年（1206）以避諱改判大睦親府事。　宗敏：原文爲“宗敬”，從施國祁《金史詳校》卷三下改。宗敏，女真人。本名阿魯補。金太祖之子。本書卷六九有傳。

[6]中都：京路名。遼開泰元年（1012）建號燕京，金初因之，海陵貞元元年（1153）遷都於此，更名爲中都。治所在今北京市。

[7]斡論：女真人。即完顔晏，本名斡論，又作訛論。是時爲齊王。本書卷七三有傳。　和尚：女真人。海陵同母弟。封應國公。本書卷七六有傳。　胡剌：女真人。即完顔文，本名胡剌。正隆時爲鄖國公。本書卷七四有傳。

[8]太保：三師之一。正一品。　昂：女真人。即完顔昂，本名奔睹。本書卷七四有傳。按本書卷五《海陵紀》，正隆元年（1156）正月乙丑，“太尉、樞密使昂爲太保”。此處繫年恐誤。

[9]詹事：東宫屬官。即太子詹事院長官太子詹事。掌總統東

宫内外庶務。從三品。　烏里野：本書僅此一見。

［10］輔國：武散官。即輔國上將軍。從三品中階。　勃魯骨：本書僅此一見。

［11］定遠：武散官。即定遠大將軍。從四品中階。　許烈：本書僅此一見。

［12］杲國公：封爵名。待考。　勃迭：本書僅此一見。或謂即宗弼子勃迭。　山東：路名。指山東東、西兩路。山東東路治所在今山東省青州市；山東西路治所在今山東省東平縣。

［13］阿魯：女真人。按本書卷六六《宗賢傳》，宗賢本名阿魯，“天德初，授世襲謀克”，“改崇義軍節度使，兼領北京宗室事……改臨海軍。大定初，遣使召之。宗賢率諸宗室見於遼陽”，此阿魯應指宗賢。　北京：京路名。遼時爲中京，金初因之，海陵貞元元年改爲北京，治所在今内蒙古自治區寧城縣西大名城。

［14］按達：女真人。本書卷七三《按荅海傳》：“天眷二年，襲父猛安……以猛安讓兄子唤端……别授世襲猛安。……海陵時，自上京徙河間。”則此按達即指按荅海。　河間：府名。治所在今河北省河間市。據本書卷八三《納合椿年傳》，“正隆初，起上京諸猛安於中都、山東等路安置”，卷六六《勗傳》，“正隆元年，與宗室俱遷中都”，可見此次遷徙不是與遷都同時進行的。本書卷四七《食貨志二》：“海陵正隆元年二月，遣刑部尚書紇石烈婁室等十一人，分行大興府、山東、真定府，拘括係官或荒閑牧地，及官民占射逃絶户地，戍兵占佃宫籍監外路官本業外增置土田，及大興府、平州路僧尼道士女冠等地，蓋以授所遷之猛安、謀克户。”據本書卷一二〇《徒單恭傳》，徒單恭死於貞元二年（1154）九月，其子吾里補爲諫議大夫，襲其猛安當在此後，下文有“右諫議烏里補猛安”，可知遷徙當在貞元二年九月之後。據此可知，遷徙約開始於貞元三年，被遷徙户於正隆元年（1156）初到達指定地點。

［15］二年：中華點校本於“二年”上補“正隆”二字，是。正隆，金海陵王年號（1156—1160）。

[16]蕭恭：奚人。本書卷八二有傳。原作“蕭仲恭”，誤，今從中華點校本改。

[17]總管府：官署名。掌統諸城隍兵馬甲仗。長官爲都總管。正三品。

六年，[1]南伐，立三道都統制府及左右領軍大都督，[2]將三十二軍，以神策、神威、神捷、神鋭、神毅、神翼、神勇、神果、神略、神鋒、武勝、武定、武威、武安、武捷、武平、武成、武毅、武鋭、武揚、武翼、武震、威定、威信、威勝、威捷、威烈、威毅、威震、威略、威果、威勇爲名，軍置都總管、副總管及巡察使、副各一員。[3]而沿邊契丹恐妻孥被鄰寇鈔掠，不可盡行，遂皆背叛。而大名續授甲之士還迎立世宗于東京。[4]

[1]六年：施國祁《金史詳校》卷三下認爲，此前當加“正隆”二字。

[2]三道都統制府：官署名。指浙東道水軍都統制府、漢南道行營兵馬都統制府、西蜀道行營兵馬都統制府。爲海陵南征時所設置的臨時性軍事機構。浙東道水軍都統制蘇保衡、副統制完顔鄭家；漢南道行營兵馬都統制劉蕚、副統制僕散烏者；西蜀道行營兵馬都統制徒單合喜、副統制張中彦。負責指揮各路部隊對宋軍作戰。南征失敗後撤銷。故本書《百官志》不載。據本書卷五《海陵紀》、卷八二《郭安國傳》、卷一三二《完顔元宜傳》，後海陵曾增設浙西道兵馬都統制府，以完顔元宜爲都統制、郭安國爲副統制，《兵志》失載。　左右領軍大都督：臨時性軍事機構左、右領軍都督府的長官。左領軍大都督爲完顔昂，副都督李通；右領軍大

都督紇石烈良弼，副都督烏延蒲盧渾。負責指揮部隊對宋軍作戰。南征失敗後撤銷。故本書《百官志》不載。

[3]都總管：本爲諸總管府長官，掌統諸城隍兵馬甲仗，總判府事。正三品。此處爲每路部隊的長官，屬臨時性軍事職務。負責指揮本部對敵作戰。　副總管：即副都總管。本爲諸總管府屬官，協助都總管掌統諸城隍兵馬甲仗，分判府事。正五品。此處爲臨時性軍事職務。負責協助都總管指揮本部對敵作戰。　巡察使副：皆臨時性軍事職務。爲都總管下屬軍官，負責指揮所部對敵作戰。征南失敗後罷，未再設。故本書《百官志》不載。

[4]大名：路名。大名府路，治所在今河北省大名縣東北。

及大定之初，窩斡既平，[1]乃散契丹隸諸猛安謀克。[2]

[1]窩斡：契丹人。即移剌窩斡。本書卷一三三有傳。

[2]乃散契丹隸諸猛安謀克：本書卷六《世宗紀上》大定三年(1163)八月爲"詔罷契丹猛安謀克，其户分隸女直猛安謀克"，意思較明。又，卷九〇《完顏兀不喝傳》:"頃之，世宗以諸契丹未嘗爲亂者，與來降者一概隸女直猛安中非是，未嘗從亂，可且仍舊。"説明最終罷去的衹是參與叛亂的契丹猛安謀克，未參與叛亂的則得以保存。卷七《世宗紀中》，大定十七年正月，"詔西北路招討司契丹民户，其嘗叛亂者已行措置，其不與叛亂及放良奴隸可徙烏古石壘部，令及春耕作"，也可以證明這一點。

至三年，詔河北、山東等路所簽軍，[1]有父兄俱已充甲軍，[2]子弟又爲阿里喜，恐其家更無丁男，有誤農種，與免一丁，以驅丁充阿里喜，[3]無驅丁者於本猛安謀克内驗富强有驅丁者簽充。

[1]河北：路名。天會七年（1129）分爲河北東、西兩路。河北東路治所在今河北省河間市；河北西路治所在今河北省正定縣。

[2]已：原作"亡"，從施國祁《金史詳校》卷三下改。　甲軍：即正軍。軍隊中直接作戰的正規士兵，因其作戰時着甲，故有此稱。金制，女真各部壯者皆兵，由部長徵調，兵仗糧草皆自備，可帶副從士卒一至二人，稱阿里喜，擔任雜役，多由正軍的子弟充任。

[3]驅丁：金代對奴婢的稱呼。金代貴族們把在戰争中俘獲的人口抑逼爲奴，以供驅使，稱爲驅口或驅丁。後漸成爲對男女奴婢的通稱。驅丁成家，稱爲驅户，所生子女身分不變。祇有通過贖身，驅丁才能獲得良人身分。

十三年，徙東北等戍邊漢軍於内地。[1]

[1]東北：官署名。指東北路招討司，金於西北、西南、東北三處設招討司，掌招懷降附、征討携离。長官爲招討使，正三品。東北路招討司初設在泰州，治所在今吉林省洮南市城四家子村古城，一説在今黑龍江省泰來縣塔子城。章宗泰和間，設分司於金山縣，在今内蒙古自治區科爾沁右翼前旗（烏蘭浩特）東北三十里古城。

十五年十月，遣吏部郎中蒲察兀虎等十人分行天下，[1]再定猛安謀克户，每謀克户不過三百，七謀克至十謀克置一猛安。

[1]吏部郎中：尚書吏部屬官。協助吏部尚書掌文武選授、勳封、考課、出給制誥等政事。從五品。　蒲察兀虎：女真人。僅見

於此及卷六。大定九年（1169）四月，官爲翰林修撰，“詣河北西路、大名、河南、山東等路勸猛安謀克農”。

十七年，又以西南、西北招討司契丹餘黨心素狠戾，[1]復恐生事，它時或有邊隙，不爲我用，令遷之於烏古里石壘部及上京之地。[2]上謂宰臣曰："北邊番戍之人，歲冒寒暑往來千里，甚爲勞苦。縱有一二馬牛，一往則無還理，且奪其農時，不得耕種。故嘗命卿等議，以何術得罷其役，使安于田里，不知卿議何如也?"左丞相良弼對曰：[3]"北邊之地，不堪耕種，不能長戍，故須番戍耳。"上曰："朕一日萬幾，安能遍及，卿等既爲宰相，[4]以此急務反以爲末事，竟無一言，甚勞朕慮。往者參政宗叙屢爲朕言，[5]若以貧户永屯邊境，使之耕種，官給粮廪，則貧者得濟，富户免於更代之勞，使之得勤農務。若宗叙者可謂盡心爲國矣。朕嘗思之，宜以兩路招討司及烏古里石壘部族、臨潢府、泰州等路分定保戍，具數以聞，朕親覽焉。"

[1]西南西北招討司：皆官署名。金於西北、西南、東北三路設招討司，掌招懷降附、征討携離。長官爲招討使，正三品。

[2]烏古里石壘部：部族名。"烏古里"又譯"烏虎里"，"石壘"又譯"十壘"。分布在今嫩江中游以西雅魯、綽爾兩河流域之地。金於其地設烏古迪烈統軍司，後升爲招討司，又改爲東北路招討司。

[3]左丞相：爲宰相，掌丞天子，平章萬機。從一品。　良弼：女真人。即紇石烈良弼，本名婁室。本書卷八八有傳。

[4]宰相：金於尚書省設尚書令一員，左、右丞相各一員，平

章政事兩員，爲宰相。

[5]參政：執政官。即參知政事，爲宰相之貳，佐治省事。正二品。　宗敘：女真人。本名德壽。本書卷七一有傳。

十八年，命部族、乣分番守邊。二十年，以祖宗平定天下以來所建立猛安謀克，因循既久，其間有户口繁簡、地里遠近不同，又自正隆之後所授無度，及大定間亦有功多未酬者，遂更定以詔天下。復命新授者並令就封，其謀克人内有六品以下職及諸局承應人，[1]皆爲遷之。三從以上族人願從行者，猛安不得過十户，謀克不得過六户。詔戍邊軍士年五十五以上，許以其子及同居弟姪承替，以奴代者罪之。

[1]諸局承應人：即各局司辦事員。詳本書卷五八《百官志四》。

二十一年三月，詔遣大興尹完顏迪古速遷河北東路兩猛安，[1]上曰："朕始令移此，欲令與女直户相錯，安置久則自相姻親，不生異意，此長久之利也。今者移馬河猛安相錯以居，[2]甚符朕意，而遥落河猛安不如此，[3]可再遣兵部尚書張那也按視其地以雜居之。"[4]

[1]大興尹：府官名。大興即大興府，治所在今北京市。尹即府尹，掌宣風導俗，肅清所部，總判府事。正三品。　完顏迪古速：女真人。本書僅此一見。

[2]移馬河猛安：契丹人猛安。移馬河與移馬嶺有關，在花道與梟嶺西陷泉之間，屬北京路。

[3]遥落河猛安：契丹人猛安。遥落與饒樂音近，一説今西拉木倫河，一説今英金河。遥落河猛安當自北京路移來。按，本書卷七《世宗紀中》，大定二十年（1180）十月，“詔徙遥落河、移馬河兩猛安於大名、東平等路安置”。與此應是一事，而時間記載不同。或下令遷徙是在二十年十月，而到達指定地點則是在二十一年三月。

[4]張那也：本書僅此一見。

二十二年，以山東屯田户鄰之於邊鄙，命聚之一處，俾協力蠶種。右丞相烏古論元忠曰：[1]“彼方之人以所得之地爲家，雖兄弟不同處，故貧者衆。”參政粘割斡特剌曰：[2]“舊時兄弟雖析猶相聚種，今則不然，宜令約束之。”又以猛安謀克舊籍不明，遇簽軍與諸差役及賑濟，增減不以實，命括其口，以實籍之。

[1]烏古論元忠：女真人。本名訛里也。本書卷一二〇有傳。

[2]粘割斡特剌：女真人。又作粘哥斡特剌。本書卷九五有傳。

二十三年，遣刑部尚書移剌慥遷山東東路八謀克處之河間，[1]其棄地以山東東路忒黑河猛安下蘸荅謀克，[2]移里閔斡魯渾猛安下翕浦謀克、什母温山謀克九村人户徙於劉僧、安和二謀克之舊地。[3]其未徙者之地皆薄惡且鄰寇，遣使詢願徙者，相可居之地，圖以進。

[1]移剌慥：契丹人。本名移敵列。本書卷八九有傳。按，本書卷四七《食貨志二》，大定二十二年“九月，遣刑部尚書移剌慥于山東路猛安内摘八謀克民，徙于河北東路酬斡、青狗兒兩猛安舊

居之地”，與此時間不同。本書《食貨志》所記應是遷徙開始的時間，而此處所記當是所遷民户到達指定地點的時間。

[2]忒黑河猛安下蘸荅謀克：猛安謀克名。原居住地不詳。忒黑河爲河名，其水不可確指，“或謂是今呼蘭河之一支流”。

[3]移里閔斡魯渾猛安下翕浦謀克、什母温山謀克：猛安謀克名。移里閔，河名，即今吉林省飲馬河。此猛安謀克當自隆州移來。 劉僧安和：謀克名。原居住地不詳。

上嘗以速頻、胡里改人驍勇可用，[1]海陵嘗欲徙之而未能，二十四年以上京率、胡剌温之地廣而腴，[2]遂遣刑部尚書烏里也出府庫錢以濟行資牛畜，[3]遷速頻一猛安、胡里改二猛安二十四謀克以實之。[4]蓋欲上京兵多，它日可爲緩急之備也。

[1]速頻：路名。又作速濱、恤品，隸屬於上京路。治所在今俄羅斯濱海邊疆區烏蘇里斯克，舊名雙城子。 胡里改：路名。隸屬於上京路，治所在今黑龍江省依蘭縣喇嘛廟。

[2]率胡剌温：地區名。率即率水（帥水），河名。即今通肯河與雙陽河。胡剌温，河名。即今呼蘭河。其地指今黑龍江省依蘭縣南雙陽以東至鐵力市一帶。

[3]烏里也：本書僅此一見。

[4]遷速頻一猛安、胡里改二猛安二十四謀克以實之：按本書卷八《世宗紀下》，大定二十五年（1185）四月，“詔於速頻、胡里改兩路猛安下選三十謀克爲三猛安，移置于率督畔窟之地，以實上京”。與此同爲一事，而時間、謀克數、地名皆不同。大定二十四年十一月，“尚書省奏徙速頻、胡里改三猛安二十四謀克以實上京”，與此同。應是遷徙開始於大定二十四年，初步預計遷二十四謀克，但實際操作中又有一點變化，最終遷了三十謀克。遷徙户到

達指定地點時爲大定二十五年四月。

當是時，多易置河北、山東所屯之舊，括民地而爲之業，户頒牛而使之耕，畜甲兵而爲之備。乃大重其權，授諸王以猛安之號，[1]或新置者特賜之名。制其奢靡，禁其飲酒，習其騎射，儲其粮糒，其備至嚴也。

[1]授諸王以猛安之號：據本書卷六《世宗紀上》大定十一年（1171）十二月，"趙王永中、曹王永功俱授猛安"。據本書卷八五《世宗諸子傳》，世宗子永功於大定十七年授活活土世襲猛安，永成於大定十七年授世襲山東東路把魯古猛安，永升於大定二十七年授山東西路按必出虎必剌猛安，永德於明昌元年（1190）始授山東東路把魯古必剌猛安，則世宗諸子被授與世襲猛安的時間不一。卷八五《世宗諸子傳》所載永功授猛安的時間與卷六《世宗紀上》不同，而與永成授猛安的時間同繫於大定十七年。按，永中、永功當是最早的受封者，早於永成。卷八五所載永功受封於大定十七年，或因永成受封時間的影響而致誤。參之明昌元年授永德猛安時，永成改授山東西路盆買必剌猛安，或永功於大定十一年授猛安後，於大定十七年改授活活土世襲猛安。總之，不能因卷八五與卷四記載矛盾而否定卷四記載的可信性。據此，世宗諸子授猛安應該共計四次，分別在大定十一年、十七年、二十七年和明昌元年。此處繫於大定二十四年之後，當是指大定二十七年的一次。

是時宗室户百七十，猛安二百二，謀克千八百七十八，户六十一萬五千六百二十四。東北路部族乣軍曰迭剌部，[1]承安三年改爲土魯渾扎石合節度使。[2]曰唐古部，[3]承安三年改爲部魯火扎石合節度使。[4]二部五乣，户五千五百八十五。

其它若助魯部族、烏魯古部族、石壘部族、萌骨部族、計魯部族、孛特本部族數皆稱是。[5]西北、西南二路之糺軍十，[6]曰蘇謨典糺、曰耶剌都糺、曰骨典糺、唐古糺、霞馬糺、木典糺、萌骨糺、咩糺、胡都糺，[7]凡九，其諸路曰曷懶、曰蒲與、曰婆速、曰恤頻、曰胡里改、曰移懶，[8]移懶後廢，皆在上京之鄙，或置總管府，或置節度使。

[1]東北路：官署名。指東北路招討司，初爲烏古迪烈統軍司，後升爲招討司，又改爲東北路招討司。掌招懷降附、征討携离。長官爲招討使，正三品。初治泰州，治所在今吉林省洮南市東北雙塔鄉城四家子舊城址。一説在今黑龍江省泰來縣塔子城。金承安三年（1198）移治長春縣，即今吉林省前郭爾羅斯蒙古族自治縣西北塔虎村。章宗泰和年間設分司於金山縣，大約在今綽爾河上游某地。迭刺部：契丹遥輦氏八部之一。出於乙室活部，與乙室爲兄弟部落，由大蔑孤、小蔑孤、轄懶、阿速、斡納撥、斡納阿剌等六個石烈組成。遼代皇族即出自轄懶石烈。本書卷二四《地理志上》作“迪烈女古部族”。

[2]承安：金章宗年號（1196—1200）。　土魯渾扎石合節度使：土魯渾部長官。掌統制各部、鎮撫諸軍、總判本部政務。從三品。土魯渾部屬東北路招討司，具體所在地不詳。“扎”，原作“凡”，今據中華點校本改。

[3]唐古部：女真部族名，亦作唐括。居住地在今呼蘭河北支通肯河與雙陽河。

[4]部魯火扎石合節度使：部魯火部長官。從三品。部魯火部屬東北路招討司，當在今呼蘭河北支通肯河與雙陽河一帶。本書卷二四《地理志上》、卷五七《百官志三》皆作“部羅火部族”。

[5]助魯部族、烏魯古部族、石壘部族、萌骨部族、計魯部族、

孛特本部族：皆金部族名。本書卷二四《地理志上》“部族節度使”所列部族數與此一致，但無萌骨、烏魯古二部，而有烏昆神、烏古里二部。烏古里與石壘連稱，本書中十二見（卷七出現三次、卷四四出現二次、卷四九出現三次、卷七一出現一次、卷七三出現二次、卷八八出現一次），卷九一《温迪罕移室懣傳》稱其曾爲“烏古里部族節度使”，卷一〇三《奥屯襄傳》稱其曾爲“烏古里乣詳穩”，而據本卷下文“烏魯古者言滋息也”，本書卷五七、五八烏魯古一詞皆與群牧有關，用於部族名稱的本書僅此一見。疑此烏魯古當爲烏古里。考之軍名，本書卷二四《地理志上》與卷五七《百官志三》皆無萌古。故所記部族名稱當以本書卷二四《地理志上》爲準，此處疑誤。此處將各部繫於東北路招討司之下，本書卷二四《地理志上》則繫於西京路之下，顯是認爲當屬於西北或西南路招討司。石壘部顯是屬東北路招討司，考之本書卷一三三《移剌窩斡傳》，窩斡軍在臨潢府時，軍中有“前孛特本部族節度使逐斡”，則孛特本部族當在臨潢府附近，也屬於東北路招討司。則上述部族當屬於東北路招討司，本書《地理志》誤。大定初契丹族大起義失敗後，金世宗曾將未參加起義的西北、西南兩招討司的契丹人遷往東北路招討司，則上述部族最少應包括女真、契丹兩個民族。

[6]西北、西南二路之乣軍十：此處云乣軍十，而所列名稱“凡九”，其數與本書卷二四《地理志上》西京路下所載同。但《地理志上》無萌骨乣而有移典乣。本書卷五七《百官志三》“諸乣”條未著所在路分，亦無萌骨乣而有失魯乣、移典乣。考之本書，共四處記載提到乣軍，卷二四《地理志上》、卷四四《兵志》、卷五七《百官志三》及《百官志》引《士民須知》，共涉及乣軍名稱十二個。其中咩、唐古、木典、骨典四個名稱都見於四種記載中；蘇謨典（蘇木典）、胡都、霞馬都見於三種記載中；移剌、耶剌都、移典都見於二種記載中；萌骨、失魯皆一見。本書卷八一《阿勒根没都魯傳》有“移剌都乣詳穩”，則移剌、耶剌都當是一

名的不同音譯。乣軍之名實爲十一個。據本書卷四六《食貨志一》大定十七年（1177）五月，“省奏‘咸平府路一千六百餘户，自陳皆長白山星顯、禪春河女直人，遼時簽爲獵户，移居於此，號移典部，遂附契丹籍。’”則移典屬東北路招討司，不應列入此處。上文提到東北路招討司下有迭剌、唐古二部五乣，疑此唐古乣也當屬東北路招討司，不應列入此處。則此下所記乣軍名稱應爲九個，即：蘇謨典、耶剌都、骨典、木典、霞馬、萌骨、咩、胡都、失魯。

［7］蘇謨典乣：乣軍名。本書卷五七《百官志三》與此同，卷二四《地理志上》作“蘇木典”。據本書卷二四《地理志上》稱其“近北京”，可知當在今内蒙古自治區寧城縣西大名城附近。　耶剌都：軍名。待考。　骨典乣：乣軍名。貞祐四年（1216）改爲撒合輦必剌謀克，必剌爲女真語，河的意思，骨典部當在撒合輦河流域，此河所在地不詳。　唐古乣：乣軍名。東北路招討司下有迭剌、唐古二部五乣，疑此爲東北招討司所屬唐古部之乣軍。　霞馬乣：乣軍名。待考。　木典乣：乣軍名。木典部居住地當在抗葛山附近。抗葛山所在地不詳。本書卷一〇三《紇石烈桓端傳》，“除同知懷遠軍節度事，權木典乣詳穩”，疑木典部在上京路信州懷遠軍境内，即在今吉林省公主嶺市秦家屯古城附近。木典乣與奚人的咩乣同在貞祐四年更名爲猛安謀克，疑也由奚人組成。　萌骨乣：乣軍名。待考。　咩乣：乣軍名。據本書卷一二二《伯德窊哥傳》稱其爲“西南路咩乣奚人”，則咩乣屬於西南路招討司，由奚人組成。阿鄰，女真語，山的意思，此部後更名爲葛也阿鄰猛安，其地當在葛也山附近，葛也山所在地不詳。但伯德窊哥起兵於東勝州，後東勝城破而死，疑咩乣在東勝州境内。東勝州治所在今内蒙古自治區托克托縣西城關鎮。　胡都乣：乣軍名。待考。

［8］曷懶：路名。屬上京路，一名合懶，治所在今朝鮮咸鏡南道咸興城南五里處。　蒲與：路名。屬上京路，治所在今黑龍江省克東縣東北金城鄉古城村。　婆速：路名。即婆速府路，隸東京路，治所在今遼寧省丹東市九連城鎮。　恤頻：路名。屬上京路，

一作恤品、速頻、速濱。治所在今俄羅斯濱海邊疆區烏蘇里斯克，舊稱雙城子。　移懶：路名。屬上京路。治所在今俄羅斯濱海邊疆區塔烏黑河流域。

至章宗明昌間，[1]欲國人兼知文武，令猛安謀克舉進士，試以策論及射，[2]以定其科甲高下。

[1]按，本書卷五一《選舉志一》、卷九九《徒單鎰傳》、卷一〇五《温迪罕締達傳》，女真進士創設於世宗大定十三年（1173）。

[2]試以策論及射：按本書卷五一《選舉志一》，女真進士初設時衹試策論，大定十六年規定，“今後以策、詩試三場”，章宗大定二十九年規定，“以詩、策合格爲中選，而以論定其名次”。則章宗明昌年間女真進士試詩、策、論三項。又，“女直人以年四十五以下，試進士舉，于府試十日前，委佐貳官善射者試射”，則射爲府試前加試内容。本書卷一〇《章宗紀二》，明昌四年（1193）四月，“勅女直進士及第後，仍試以騎射”，則試射也應爲明昌之前的“舊制”，非明昌年間創設。

承安四年，上謂宰臣曰：“人有以《八陣圖》來上者，[1]其圖果何如？朕嘗觀宋白所集《武經》，[2]具載攻守之法，亦多難行。”右丞相清臣曰：[3]“兵書一定之法，難以應變。本朝行兵惟用正奇二軍，臨敵制變，以正爲奇，以奇爲正，故無往不克。”上曰：“自古用兵亦不出奇正二法耳。且學古兵法如學弈棋，未能自得於心，欲用舊陣勢以接敵，疏矣。敵所應與舊勢異，則必不可支。然《武經》所述雖難遵行，然知之猶愈不知。”

［1］八陣圖：相傳爲諸葛亮創設的一種陣法，按遁甲分成生、傷、休、杜、景、死、驚、開八門，故名。

［2］宋白：字太素，一字素臣，河北省大名縣人。參與編修《文苑英華》《太平御覽》等多種大型類書。有文集百卷，今已佚。《宋史》卷四三九有傳。

［3］清臣：女真人。本名阿不沙。本書卷九四有傳。按，本書卷九四《夾古清臣傳》，此事應在明昌四年（1193），當時夾谷清臣爲右丞相。但本書卷一〇《章宗紀二》，明昌六年四月“庚辰，以尚書右丞相夾谷清臣爲左丞相”。承安時夾谷清臣已官至左丞相。

泰和間，又制武舉，[1]其制具在《選舉志》。

［1］武舉：按本書卷五一《選舉志一》，“武舉，嘗設於皇統時，其制則見於《泰和式》，有上中下三”，“舊制，就試上等不中，不許再試中下等。泰和元年，定制，不分舊等，但從所願，試中則以三等爲次”。證明武舉非創設於泰和間，而是於泰和年間進行了一定程度的改革。

所謂渤海軍，則渤海八猛安之兵也。所謂奚軍者，奚人遥輦昭古牙九猛安之兵也。[1]奚軍初徙于山西，後分遷河東。[2]其漢軍中都永固軍，[3]大定所置者也。所謂鎮防軍，[4]則諸軍中取以更代戍邊者也。在西北邊則有分番屯戍軍及永屯軍、驅軍之別。[5]驅軍則國初所免遼人之奴婢，使屯守于泰州者也。邊鋪軍則河南、陝西居守邊界者。[6]河東三虞候順德軍及章宗所置諸路効節軍，[7]京府節鎮設三十人，[8]防刺設二十人。[9]掌同弓手者也。[10]

[1]遥輦昭古牙：奚人。爲遼外戚。所統遥輦九營，遼末居住於建州，與女真人戰，不利而降。所部九營建爲九猛安，自領親管猛安。本書事見於卷三、四四、七七、八〇、八一。據本書卷七七《完顔昌傳》："撻懶請以遥輦九營爲九猛安。上以奪鄰有功，使領四猛安，昭古牙仍爲親管猛安。五猛安之都帥，命撻懶擇人授之。"則其士兵雖皆爲奚人，軍官却不全是奚人。

[2]河東：路名。分河東南、北路。河東南路治所在今山西省臨汾市；河東北路治所在今山西省太原市。

[3]永固軍：部隊名。大定年間創設，據本書卷五二《選舉志二》大定十四年（1174），"中都永固軍指揮使及諸路埽兵指揮使出職，舊遷敦武校尉者今遷進義校尉"，則此軍應設於大定十四年之前。士兵皆爲漢人，負責中都地區的保衛。

[4]鎮防軍：軍種之一。金於各地部隊中抽調一部分士兵組成臨時性隊伍協助邊防部隊守邊，定期更换，稱爲鎮防軍。

[5]分番屯戍軍：金代於西北邊境屯田的部隊。以屯田自養，同時負有守邊的任務，與永屯軍不同點在於有一定期限，年滿更調。　永屯軍：軍種之一。金代於西北邊境屯田的部隊。以屯田自養，同時負有守邊的任務。　驅軍：軍種之一。以金初放免的遼奴隸組成，負責鎮守泰州。

[6]邊鋪軍：軍種之一。主要由漢軍組成，駐守邊境。　河南：路名。指南京路，治所在今河南省開封市。　陝西：路名。據本書卷二六《地理志下》："皇統二年省併陝西六路爲四，曰京兆，曰慶原，曰熙秦，曰鄜延。"京兆府路治京兆府，治所在今陝西省西安市；熙秦路治臨洮府，治所在今甘肅省臨洮縣；慶原路治慶陽府，治所在今甘肅省慶陽縣；鄜延路治延安府，治所在今陝西省延安市。此處當是概指上述四路，包括金在河東南、北路以西的所有

領土。

［7］河東三虞候順德軍：部隊名。不詳。　効節軍：金軍種之一。始設於金章宗時。諸京、府、節度州每處設三十人，刺史州、防禦州每處設二十人。負責巡邏地方，捕捉盜賊。

［8］京府節鎮：地方建置名。京即京路，金設五京、十四總管府，爲地方一級建置。每京設留守司，長官爲留守，正三品。府，金之五京、十四總管府計十九路，所治皆設府。另有散府九，下轄州縣。長官爲府尹，正三品。節鎮，即設有節度使的大州。爲金代州之一種，地位高於刺史州與防禦州，另有軍名。

［9］防刺：地方建置名。指防禦州、刺史州。防禦州長官爲防禦使，從四品；刺史州長官爲刺史，正五品。下轄縣。

［10］弓手：金沿宋制，州縣設弓手，負責巡邏地方，捕捉盜賊。一州多則百餘人，少亦六七十人。雇值稱弓手錢，按民户物力高下分派，爲金免役錢的一種。充弓手者多市井無賴，所在擾民，故大定三年罷。

諸路所募射粮軍，[1]五年一籍三十以下、十七以上强壯者，皆刺其□，[2]所以兼充雜役者也。

［1］射粮軍：軍種之一。爲各路所屬的部隊，主要負責各種雜役，非正式作戰部隊。

［2］皆刺其□：中華點校本疑缺文爲“面”或“頬”字。

京師防城軍，[1]世宗大定十七年三月改爲武衛軍，則掌京師巡捕者也。其曰牢城軍，則嘗爲盜竊者，以充防築之役。曰土兵，[2]則以司警捕之事。

［1］京師防城軍：軍種之一。負責京城的治安工作。世宗大定

十七年（1177）改名爲武衛軍。　牢城軍：軍種之一。由罪行較輕的罪人組成，負責修築各種防禦工事。從編制上説類似於今天的勞改隊，從任務上説類似於今天的工兵。

[2]土兵：軍種之一。爲各地方武裝，主要任務是負責各地的治安工作，其職能類似於今之警察。

凡漢軍，有事則簽取於民，事已則或亦放免。初，天會間，郭藥師降，[1]有曰長勝軍者，[2]皆遼水側人也，以鄉土歸金，皆愁怨思歸，宗望及令罷還。[3]正隆間，又嘗罷諸路漢軍，而所存者猶有威勇、威烈、威捷、順德及“韓常之軍”之號。[4]

[1]郭藥師：本書卷八二有傳。

[2]長勝軍：遼末軍名。本名怨軍。遼天慶六年（1116），秦晉國王耶律淳爲都元帥，募中京道及東京道西部饑民爲怨軍，取報怨於金人之意。天慶七年，置怨軍八營共二萬八千人。遼保大元年（1121），怨軍作亂，事平後，選二千人爲四營，由奚六部大王回离保統率，其餘約二萬四千人分置南京（今北京）周圍。保大二年，回离保等挾怨軍擁立耶律淳爲帝，怨軍改號長勝軍。同年末，郭藥師率怨軍大部降宋。後助宋擊敗奚王回离保部，進攻遼南京。金天會三年（1125）郭藥師降金。

[3]及令罷還：施國祁《金史詳校》卷三、中華點校本並疑“及”爲“乃”之誤。

[4]威勇、威烈、威捷、順德：皆金部隊稱號。　韓常之軍：韓常爲金初名將，領有漢人猛安，參與伐宋之役，爲宗弼部將，以能戰著名。曾爲許州都統，用法嚴酷。爲驃騎衛上將軍，衍慶宫圖像功臣之一。其所統部隊後被稱爲“韓常之軍”。

凡邊境置兵之州三十八，鳳翔、延安、鄧、鞏、熙、泗、潁、蔡、隴、秦、河、海、壽、唐、商、洮、蘭、會、積石、鎮戎、保安、綏德、保德、環、葭、隩、寧邊、東勝、净、慶、來遠、桓、昌、曷懶、婆速、蒲與、恤品、胡里改，[1]置於要州者十一，南京、東京、益都、京兆、太原、臨洮、臨潢、豐、泰、撫、蓋。[2]

[1]鳳翔：府名。治所在今陝西省鳳翔縣。　延安：府名。治所在今陝西省延安市。　鄧：州名。治所在今河南省鄧州市。　鞏：州名。治所在今甘肅省隴西縣。　熙：州名。金皇統二年（1142）升爲臨洮府。治所在今甘肅省臨洮縣。　泗：州名。治所在今江蘇省盱眙縣西北，現已没入洪澤湖中。　潁：州名。治所在今安徽省阜陽市。　蔡：州名。治所在今河南省汝南縣。　隴：州名。治所在今陝西省隴縣。　秦：州名。治所在今甘肅省天水市。　河：州名。治所在今甘肅省臨夏市。　海：州名。治所在今江蘇省連雲港市西南海州鎮。　壽：州名。治所在今安徽省鳳臺縣。　唐：州名。治所在今河南省唐河縣。　商：州名。治所在今陝西省商洛市。　洮：州名。治所在今甘肅省臨潭縣。　蘭：州名。治所在今甘肅省蘭州市。　會：州名。治所在今甘肅省靖遠縣。　積石：州名。大定二十二年（1182）升積石軍置，治所在今青海省貴德縣西，後移至青海省循化撒拉族自治縣。　鎮戎：州名。大定二十二年升鎮戎軍置，治所在今寧夏回族自治區固原市。　保安：州名。大定二十二年升保安軍置，治所在今陝西省志丹縣。　綏德：州名。大定二十二年升綏德軍置，治所在今陝西省綏德縣。　保德：州名。大定二十二年升保德軍置，治所在今山西省保德縣。　環：州名。治所在今甘肅省環縣。　葭：州名。大定二十四年以晋寧州改名，治所在今陝西省佳縣。　隩：原爲“澳”，中華點校本

改爲“隩”，是。隩州，大定二十二年以火山州改名，治所在今山西省河曲縣南，興定中移至今河曲縣。　寧邊：州名。治所在今内蒙古自治區清水河縣西南窑溝鄉下城灣古城。　東勝：州名。治所在今内蒙古自治區托克托縣西城關鎮。　净：州名。大定十八年置，治所在今内蒙古自治區四王子旗東北庫倫圖鄉城卜子村古城。　慶：州名。治所在今内蒙古自治區巴林右旗白塔子古城，又名插漢城。　來遠：州名。舊來遠城，大定二十二年升爲軍，後升爲州。治所在今遼寧省丹東市九連城東鴨绿江中的黔定島上。　桓：州名。治所在今内蒙古自治區正藍旗南黑城子。後北遷三十里建新桓州城，在今内蒙古自治區正藍旗北四郎城。　昌：州名。天輔七年（1123）降爲建昌縣，明昌七年（1196）復置。治所在今内蒙古自治區太僕寺旗西南九連城淖爾旁。

［2］南京：府名。治所在今河南省開封市。　益都：府名。治所在今山東省青州市。　京兆：府名。治所在今陝西省西安市。　太原：府名。治所在今山西省太原市。　臨洮：此與上述之熙州重復。　豐：州名。治所在今内蒙古呼和浩特市東南白塔村。　撫：州名。治所在今河北省張北縣。　蓋：州名。治所在今遼寧省蓋州市。

及宣宗南遷，乣軍潰去，兵勢益弱，遂盡擁猛安户之老稚渡河，僑置諸總管府以統之，器械既缺，粮糒不給，朘民膏血而不足，乃行括粮之法，[1]一人從征，舉家待哺。又謂無以堅戰士之心，乃令其家盡入京師，不數年至無以爲食，乃聽其出，而國亦屈矣。

［1］括粮之法：不詳。

然初南渡時，盡以河朔戰兵三十萬分隸河南行樞密及帥府，[1]往往蔽匿强壯，驅羸弱使戰，不能取勝。後乃至以二十五人爲謀克，四謀克爲猛安。每謀克除旗鼓司火頭五人，任戰者止十八人，不足成隊伍，但務存其名而已。

[1]河南行樞密及帥府：官署名。行樞密爲行樞密院的簡稱，亦是金代因軍事需要而在河南地區所設的臨時性軍事機構。長官爲行樞密院事。帥府指元帥府，爲金最高軍事機構，長官爲都元帥，從一品。下設左右副元帥、元帥左右監軍、元帥左右都監。

故混源劉祁謂金之兵制最弊，[1]每有征伐及邊釁，輒下令簽軍，使遠近騷動。民家丁男若皆强壯，或盡取無遺，號泣動乎鄰里，嗟怨盈於道路，驅此使戰，欲其勝敵，難矣。初，貞祐時，下令簽軍，會一時任子爲監當者春赴吏部選，[2]宰執命取爲監官軍，[3]皆憤愠哀號，交愬臺省，[4]至衝宰相鹵簿以告，丞相僕散七斤大怒，[5]趣左右取弓矢射去。已而，上知其不可用，命免之。元光末，[6]備潼關黄河，[7]又簽軍，諸使者歷縣邑，自見居官外，無文武小大職事官皆充軍。至許州，[8]前侍御史劉元規年幾六十，[9]亦選爲千户。[10]至陳州，[11]以祁父從益以前監察御史亦爲千户，[12]餘不可悉紀。既立部伍，必以軍律相臨，物議紛然，後亦罷之。

[1]混源：本書卷二四《地理志上》，卷一二六《劉從益傳》、《王元節傳》皆作“渾源”。縣名，治所在今山西省渾源縣。　劉祁：本書卷一二六有傳。

[2]當：同“璫”，宦官的代稱。

［3］宰執：指宰相與執政官。金於尚書省下設尚書令一員、左右丞相各一員、平章政事二員，爲宰相，設左右丞各一員、參知政事二員，爲執政官。　監官軍：原爲“監軍官”，據中華點校本改。

［4］臺省：指御史臺與尚書省。

［5］僕散七斤：女真人。僕散端本名七斤。本書卷一〇一有傳。

［6］元光：金宣宗年號（1222—1223）。

［7］潼關：在今陝西省潼關縣（吴村）東北黄河南岸。

［8］許州：治所在今河南省許昌市。

［9］侍御史：御史臺屬官。掌奏事、判臺事。定員二人，從五品。　劉元規：事見於本書卷四四、四七、一〇五、一〇六、一一四。

［10］千户：爲猛安的别稱。猛安漢語義譯爲千户。

［11］陳州：治所在今河南省淮陽縣。

［12］從益：劉祁之父劉從益。本書卷一二六有傳。　監察御史：御史臺屬官。掌糾察内外非違，刷磨諸司察帳並監祭禮及出使之事。定員十二人，正七品。

哀宗正大二年，[1]議選諸路精兵，直隸密院。[2]先設總領六員，[3]分路揀閲，因相合併。每總領司率數萬人，[4]軍勢既張，乃易總領之名爲都尉，班在隨朝四品之列，曰建威、曰虎威、曰破虜、振威、鷹揚、虎賁、振武、折衝、盪寇、殄寇，[5]必以先嘗秉帥權者居是職，雖帥府行院亦不敢以貴重臨之。[6]天興初元，[7]有十五都尉。先六人升授，在京建威奥屯斡里卜，[8]許州折衝夾谷澤，[9]本姓樊。陳州振武温撒辛，[10]本姓李。蔡州盪寇蒲察打吉卜，[11]申裕安平完顔斜列，[12]嵩汝振武唐括韓僧。[13]續封金昌府虎威紇石烈乞兒，[14]宣權歸德果毅完顔猪兒,[15]南京殄寇完顔阿拍。[16]宣權潼關都尉三：虎賁完顔陳兒、鷹揚内族大婁室、全節。[17]

[1]哀宗：廟號。即完顔寧速甲，漢名守緒。1224 年至 1234 年在位。　正大：金哀宗年號（1224—1231）。

[2]密院：官署名。即樞密院的省稱，掌軍興武備機密之事。長官爲樞密使，從一品。下設：樞密副使，從二品；簽書樞密院事，正三品；同簽樞密院事，正四品。另有經歷、都事、架閣庫管勾、知法等官。

[3]總領：樞密院下屬機構總領司的長官。負責指揮各路精兵對敵作戰，爲四品官。後改名爲都尉。屬金末創設之官職，僅存於哀宗一朝，故本書《百官志》不載。

[4]總領司：官署名。樞密院下屬機構。負責指揮各路精兵對敵作戰，哀宗時初設六總領司，每司轄數萬人。長官總領爲四品官，後改名爲都尉。屬金末創設之官職，僅存於哀宗一朝，故本書《百官志》不載。

[5]“曰建威”至“殄寇”：按本書卷五五《百官志一》所列都尉名較此多“果毅”，而少“虎威”“振威”。按，本書卷一一三《赤盞合喜傳》記此事作“十三都尉”。

[6]帥府行院：官署名。指元帥府與河南行樞密院。

[7]天興：金哀宗年號（1232）。

[8]奧屯斡里卜：女真人。金末將軍。事見於卷一五、四四、一一一、一一九。

[9]夾谷澤：金末將軍，本姓樊。官至都尉，於三峰山之役中戰死。

[10]温撒辛：金末將軍，本姓李，賜姓温撒。官至東面元帥。金哀宗以其跋扈，密令誅之。

[11]蒲察打吉卜：本書僅此一見。

［12］申：州名。治所在今河南省南陽市。　裕：州名。泰和八年（1208）分唐、汝、許等州地置。治所在今河南省方城縣。　完顔斜列：本書僅此一見。

［13］嵩：州名。天德三年（1151）改順州置，治所在今河南省嵩縣西南。　汝：州名。治所在今河南省汝州市。　唐括韓僧：本書僅此一見。

［14］金昌府：即原河南府。興定元年（1217）八月升爲金昌府，號中京，治所在今河南省洛陽市。　紇石烈乞兒：本書僅此一見。

［15］歸德：府名。治所在今河南省商丘市南。　完顔豬兒：女真人。金末將領，天興二年（1233）從金哀宗爲南面元帥，戰死於黄陵岡。

［16］完顔阿拍：女真人。金末將領，曾參加三峰山之戰。

［17］完顔陳兒：女真人。金末將領，曾爲經略使參加對紅襖軍的作戰。　大婁室：女真人。即完顔婁室。見本書卷一一九《完顔婁室三人傳》。　全節：人名。本書僅此一見。

復取河朔諸路歸正人，[1]不問鞍馬有無、譯語能否，悉送密院，增月給三倍它軍，授以官馬，得千餘人，歲時犒燕，名曰忠孝軍。以石抹燕山奴、蒲察定住統之。[2]加以正大已後諸路所虜、臨陣所獲，皆放歸鄉土，同忠孝軍給其犒賞，使河朔俘係知之。故此軍迄于天興至七千，千户以上將帥尚不預焉。

［1］歸正人：指原屬金朝統治，在金蒙戰争中陷於蒙古並參加蒙古人的軍隊反向金朝進攻，而後又因被俘或其他原因降金的各族人。

［2］石抹燕山奴：本書僅此一見。　蒲察定住：女真人。金末

將領，爲忠孝軍總領，騎兵元帥。

又以歸正人過多，乃係於忠孝籍中别爲一軍，減忠孝所給之半，不能射者令閲習一再月，然後試補忠孝軍，是所謂合里合軍也。[1]

[1]合里合軍：金末軍種之一。爲忠孝軍的預備隊，軍餉照忠孝軍正式士兵減半，經測試合格者可以補入忠孝軍中，成爲正式的忠孝軍士兵。

又以親衛馬軍，[1]舊時所選未精，必加閲試，直取武藝如忠孝軍者得五千人，餘罷歸爲步軍。

[1]親衛馬軍：軍種之一。指侍衛親軍中的騎兵編制。長官爲侍衛親軍馬軍都指揮使。

凡進征，忠孝居前，馬軍次之。[1]自正大改立馬軍，隊伍鞍勒兵甲一切更新，將相舊人自謂，國家全盛之際馬數則有之，至於軍士精鋭、器仗堅整，較之今日有不侔者，中興之期爲有望矣。一日布列曹門内教場，忠孝軍七千，馬軍五千，京師所屯建威都尉軍萬人，内族九住所統親衛軍三千，[2]及阿排所統四千，[3]皆哀宗控制樞密院時所選，教場地約三十頃尚不能容，餘都尉十三四軍猶不在是數。

[1]馬軍：親衛馬軍的簡稱。

[2]九住：女真人。一作完顔九住，以都尉統親衛軍。

[3]阿排：女真人。即完顔阿排。

此外，招集義軍名曰忠義，[1]要皆燕、趙亡命，雖獲近用，終不可制，異時擅殺北使唐慶以速金亡者即此曹也。[2]

[1]忠義：金末軍種之一。名義上是招募各地的抗蒙義士組成的部隊，實際上則大多是各地的亡命無賴之徒，主要由漢族組成。戰鬥力不强，且難以控制。金亡取消。

[2]唐慶：見《元史》卷一五二。按本書卷一七《哀宗紀上》，"飛虎軍士申福、蔡元擅殺北使唐慶等三十餘人於館"。

禁軍之制，本於合扎謀克。合扎者，言親軍也，以近親所領，故以名焉。貞元遷都，更以太祖、遼王宗幹、秦王宗翰之軍爲合扎猛安，[1]謂之侍衛親軍，[2]故立侍衛親軍司以統之。[3]舊常選諸軍之材武者爲護駕軍，[4]海陵又名上京龍翔軍爲神勇軍，[5]正隆二年將南伐，乃罷歸，使就僉調，復於侍衛親軍四猛安舊止曰太祖、遼王、秦王猛安凡三，今曰四猛安，未詳，豈太祖兩猛安耶？內，選三十以下千六百人，騎兵曰龍翔，步兵曰虎步，以備宿衛。五年，罷親軍司，以所掌付大興府，[6]置左右驍騎，[7]所謂從駕軍也，置都副指揮使，隸點檢司，[8]步軍都副指揮使，[9]隸宣徽院。[10]

[1]宗翰之軍：此四字原爲小字注文，且後面衍一"軍"字，今從中華點校本改。

[2]侍衛親軍：本書卷四《熙宗紀》，皇統八年（1148）七月，

“以侍衛親軍都指揮使阿魯帶爲御史大夫”，卷五《海陵紀》，天德二年（1150）正月，“遣侍衛親軍步軍都指揮使完顏思恭等以廢立事報諭宋、高麗、夏國”，卷六〇《交聘表上》同。《建炎以來繫年要録》卷一六一則稱其爲“龍虎衛上將軍侍衛親軍馬步軍都指揮使”。證親軍之制並非始於貞元遷都以後。

[3]侍衛親軍司：官署名。始設於何時不詳，但不晚於金熙宗皇統八年。長官爲侍衛親軍馬步軍都指揮使，簡稱侍衛親軍都指揮使，例由殿前都點檢兼任。統侍衛親軍，負責行從宿衛。正隆五年（1160）罷，以所統騎兵隸點檢司，步兵歸入宣徽院。

[4]護駕軍：軍種之一。始設於何時不詳，選各軍中武藝超群的士兵組成，爲皇帝的衛戍部隊。正隆二年取消。

[5]上京龍翔軍：部隊稱號。與宣徽院下屬機構拱衛直使司所屬部隊同名。負責上京的衛戍工作，士兵都是從各路簽調的材武之士。海陵時更名爲神勇軍，正隆二年取消。

[6]大興府：治所在今北京市。

[7]左右驍騎：軍種名。爲皇帝的衛戍部隊。最初隸屬於侍衛親軍司，正隆五年取消侍衛親軍司以後隸屬於殿前都點檢司。長官爲左右驍騎都指揮使。

[8]都副指揮使：即左右驍騎都副指揮使，爲點檢司下屬軍官。疑點檢司所屬侍衛親軍中原無騎兵，此次是增設騎兵建置，以左右驍騎都副指揮使統騎兵，侍衛親軍步軍都副指揮使統步兵，皆隸於侍衛親軍都指揮使，即都點檢。本書卷五《海陵紀》，“遣都點檢耶律湛、右驍騎副都指揮使大磐討之”，也可證明這一點。據本書卷八〇《大磐傳》，未載其爲驍騎副都指揮使，但卷首云大磐“以大臣子累官登州刺史”，據《百官志》，刺史爲正五品，則左右驍騎副都指揮使的品級應在五品以下。都指揮使應爲正五品以上，從三品以下。　點檢司：官署名。始設於天眷元年（1138）。掌親軍，總領左右衛將軍、符寶郎、宿直將軍、左右振肅，負責行從宿衛、關防門禁、督攝隊仗。長官爲殿前都點檢，例兼侍衛親軍馬步軍都

指揮使，正三品。下屬機構有宫籍監、近侍局、器物局、尚厩局、尚輦局、鷹坊、武庫署、武器署。

[9]步軍都副指揮使：品級不詳。應是宣徽院下屬機構拱衛直使司的下屬武官。

[10]宣徽院：官署名。掌朝會、燕享、殿庭禮儀及監知御膳。長官爲左、右宣徽使，正三品。下屬機構有拱衛直使司、客省、引進司、閤門、尚衣局、儀鸞局、尚食局、尚藥局、太醫院、御藥院、教坊、内藏庫、頭面庫、段匹庫、金銀庫、雜物庫、宫闈局、内侍局、典衛司、宫苑司、尚醖署、典客署、侍儀司等。

大定初，親軍置四千人。[1]二十二年，省爲三千五百。上京亦設守衛軍。是年，尚書省奏上京既設皇城提舉官，[2]亦當設軍守衛。上曰："可設四百五十，馬一百二十，分三番更代。異時朕至上京，即作兩番巡警，限以半年交替。人日給錢五十、米一升半，馬給芻粟，猛安謀克官可差年四十上下者、軍士並取三十以上者充。"章宗承安四年，增爲五千，又增至六千。又有威捷軍。[3]承安增簽弩手千人。[4]

[1]親軍四千人：據本書卷八《世宗紀下》，大定二十五年(1185)"尚書省奏親軍數多，宜稍減損，詔定額爲三千"。

[2]皇城提舉官：本書卷五七《百官志三》，上京提舉皇城司設提舉一員，從六品。同提舉一員，從七品。

[3]威捷軍：部隊稱號。據本書卷五六《百官志二》，威捷軍隸於宣徽院所屬的拱衛直使司，舊名龍翔軍，正隆二年（1157），因新建親軍騎兵稱龍翔軍而更名爲神衛軍。

[4]承安增簽弩手千人：據本書卷五六《百官志二》："承安二

年，簽弩手千人。”此應是承安二年（1197）事。然此曰“增簽千人”，與《百官志》異。

凡選弩手之制，先以營造尺度杖，其長六尺，立之謂之等杖。取身與杖等，能踏弩至三石，鋪弦解索登踏閑習，射六箭皆上垛，内二箭中貼者。又選親軍，取身長五尺五寸善騎射者，猛安謀克以名上兵部，移點檢司、宣徽院試補之。又設護衛二百人，近侍之執兵仗者也，取五品至七品官子孫及宗室并親軍、諸局分承應人，身長五尺六寸者，選試補之。又設控鶴二百人，皆以備出入者也。

大將府治之稱號。收國元年十二月，[1]始置咸州軍帥司，[2]以經略遼地，討高永昌，[3]置南路都統司，[4]且以討張覺。[5]天輔五年襲遼主，[6]始有内外諸軍都統之名。[7]時以奚未平，又置奚路都統司，[8]後改爲六部路都統司，以遥輦九營爲九猛安隸焉，與上京及泰州凡六處置，每司統五六萬人。又以渤海軍爲八猛安。凡猛安之上置軍帥，[9]軍帥之上置萬户，[10]萬户之上置都統。然時亦稱軍帥爲猛安，而猛安則稱親管猛安者。

[1]收國：金太祖年號（1115—1116）。

[2]咸州軍帥司：官署名。咸州，遼州名，治所在今遼寧省開原老城鎮。據本書卷七一《斡魯古傳》，斡魯古爲咸州軍帥在“與婁室克咸州”以後，本書卷二《太祖紀》，金兵克咸州是在收國元年（1115）前一年的年底，疑咸州軍帥司應設於此年十二月，非收國元年十二月。

[3]高永昌：渤海人。遼天祚帝時，爲東京裨將。遼天慶六年

(1116)，東京渤海人民殺遼東京留守起義，他亦起兵反遼，稱大渤海皇帝，建年號隆基，攻占遼東五十餘州。遼兵攻東京，高永昌曾向金兵求救，欲與金兵聯合抗遼，爲金太祖所拒。後東京爲金兵所破，高永昌因曾試圖反金而被擒斬。事見本書卷七一。

[4]南路都統司：官署名。始設於金太祖收國二年（1116）五月，長官爲都統，負責統治原高永昌統治下的遼東京地區，第一任都統爲斡魯。後來由南路都統司負責指揮各部隊討伐於平州發動叛亂的張覺。

[5]張覺：本書卷一三三有傳。

[6]天輔：金太祖年號（1117—1123）。

[7]内外諸軍都統：簡稱都統，負責指揮各路部隊對遼作戰。後演變爲都統司長官的稱號。

[8]奚路都統司：官署名。負責統率奚人九猛安的部隊，鎮撫奚地，長官爲都統。第一任都統爲撻懶。本書卷三《太宗紀》，天會三年（1125）十月，“六部路軍帥爲六部路都統”，與此異。

[9]軍帥：統猛安謀克對敵作戰，隸於都統司。

[10]萬户：金太祖時始對“材堪統衆”的將官授以萬户的官職，統猛安謀克，隸都統司。世襲。海陵時取消，以後不復設。

燕山既下，循遼制立樞密院于廣寧府，[1]以總漢軍。太宗天會元年，[2]以襲遼主所立西南都統府爲西南、西北兩路都統府。[3]三年，以伐宋更爲元帥府，[4]置元帥及左、右副，[5]及左、右監軍，[6]左、右都監。[7]

[1]樞密院：官署名。天輔七年（1123）初設樞密院於廣寧，管轄原遼朝統治下的漢人。天會二年（1124）移置於平州，天會三年移置於燕京。行臺尚書省原置於汴京，因金以河南地與宋，故遷行臺尚書省於燕京，取代樞密院。後成爲金最高軍政機構，掌兵興

武備機密之事。章宗泰和六年（1206）曾一度改爲元帥府，泰和八年復爲樞密院。長官爲樞密使，從一品。　廣寧府：治所在今遼寧省北寧市。

［2］太宗天會元年：據本書卷七一《斡魯傳》："太祖還京師，宗翰爲西北、西南兩路都統，斡魯及蒲家奴副之。"本書卷二《太祖紀》天輔七年（1125）六月，"上不豫，將還上京，命移賚勃極烈宗翰爲都統，昊勃極烈昱、迭勃極烈斡魯副之，駐兵雲中"，據本書卷五九《宗室表》，"昱，本名蒲家奴"，則二者所記爲同一事，西南路都統府改爲西南、西北兩路都統府及宗翰之任西南、西北兩路都統都當在天輔七年六月，金太祖尚未去世以前。金太宗改天輔七年爲天會元年是在當年九月。此處當稱太祖天輔七年爲是。

［3］西南都統府：官署名。金初爲追襲遼天祚帝而設的臨時性軍事機構。長官爲西南路都統，第一任都統爲斡魯。據本書卷七一《斡魯傳》，"遼主在陰山、青冢之間，斡魯爲西南路都統，往襲之"，卷二《太祖紀》稱斡魯爲都統，繫此事於天輔七年四月。則西南路都統府之設當在天輔七年四月。西南路都統府僅存在了兩、三個月，於當年六月，改爲西南、西北兩路都統府，以宗翰爲西南、西北兩路都統，斡魯、蒲家奴爲副都統，成爲金初設在原遼統治下的西部地區的最高軍政機構。

［4］元帥府：官署名。金太宗天會三年設都元帥府，掌征討之事。長官爲都元帥，從一品。

［5］元帥：即都元帥，元帥府長官。掌征討之事。從一品。　左、右副：即左、右副元帥，爲元帥府屬官。左副元帥位僅次於都元帥，右副元帥位在左副元帥之下。皆正二品。

［6］左、右監軍：即元帥左、右監軍，爲元帥府屬官。元帥左監軍位在都元帥、左右副元帥之下，元帥右監軍位在元帥左監軍之下。皆正三品。

［7］左、右都監：皆官名，即元帥左、右都監，爲元帥府屬官。元帥左都監位在都元帥、左右副元帥、元帥左右監軍之下，元帥右

都監位在元帥左都監之下。皆從三品。據本書卷三《太宗紀》，天會三年十月成立元帥府，但僅設都元帥、左副元帥、元帥右監軍、元帥右都監。至天會四年八月始見“右副元帥宗望”。元帥左監軍、元帥左都監之設則遲至天會五年四月，並非於天會三年一次設置。考之上文“以襲遼主所立西南都統府爲西南、西北兩路都統府。三年，以伐宋更爲元帥府”，知元帥府初時衹轄西路軍，而至天會五年始將東路軍并入元帥府建置中。

金制，都元帥必以諳版孛極烈爲之，[1]恒居守而不出。六年，詔還二帥以鎮方面。[2]諸路各設兵馬都總管府，[3]州鎮置節度使，沿邊州則置防禦使。[4]凡州府所募射粮軍、牢城軍，每五百人爲一指揮使司，[5]設使，[6]分爲四都，[7]都設左右什將及承局、押官。[8]其軍數若有餘或不足，則與近者合置，不可合者以三百人或二百人亦設指揮使，[9]若百人則止設軍使，[10]百人以上立爲都，不及百人止設什將及承局、管押官各一員。[11]

[1]諳版孛極烈：又作諳班勃極烈。《國語解》釋爲官尊貴者。諳班義爲大，勃極烈猶如宰輔。諳班勃極烈爲諸勃極烈之長，金初確立爲儲嗣者例爲此職。熙宗立其子濟安爲太子，始不再稱諳班勃極烈。

[2]二帥：指左、右副元帥。

[3]兵馬都總管府：官署名。長官爲都總管，正三品，例由府尹兼，總領各處兵馬甲仗。

[4]防禦使：防禦州長官。掌本州民政，兼管防捍不虞，禦制盜賊。從四品。

[5]指揮使司：官署名。諸總管府節鎮兵馬司下屬機構。長官

爲指揮使，負責地方治安工作，從六品。

[6]使：即指揮使，爲指揮使司長官。下轄四都，統左右什將與承局押官、士兵五百人。隸屬於諸總管府節鎮兵馬司，負責地方治安工作，從六品。

[7]都：部隊編制名。每都設左右什將與承局、押官，有士兵一百二十五名。隸屬於指揮使司。

[8]左右什將、承局、押官：皆官名。爲指揮使司下屬的每都之長，負責統率本都士兵，維持社會治安或對敵作戰。參本書卷五七《百官志三》:“左右什將各一人，共管一都。”“左、右承局各一人，左、右押官各一人。”

[9]不可合者以三百人或二百人亦設指揮使：本書卷五七《百官志三》作“如無可相合者，三百人以上爲一指揮，二百人以上止設指揮使”。

[10]軍使：諸總管府節鎮兵馬司屬官。所掌與指揮使同。正七品。

[11]“不及百人止設”至“管押官各一員”：本書卷五七《百官志三》作不及百人設什將、承局、押官各一。無“管”字。

十年，改南京路都統司爲東南路都統司，[1]治東京以鎮高麗。[2]後又置統軍司于大名府。[3]及海陵天德二年八月，改諸京兵馬都部署司爲本路都總管府。九月，罷大名統軍司，而置統軍司于山西、河南、陝西三路，[4]以元帥府都監、監軍爲使，分統天下之兵。又改烏古迪烈路統軍司爲招討司，[5]以婆速路統軍司爲總管府。

[1]南京路都統司：官署名。南京路最高軍政機構，治平州，治所在今河北省盧龍縣。天輔七年（1123），金以燕京地與宋，平州别爲一路，號南京，以張覺爲第一任留守。平定張覺叛亂以後，

南京軍政事務一直由宗望負責，故於天會三年（1125）十月，初設南京路都統司時，金太宗曾欲任命宗望爲南京路都統。後因宗望建議，改任闍母爲南京路都統。天會四年降南京爲平州，改設軍帥司，南京路都統司隨之撤銷。　東南路都統司：官署名。始設於天會十年，主要任務是統兵鎮撫高麗，長官爲東南路都統，第一任都統爲習古迺。治東京遼陽府，治所在今遼寧省遼陽市。按本書卷二四《地理志上》中都路平州於天會四年後“嘗置軍帥司”，東京路遼陽府“太宗天會十年，改南京路平州軍帥司爲東南路都統司”，卷七二《習古迺傳》“天會十年，改南京路軍帥司爲東南路都統司”，皆稱軍帥司，且平州已於天會四年復爲平州，削去了南京稱號，故此處當爲“改平州軍帥司爲東南路都統司”。

［2］高麗：指王建建立的王氏高麗政權（918—1392）。

［3］統軍司：官署名。掌督領軍馬，鎮攝封陲，分管營衛，視察奸僞。長官爲統軍使，正三品。　大名：路府名。治所在今河北省大名縣東。按，本書卷五七《百官志三》統軍司共四處：河南、山西、陝西、益都。無大名府，當是因爲其設置時間不長。

［4］置統軍司于山西、河南、陝西三路：按本書卷五七《百官志三》統軍司共四處：河南、山西、陝西、益都。卷二五《地理志中》，山東東路益都府，“大定八年置山東東西路統軍司”。則此處少一益都。施國祁《金史詳校》卷三下認爲，此處“山西”當作“山東”。

［5］烏古迪烈路統軍司：官署名。金初在烏古部、迪烈部所在地設置的軍事管理機構，管轄今嫩江中游以西雅魯、綽爾兩河流域之地。天德二年（1150）升爲招討司，又名東北路招討司。後治所遷至泰州。泰和年間，分司於三百里以北的金山。　招討司：官署名。烏古迪烈招討司後更名爲東北路招討司。金於西北、西南、東北三路設招討司，掌招懷降附、征討携離。長官爲招討使，正三品。

三年，以元帥府爲樞密院，罷萬户之官，詔曰："太祖開創，因時制宜，材堪統衆授之萬户，其次千户及謀克。當時官賞未定，城郭未下，設此職許以世襲，乃權宜之制，非經久之利。今子孫相繼專攬威權，[1]其户不下數萬，與留守總管無異，[2]而世權過之。可罷是官。若舊無千户之職者，續思增置。國初時賜以國姓，若爲子孫者皆令復舊。"

[1]今子孫相繼："今"，原作"令"，今據殿本改。

[2]留守：諸京留守司長官，例兼本府府尹、本路兵馬都總管。正三品。

正隆末，復陞陝西統軍司爲都統府。[1]大定五年，復罷府，降爲統軍司。尋又設兩招討司，與前凡三，以鎮邊陲。東北路者，初置烏古迪烈部，[2]後置于泰州。泰和間，以去邊尚三百里，宗浩乃命分司于金山。[3]西北路者置於應州，[4]西南路者置於桓州，[5]以重臣知兵者爲使，列城堡濠墻，戍守爲永制。樞密院每行兵則更爲元帥府，罷則復爲院。

[1]都統府：官署名。爲對宋與契丹人的戰爭中統一調動各路府部隊而設的一種軍事機構，隸屬於元帥府。長官爲都統。據本書卷八八《紇石烈良弼傳》，良弼以南京留守（正三品）兼開封尹（正三品）爲河南都統，本書卷七〇《宗亨傳》，宗亨"授右宣徽使（正三品），未幾，爲北京路兵馬都統"，本書卷六五《璋傳》記，璋由陝西路都統改爲"西北路招討使"（正三品），都統應爲正三品銜。按，本書卷八八《紇石烈良弼傳》，"海陵死，世宗就

以良弼爲南京留守兼開封尹，再兼河南都統”。本書卷六《世宗紀上》，大定二年（1162）七月，“以五千人赴北京都統府”。大定三年二月，“東京僧法通以妖術亂衆，都統府討平之”。大定三年五月，“罷河南、山東、陝西統軍司，置都統、副統”。可見，自正隆末至大定初所設都統府非止一處，《兵志》此下失載，應至少包括北京、東京、河南、山東、陝西五處。

[2]烏古迪烈部：女真部族名。居住地在今嫩江中游以西雅魯、綽爾兩河流域之地。

[3]宗浩：女真人。字師孟，本名老。本書卷九三有傳。　金山：縣名。治所在今内蒙古自治區科爾沁右翼前旗（烏蘭浩特）東北烏蘭哈達蘇木公主嶺一號古城。

[4]應州：治所在今山西省應縣。施國祁《金史詳校》卷三下認爲當作“桓州”。

[5]桓州：州名。治所初在今内蒙古自治區正藍旗南黑城子。後北遷三十里建新桓州城，在今内蒙古自治區正藍旗北四郎城。施國祁《金史詳校》卷三下認爲當作“豐州”。

宣宗貞祐三年，徵代州戍兵五千，[1]從胥鼎言，[2]留代以屏平陽。[3]興定二年，[4]選募河南、陝西弩手軍二千人爲一軍，賜號威勇。及南遷，河北封九公，[5]因其兵假以便宜從事，沿河諸城置行樞密院元帥府，大者有“便宜”之號，小者有“從宜”之名。元光間，時招義軍，以三十人爲謀克，五謀克爲一千户，四千户爲一萬户，四萬户爲一副統，兩副統爲一都統，此復國初之名也。[6]然又外設一總領提控，故時皆稱元帥爲總領云。

[1]代州：治所在今山西省代縣。

［2］胥鼎：本書一〇八有傳。

［3］平陽：府名。治所在今山西省臨汾市。

［4］興定：金宣宗年號（1217—1221）。

［5］九公：據本書卷一一八《苗道潤傳》："封滄州經略使王福爲滄海公，河間路招撫使移剌衆家奴爲河間公，真定經略使武仙爲恒山公，中都東路經略使張甫爲高陽公，中都西路經略使靖安民爲易水公，遼州從宜郭文振爲晋陽公，平陽招撫使胡天作爲平陽公，昭義軍節度使完顔開爲上黨公，山東安撫副使燕寧爲東莒公。九公皆兼宣撫使，階銀青榮禄大夫，賜號'宣力忠臣'，總帥本路兵馬，署置官吏，徵斂賦税，賞罰號令得以便宜行之。"

［6］此復國初之名：按，本書卷一〇二《蒙古綱傳》：興定三年，蒙古綱上奏，"伏見貞祐三年古里甲石倫招義軍，……三十人爲一謀克，五謀克爲一千户，四千户爲一萬户，四萬户爲一副統，兩副統爲一都統，設一總領提控"。此非元光年間事。另，本書卷一〇九《陳規傳》載陳規於貞祐四年（1216）七月的奏章中記："今之軍法，每二十五人爲一謀克，四謀克爲一千户，謀克之下有蒲輦一人、旗鼓司火頭五人，其任戰者才十有八人而已。又爲頭目選其壯健以給使令，則是一千户所統不及百人，不足成其隊伍矣。……伏乞明勅大臣，精選通曉軍政者，分詣諸路，編列隊伍，要必五十人爲一謀克，四謀克爲一千户，五千户爲一萬户，謂之散將。萬人將一都統，謂之大將，總之帥府。"與此異。總之，金末猛安謀克的編制大大縮小。

金初因遼諸抹而置群牧，[1]抹之爲言無蚊蚋、美水草之地也。天德間，置迪河斡朶、斡里保、保亦作本。蒲速斡、燕恩、兀者五群牧所，[2]皆仍遼舊名，各設官以治之。又於諸色人内，選家富丁多、及品官家子、猛安謀克蒲輦軍與司吏家餘丁及奴，[3]使之司牧，謂之群子，分牧馬駝牛羊，爲之立蕃息衰耗之刑賞。後稍增其數爲九。[4]契丹之亂遂亡其五，[5]四所之所存者馬千餘、牛二百八十餘、羊八百六十、駝九十而已。

[1]群牧：官署名。即群牧所，掌群牧畜養蕃息之事。長官爲群牧使，一作烏魯古使。從四品。

[2]迪河斡朶、斡里保、蒲速斡、燕恩、兀者：皆群牧所名稱。所在地不詳。施國祁《金史詳校》卷三下認爲，斡里保（本）即下文提到的甌里本；蒲速斡即下文提到的蒲速椀。

[3]司吏：金代吏名。掌諸路總管府至司縣等衙門之文書案牘及衙門事務。金代有女真司吏與漢人司吏之别。漢人司吏是"驗户口置"，户多則多置，户少則少置。縣司吏一般爲上縣八人，下縣六人。

[4]後稍增其數爲九：本書卷一二一《温迪罕蒲睹傳》提到迪斡群牧使徒單賽也，耶魯瓦群牧使鶴壽，歐里不群牧使完顔术里骨。卷一三三《窩斡傳》中有乣椀群牧人契丹乣者。則天德以後海陵時所增設的四群牧所應爲：迪斡、耶魯瓦、歐里不、乣椀。

[5]契丹之亂遂亡其五：據本書卷一二一《温迪罕蒲睹傳》，迪斡群牧使徒單賽也、副使赤盞胡失荅，耶魯瓦群牧使鶴壽，歐里不群牧使完顔术里骨、副使完顔辭不失皆在契丹人起義中被殺，此三個群牧所不復存在。據本書卷一三三《窩斡傳》，在窩斡的部隊中有乣椀群牧人契丹乣者，且此群牧所之稱他處不見，也當毁於契丹人起義時。據本書卷二四《地理志上》，"蒲速斡群牧。本斡睹只地，大定七年分置"，與天德間所置蒲速斡群牧所重名，則天德間所置蒲速斡群牧所當毁於契丹人起義中，故世宗大定時分斡睹只群牧所，新置蒲速斡群牧所。毁於契丹人起義中的五個群牧所當爲：迪斡、耶魯瓦、歐里不、乣椀、蒲速斡。

世宗置所七，曰特滿、忒滿、在撫州。[1]斡覩只、蒲速椀、蒲速椀本斡覩只之地，[2]大定七年分其地置之。承安三年改爲板底因烏魯古。甌里本、承安三年改爲烏鮮烏魯古。烏魯古者言滋息也。合魯椀、耶盧椀。[3]在武平縣、臨潢、泰州之境。

[1]特滿：群牧所名稱，待考。　忒滿：群牧所名稱。在撫州境内。撫州治所在今内蒙古自治區興和縣境内。則此群牧所當在今内蒙古自治區興和縣附近。

[2]斡覩只：群牧所名。原名斡獨椀，大定四年更爲此名。所在地不詳。“覩”，“睹”的異體字。　蒲速椀：群牧所名。本書卷二四《地理志上》作“蒲速斡群牧。本斡睹只地，大定七年分置”。如此，則與天德間所置蒲速斡群牧所重名。

[3]甌里本：群牧所名稱。所在地不詳。　合魯椀：群牧所名稱。所在地不詳。　耶盧椀：群牧所名稱。所在地不詳。本書卷二四《地理志上》提到十二群牧所，除忒恩、蒲鮮兩所注明爲承安年間創設以外，其餘十處中有五處不見於此：訛里都、乣斡、烏展、駝駝都、訛魯都。

大定二十年三月，更定群牧官、詳穩脱朵、知把、群牧人滋息損耗賞罰格。[1]

[1]群牧官：指諸群牧所屬官。世宗時設群牧使一員，從四品；群牧副使一員，從六品。掌檢校群牧畜養蕃息之事。下設判官一員，正八品；知法一員，從八品。　詳穩脱朵：諸群牧所屬官。據本書卷五七《百官志三》：“設掃穩脱朵，分掌諸畜，所謂牛馬群子也。”疑“掃穩”爲“詳穩”之誤。　知把：不見載於《遼史》，本書亦僅此一見。按，金於諸群牧置“知法”，或即“知法”之誤。

二十一年，勅諸所，馬三歲者付女直人牧之，牛或以借民耕，或又令民畜，羊或以賑貧户。時遣使閲實其數，缺則杖其官，而令牧人償之，匿其實者監察舉覺之。二十八年，蕃息之久，馬至四十七萬，牛十三萬，羊八十七萬，駝四千。明昌五年，散騄馬，令中都、西京、河北東、西路驗民物力分畜之。又令它路民養馬者，死則於前四路所養者給换，若欲用則悉以送官。此金之馬政也。

然每有大役，必括於民，及取群官之餘騎，以供戰士焉。宣宗興定元年，定民間收潰軍亡馬之法，及以馬送官酬直之格，"上等馬一疋銀五十兩，中下遞減十兩。不願酬直者，上等二疋補一官，雜班任使，中等三匹，下等四匹，如之。令下十日陳首，限外匿及殺，並絞"。又遣官括市民馬，立賞格以示勸，五百匹以上鈔千貫，千匹以上一官，二千匹以上兩官。

養兵之法。熙宗天眷三年正月，詔歲給遼東戍卒紬絹有差。正隆四年，命河南、陝西統軍司并虞候司順德軍，官兵並增廩給。六年，將南征，以絹萬疋于京城易衣襖穿膝一萬，以給軍。世宗大定三年，南征，軍士每歲可支一千萬貫，官府止有二百萬貫，外可取於官民户，此軍須錢之所由起也。

時言事者，以山東、河南、陝西等路循宋、齊舊例，州縣司吏、弓手於民間驗物力均敷顧錢，名曰"免役"，請以是錢贍軍。至是，省具數以聞，詔罷弓手錢，[1]其司吏錢仍舊。[2]四年六月，奏，元帥府乞降軍須錢，上曰："帥府支費無度，例皆科取於民，甚非朕意。仰會計軍須支用不盡之數，及諸路轉運司見在，如實缺用，[3]則別具以聞。"十年四月，命德順州建營屋以處屯軍。[4]十七年七月，歲以羊皮三萬賜西北路戍兵。[5]承安三年，以軍須所費甚大，乞驗天下物力均徵。擬依黄河夫錢例，徵軍須錢，驗各路新籍物力，每貫徵錢四貫，西京、北京、遼東路每貫徵錢二貫，臨潢、全州則免徵，[6]周年三限送納。恐期遠，遂定制作半年三限輸納。

[1]弓手錢：雜税名。金沿宋制，州縣雇人充弓手捕盜。一州數縣，多達百餘人，少亦六七十人。雇值五百餘萬，按民户物力多少攤派。爲金代"免役錢"的一種。

[2]司吏錢：雜税名。金沿宋制，州縣雇用下級僚屬司吏，於民間驗物力多少攤派費用，稱爲司吏錢，爲"免役錢"的一種。

[3]轉運司：官署名。掌本路税賦錢穀、倉庫出納及度量之制。長官爲轉運使，正三品。

[4]德順州：皇統二年（1142）改德順軍置，治所在今寧夏回族自治區隆德縣。

[5]歲以羊皮三萬賜西北路戍兵：本書卷七《世宗紀中》，大定十七年（1177）七月，"尚書省奏，歲以羊三萬賜西北戍兵，上問如何運致，宰臣不能對"。與此異。施國祁《金史詳校》卷三下認爲，"皮"字當删。

[6]全州：治所在今西拉木倫河與察罕木倫河合流點附近。

凡河南、陝西、山東放老千户、謀克、蒲輦、正軍、阿里喜等給賞之例，舊軍千户十年以上賞銀五十兩、絹三十疋，不及十年，比附十年以上謀克支。謀克十年以上銀四十兩、絹二十五疋，不及十年銀三十兩、絹二十疋。蒲輦十年以上銀三十兩、絹二十疋，不及十年銀二十兩、絹一十五疋。馬步正軍、阿里喜等勾當不拘年分，放老正軍銀一十五兩、絹一十疋，阿里喜、旗鼓、吹笛、本司火頭人等同銀八兩、絹五疋。三虞候千户，十年以上銀四十兩、絹二十五疋，不及十年銀三十兩、絹二十疋。謀克二十年以上銀五十兩、絹三十疋，十年以上銀三十兩、絹二十疋，不及十年銀一十兩、絹一十五疋。蒲輦十年以上銀二十兩、絹一十五疋，不及十年銀一十五兩、絹一十疋。正軍、阿里喜勾當不拘年分，放老正軍銀一十兩、絹七疋，阿里喜、旗鼓、吹笛、本司火頭人等同銀五兩，絹四疋。

北邊萬户、千户、謀克等，歷過軍功及年老放罷給賞之例，遷官同從吏部格。正千户管押萬户，勾當過一十五年，遷兩官與從五品。不及一十五年年老放罷，遷一官與正六品。若十年以下，遷一官，賞銀絹六十兩疋。正謀克管押萬户，勾當一十五年遷兩官與正六品，不及一十五年年老放罷，遷一官與正七品，若十年以下遷一官，賞銀絹五十兩疋。正千户管押千户，勾當過二十年，遷一官與正六品，不及二十年年老放罷，遷一官與正七品，若十年以下遷一官，賞銀絹四十兩疋。正謀克管押千户以下，依河南、陝西體例。凡鎮防軍，每年試射，射若有出衆，上等賞銀四兩，特異衆者賞十兩銀馬盂。簽充武衛軍，[1]挈家赴京者，人日給六口粮，馬四疋芻藁。[2]

[1]武衛軍：部隊名。爲京城駐防軍，掌防衛都城、警捕盜賊。長官爲都指揮使，從三品。

[2]芻藁：草料。

諸招軍月給例物。邊鋪軍錢五十貫、絹十疋。軍匠上中等錢五十貫、絹五疋，下等錢四十貫、絹四疋。黄河埽兵錢三十貫、絹五疋，[1]射粮軍及溝渠等處埽兵水手，錢二十貫、絹二疋，土兵錢十貫、絹一疋。凡射粮軍指揮使及黄、沁埽兵指揮使，[2]錢粟七貫石、絹六疋，軍使錢粟六貫石、絹同上，什將錢二貫、粟三石，春衣錢五貫、秋衣錢十貫。承局、押官錢一貫五百文、粟二石，春衣錢五貫、秋衣錢七貫。牢城并土兵錢八百文、粟二石，春衣錢四貫、秋衣錢六貫。邊鋪軍請給與射粮軍同。

[1]埽兵：埽指治河中用以護岸和堵口的器材，凡用埽料修成的堤壩也叫埽。護埽之兵稱埽兵。

[2]黄：指黄河。　沁：沁河。黄河下游的支流。在山西省東南部。源出山西省沁源縣北太岳山東麓，南流到河南省武陟縣入黄河。

河南、陝西、山東路統軍司鎮防甲軍、馬軍，猛安錢八貫、米五石二斗、絹八疋、六馬芻粟，謀克錢六貫、米二石八斗、絹六疋、五馬芻粟，蒲輦錢四貫、米石七斗、絹五疋、四馬芻粟，正軍錢二貫、米石五斗、絹四疋、綿十五兩、兩馬芻粟，阿里喜錢一貫五百文、米七斗、絹三疋、綿十兩。步軍，猛安馬二疋、謀克馬一疋芻粟。每馬給芻一束、粟五升，歲仲春野有青草馬可牧養則止，惟每猛安當差馬七十二疋，四時皆給。又定制河南、山東、河東歲給五月，陝西六月。鎮防軍補買馬錢，河南路正軍五百文，阿里喜隨色人三百文，陝西、山東路正軍三百文，阿里喜隨色人二百文。

諸屯田被差及緣邊駐扎捉殺軍，猛安月給錢六貫、米一石八斗、五馬芻粟，謀克錢四貫、米一石二斗、三馬芻粟，蒲輦錢二貫、米六斗、二馬芻粟，正軍錢一貫五百文、米四斗、一馬芻粟，阿里喜隨色人錢一貫、米四斗、一馬芻粟。德順軍指揮使錢六貫、米二石八斗、絹六疋、三馬芻粟，軍使什將錢四貫、米一石七斗、絹五疋，給兩馬料，長行錢二貫、米一石五斗、絹四疋、綿十五兩，給一馬料，奚軍謀克錢一貫五百文、米一石五斗、紬絹春秋各一疋，給三馬料，蒲輦錢一貫、米二石七斗、紬絹同上，給二馬料，長行錢一貫、米一石八斗、紬絹同上，飼一馬。

北邊臨潢等處永屯駐軍，千户錢八貫、米五石二斗、絹八疋、飼馬六疋，步軍飼兩馬、地五頃，謀克錢六貫、米二石八斗、絹六疋、飼五馬、地四頃，蒲輦錢四貫、米一石七斗、絹五疋、飼四馬、地三頃，正軍錢二貫、米一石四斗五升、絹四疋、飼兩馬、綿十五兩、地二頃，阿里喜錢一貫五百文、[1]米七斗、絹三疋、綿十兩、地一頃，旗鼓司人與阿里喜同，交替軍錢二貫、米四斗，阿里喜錢一貫五百文、米四斗。上番漢軍，千户月給錢三貫、粮四石、絹八疋、飼四馬，謀克錢二貫五百文、粮一石、絹六疋、飼二馬，正軍錢二貫、米九斗五升、絹四疋。

上京路永屯駐軍所除授，千户月給錢粟十五貫石、絹十疋、綿二十兩、飼三馬，謀克錢六貫、米二石八斗、絹六疋、飼二馬，正軍月支錢二貫五百文、米一石二斗、絹四疋、綿十五兩、飼一馬，阿里喜隨色人錢二貫、米一石二斗、絹四疋、綿十五兩。諸北邊永駐軍，月給補買馬錢四百文，隨色人三百文。

貞祐三年，軍前委差及掌軍官，規圖粮料，冒占職役，皆無實員，又見職及遥授者，已有俸給，又與無職事者同支券粮，故時議欲省員減所給之數，俟征行則全給之。及興定二年，彰化軍節度使張行信言：[2]"一軍充役，舉家廩給，蓋欲感悦士心，使爲國盡力耳。至於無軍之家，復無丁男，而其妻女猶受給何謂耶。"五年，京南行三司官石抹斡魯言：[3]"京南、東、西三路見屯軍户，老幼四十萬口，歲費粮百四十餘萬石，皆坐食民租，甚非善計。"語在《田制》。

[1]文：原脱"文"，今從中華點校本補。

[2]彰化軍節度使：州官名。節度州長官。從三品。彰化軍設在涇州，治所在今甘肅省涇川縣西北。　張行信：本書一〇七有傳。

[3]南京行三司：官署名。爲三司在南京的派出機構。　石抹斡魯：僅見於此及本書卷四七。

諸屯田軍人，如差防送，日給錢一百五十文。看管孝寧宫人，[1]月各給米五斗、柴一車、春秋衣粗布一段、[2]秋絹二疋、綿一十五兩。諸黄院子年滿者，以元請錢粮三分内，給一貫石養老。

［1］孝寧宫：宫殿名。在東京遼陽府，建於皇統四年（1144），爲宗廟。

［2］春秋衣：施國祁《金史詳校》卷三下認爲，“秋”字當删。

金史　卷四五

志第二十六

刑

昔者先王因人之知畏而作刑，因人之知恥而作法。畏也、恥也，五性之良知，[1]七情之大閑也。[2]是故，刑以治已然，法以禁未然，畏以處小人，恥以遇君子。君子知恥，小人知畏，天下平矣。是故先王養其威而用之，畏可以教愛。慎其法而行之，恥可以立廉。愛以興仁，廉以興義，仁義興，刑法不幾於措乎。

[1]五性：仁、義、禮、智、信。
[2]七情：喜、怒、哀、懼、愛、惡、欲。

金初，法制簡易，無輕重貴賤之別，刑、贖並行，[1]此可施諸新國，非經世久遠之規也。天會以來，漸從吏議，皇統頒制，兼用古律。厥後，正隆又有《續降制書》。大定有《權宜條理》，有《重修制條》。明昌之世，《律義》《勑條》並修，品式寖備。既而《泰和律義》成書，宜無遺憾。然國脉紓蹙，風俗醇醨，世道升降，君子觀一代之刑法，每有以先知焉。

［1］刑贖並行：指判決可以是實際執行，也可以以財物贖罪。

金法以杖折徒，[1]累及二百，州縣立威，甚者置刃於杖，虐於肉刑。季年，[2]君臣好用筐篋故習，[3]由是以深文傅致爲能吏，[4]以慘酷辦事爲長才。百司姦贓真犯，此可决也，而微過亦然。風紀之臣，失糾皆决。考滿，校其受决多寡以爲殿最。原其立法初意，欲以同疏戚、壹小大，使之咸就繩約於律令之中，莫不齊手並足以聽公上之所爲，蓋秦人强主威之意也。[5]是以待宗室少恩，待大夫士少禮。終金之代，忍恥以就功名，雖一時名士有所不免。至於避辱遠引，[6]罕聞其人。殊不知君子無恥而犯義，則小人無畏而犯刑矣。是故論者於教愛立廉之道，往往致太息之意焉。

［1］杖：以大荆條、大竹板或棍拷打臀、背或腿的刑罰。隋代定爲五刑之一，沿用至清。　徒：服勞役的刑罰。隋代定爲五刑之一，沿用至清。

［2］季年：指金朝末年。

［3］筐篋故習：羅織罪名的舊習。

［4］深文傅致：指援引法律條文苛細周納、附益引致，而令人入罪。

［5］秦人：指戰國時的秦國。秦自孝公起任用商鞅變法，開始以法家思想治國。

［6］避辱遠引：意爲逃避侮辱或屈抑而遠離或疏遠。

雖然，世宗臨御，法司奏讞，或去律援經，或揆義制法。[1]近古人君聽斷，言幾於道，鮮有及之者。章宗、宣宗嘗親民事，當宁裁决，[2]寬猛出入雖時或過中，迹其矜恕之多，猶有祖風焉。簡牘所存，可爲龜鑑者，《本紀》《刑志》詳略互見云。

［1］或去律援經，或揆義制法：即以經義斷罪的斷獄方式。始於西漢董仲舒和公孫弘。其意在審理案件時，舍去法律條文，以儒家六經的字句和精神爲定罪的依據。按，本書卷七八《韓鐸傳》，鐸爲刑部員外郎時“獄或有疑，據經議讞”。即屬此例。

［2］當宁（zhù）：宁，門屏之間謂之宁。古代帝王視朝時站立的地方。

金國舊俗，輕罪笞以柳葼，[1]殺人及盜劫者，擊其腦殺之，没其家貲，以十之四入官，其六償主，併以家人爲奴婢，其親屬欲以馬牛雜物贖者從之。或重罪亦聽自贖，然恐無辨於齊民，則劓、刵以爲别[2]。其獄則掘地深廣數丈爲之。

［1］柳葼（zōng）：柳條。葼，植物的細枝條。

［2］劓：割去鼻子。　刵：割去耳朵。

太宗雖承太祖無變舊風之訓，[1]亦稍用遼、宋法。[2]天會七年，詔凡竊盜，但得物徒三年，十貫以上徒五年，刺字充下軍，[3]三十貫以上徒終身，仍以贓滿盡命刺字於面，五十貫以上死，徵償如舊制。

[1]太宗：廟號。即完顏吴乞買，漢名晟。1123年至1135年在位。

[2]稍用遼宋法：有記載可尋。張棣《金虜圖經》："金虜有國之初，立法設刑悉遵遼制。"《大金國志》卷三六："當其有國之初，刑法並依遼制。"

[3]刺字：古代一種肉刑。在面旁、額、項、臂刺刻標記，發配邊疆或充軍。五代後晋始有刺配之法，宋代盛行。

熙宗天眷元年十月，禁親王以下佩刀入宫，衛禁之法，實自此始。三年，復取河南地，[1]乃詔其民，約所用刑法皆從律文，[2]罷獄卒酷毒刑具，以從寬恕。至皇統間，詔諸臣，以本朝舊制，兼采隋、唐之制，參遼、宋之法，類以成書，名曰《皇統制》，頒行中外。時制，杖罪至百，則臀、背分決。[3]及海陵庶人以脊近心腹，遂禁之，雖主決奴婢，亦論以違制。又多變易舊制，至正隆間，著爲《續降制書》，與《皇統制》並行焉。然二君任情用法，自有異於是者矣。

[1]河南：指南京路。治所在今河南省開封市。

[2]律文：此律文實指與唐律相似之宋《刑統》。

[3]時制，杖罪至百，則臂、背分決：據《三朝北盟會編》卷三："笞背，不杖於臀，恐妨騎馬。"則杖背爲女真人杖刑特點。至此已漸受中原舊俗影響。

及世宗即位，以正隆之亂，盜賊公行，兵甲未息，一時制旨多從時宜，遂集爲《軍前權宜條理》。大定四年，尚書省奏，大興民男子李十、婦人楊仙哥並以亂言當斬。上曰："愚民不識典法，有司亦未嘗丁寧誥戒，[1]豈可遽加極刑。"以減死論。

[1]丁寧：同"叮嚀"。

五年，命有司復加删定《條理》，與前《制書》兼用。

七年，左藏庫夜有盗殺都監郭良臣盗金珠，[1]求盗不得。命點檢司治之，[2]執其可疑者八人鞫之，掠三人死，五人誣伏。上疑之，命同知大興府事移剌道雜治。[3]既而親軍百夫長阿思鉢鬻金於市，[4]事覺，伏誅。上聞之曰："箠楚之下，何求不得，奈何鞫獄者不以情求之乎。"賜死者錢人二百貫，不死者五十貫。於是禁護衛百夫長、五十夫長非直日不得帶刀入宫。[5]是歲，斷死囚二十人。

[1]左藏庫：官署名。爲太府監下屬機構，掌金銀珠玉、寶貨錢幣。長官爲左藏庫使，從六品。　都監：太府監下屬機構左藏庫屬官。品秩不詳。　郭良臣：僅見於此及卷八八。

[2]點檢司：官署名。即殿前都點檢司。始設於天眷元年(1138)，掌親軍，總領左右衛將軍、符寶郎、宿直將軍、左右振肅，負責行從宿衛、關防門禁、督攝隊仗。長官爲殿前都點檢，正三品，例兼侍衛親軍馬步軍都指揮使。下屬機構有宫籍監、近侍局、器物局、尚厩局、尚輦局、鷹坊、武庫署、武器署。

[3]同知大興府事：府官名。爲府尹佐貳，負責協助府尹處理

本府政務。從四品。大興府治所在今北京市。　移剌道：本名按。按，本書卷六《世宗紀上》，“九年三月丁卯，詔御史中丞移剌道廉問山東、河南。”據本書卷九〇《移剌道傳》，此後始“改同知大興尹事”。此處疑誤。

[4]親軍百夫長：軍官名。侍衛親軍所屬軍官。負責宫中警衛、行從宿衛。　阿思鉢：女真人。僅見於此及卷八八。

[5]五十夫長：軍官名。侍衛親軍所屬軍官。負責宫中警衛、行從宿衛。本書卷六《世宗紀上》作大定八年（1168）三月“丁丑，命護衛親軍百户、五十户非直日不得帶刀入宫”。則此條記事當在下文“八年”條之下。

八年，制品官犯賭博法，贓不滿五十貫者其法杖，聽贖。再犯者杖之。且曰：“杖者所以罰小人也。既爲職官，當先廉恥，既無廉恥，故以小人之罰罰之。”

九年，因御史臺奏獄事，[1]上曰：“近聞法官或各執所見，[2]或觀望宰執之意，[3]自今制無正條者皆以律文爲准。”復命杖至百者臀、背分受，如舊法。已而，上謂宰臣曰：“朕念罪人杖不分受，恐至深重，乃令復舊。今聞民間有不欲者，其令罷之。”

[1]御史臺：官署名。掌糾察朝儀、彈劾官邪、勘鞫官府公事，審斷所屬部門理斷不當引起上訴的案件。長官爲御史大夫，正三品。大定十二年（1172）升爲從二品。

[2]法官：指大理寺所屬各官，包括大理卿、大理少卿、大理正、大理丞、司直、評事、知法、明法。

[3]宰執：指宰相與執政官。金於尚書省下設尚書令一員、左右丞相各一員、平章政事二員，爲宰相；設左右丞各一員、參知政事二員，爲執政官。

十年，尚書省奏，河中府張錦自言復父讎，[1]法當死。上曰："彼復父讎，又自言之，烈士也。以減死論。"

[1]河中府：府名。治所在今山西省運城市蒲州鎮。　張錦：人名。僅見於此。

十一年，詔諭有司曰："應司獄廨舍須近獄安置，[1]囚禁之事常親提控，[2]其獄卒必選年深而信實者輪直。"[3]

[1]應：指所有、全部的。
[2]提控：管理。
[3]輪直：輪流值班。

十二年，尚書省言："内丘令蒲察臺補自科部内錢立德政碑，[1]復有其餘錢二百餘貫，罪當除名。今遇赦當叙，仍免徵贓。"上以貪僞，勿叙，且曰："乞取之贓，若以赦原，予者何辜。自今可並追還其主，惟應入官者免徵。"尚書省奏，盜有發塚者，上曰："功臣墳墓亦有被發者，蓋無告捕之賞，故人無所畏。自今告得實者量與給賞。"故咸平尹石抹阿没剌以贓死於獄，[2]上謂其"不尸諸市已爲厚幸。貧窮而爲盜賊，蓋不得已。三品職官以贓至死，愚亦甚矣，其諸子可皆除名"。先是，詔自今除名人子孫有在仕者並取奏裁。

[1]内丘令：縣官名。内丘縣，治所在今河北省内丘縣。令即縣令。　蒲察臺補：本書僅此一見。

[2]咸平尹：府官名。咸平即咸平府，治所在今遼寧省開原市開原老城。尹即府尹，掌宣風導俗，肅清所部，總判府事，正三品。　石抹阿没剌：女真人。僅見於此及卷六。

十三年，詔立春後、立秋前，及大祭祀，月朔、望，上、下弦，二十四氣，雨未晴，夜未明，休暇并禁屠宰日，皆不聽決死刑，惟强盜則不待秋後。[1]

[1]“十三年”至“惟强盗則不待秋後”：此段爲唐律條文，當是據唐律詔行。

十五年，詔有司曰：“朕惟人命至重，而在制竊盜贓至五十貫者處死，自今可令至八十貫者處死。”

十七年，陳言者乞設提刑司，[1]以糾諸路刑獄之失。尚書省議，以謂久恐滋弊。上乃命距京師數千里外懷冤上訴者，集其事以待選官就問。時濟南尹梁肅言，[2]犯徒者當免杖。朝廷以爲今法已輕於古，恐滋姦惡，不從。

[1]提刑司：官署名。即提刑按察司。本名提刑司，承安三年（1198）以上京、東京等提刑司並爲一提刑司，兼宣撫使勸農采訪事。承安四年改按察司，貞祐三年（1215）罷。掌鎮撫人民、譏察邊防軍旅、審録重刑事。長官爲按察使，正三品。

[2]濟南尹：府官名。濟南即濟南府，治所在今山東省濟南市。尹即府尹。　梁肅：本書卷八九有傳。

嘗詔宰臣，朝廷每歲再遣審録官，本以爲民伸冤滯也，而所遣多不盡心，但文具而已。審録之官，非止理問重刑，凡訴訟案牘，皆當閲實是非，囚徒不應囚繫則當釋放，官吏之罪即以狀聞，失糾察者嚴加懲斷，不以贖論。又以監察御史體察東北路官吏，[1]輒受訟牒，爲不稱職，笞之五十。

[1]監察御史：御史臺屬官。掌糾察内外非違，刷磨諸司察帳並監祭禮及出使之事。定員十二人，正七品。　東北路：指東北路招討司。掌招懷降附、征討携離。長官爲招討使，正三品。

又謂宰臣曰："比聞大理寺斷獄，[1]雖無疑者亦經旬月，何耶？"參知政事移剌道對曰："在法，決死囚不過七日，徒刑五日，杖罪三日。"上曰："法有程限，而輒違之，弛慢也。"罷朝，御批送尚書省曰："凡法寺斷重輕罪各有期限，[2]法官但犯皆的決，豈敢有違。但以卿等所見不一，至於再三批送，其議定奏者書奏牘亦不下旬日，以致事多滯留，自今當勿復爾。"又曰："故廣寧尹高楨爲政尚猛，[3]雖小過，有杖而殺之者。即罪至於死而情或可恕，猶當念之，況其小過者乎。人之性命安可輕哉。"

[1]大理寺：官署名。掌審斷天下奏案、詳核疑獄。長官爲大理卿，正四品。

[2]法寺：指大理寺。

[3]廣寧尹：府官名。廣寧即廣寧府，治所在今遼寧省北寧市。尹即府尹。　高楨：本書卷八四有傳。楨，原作"禎"，從中華點

校本改。

上以正隆《續降制書》多任己意，傷於苛察。而與皇統之《制》並用，是非淆亂，莫知適從，姦吏因得上下其手。遂置局，命大理卿移剌慥總中外明法者共校正。[1]乃以皇統、正隆之《制》及大定《軍前權宜條理》、後《續行條理》，倫其輕重，删繁正失。制有闕者以律文足之。制、律俱闕及疑而不能决者，則取旨畫定。《軍前權宜條理》内有可以常行者亦爲定法，[2]餘未應者亦别爲一部存之。參以近所定徒杖減半之法，凡校定千一百九十條，[3]分爲十二卷，以《大定重修制條》爲名，詔頒行焉。[4]

[1]大理卿：大理寺長官。掌審斷天下奏案、詳核疑獄。正四品。　移剌慥：本書卷八九有傳。

[2]權宜：原作“權行”，從中華點校本改。

[3]千一百九十條：按，本書卷八九《移剌慥傳》，記此事作“大凡一千一百九十餘，爲十二卷”，與此小異。

[4]以《大定重修制條》爲名，詔頒行焉：按，本書卷八《世宗紀下》，大定二十二年（1182）三月，“癸巳，詔頒《重修制條》”，此列在大定二十年以前，未知孰是。

二十年，上見有蹂踐禾稼者，謂宰相曰：“今後有踐民田者杖六十，盜人穀者杖八十，並償其直。”

二十一年，尚書省奏鞏州民馬俊妻安姐與管卓姦，[1]俊以斧擊殺之，罪當死。上曰：“可減死一等，以戒敗風俗者。”

[1]鞏州：州名。治所在今甘肅省隴西縣。

二十二年，上謂宰臣曰："凡尚書省送大理寺文字，一斷便可聞奏。如烏古論公説事，[1]近取觀之，初送法寺如法裁斷，再送司直披詳，[2]又送闔寺參詳，[3]反覆三次，妄生情見，[4]不得結絶。朕以國政不宜滯留，昨雖炙艾六百炷，[5]未嘗一日不坐朝，欲使卿等知勤政也。自今可止一次送寺，闔寺披詳，苟有情見即具以聞，毋使滯留也。"

[1]烏古論公説：女真人。烏古論粘没喝之子，駙馬都尉，見於本書卷一二〇。

[2]司直：大理寺屬官。掌參議疑獄、披詳法狀。定員四人，正七品。

[3]闔寺：指大理寺全體官員。

[4]情見：意見或看法。

[5]炙艾：中醫治療法。用艾葉製成艾炷或艾卷，按穴位燒灼。與針法合稱爲針炙。

二十三年，尚書省奏，益都民范德年七十六，[1]爲劉祐毆殺。[2]祐法當死，以祐父母年俱七十餘，家無侍丁，上請。上曰："范德與祐父母年相若，自當如父母相待，至毆殺之，難議末減，其論如法。"

[1]益都：府名。治所在今山東省青州市。　范德：僅見於此。

[2]劉祐：僅見於此。

尚書省奏招討司官及禿里乞取本部財物制，[1]上曰："遠人止可矜恤，若進貢不闕，更以兵邀之，强取財物，與盜何異。且或因而生事，何可不懲。"又曰："朕所行制條，皆臣下所奏行者，天下事多，人力有限，豈能一一盡之。必因一事奏聞，方知有所窒礙，隨即更定。今有聖旨、《條理》，復有《制條》，是使姦吏得以輕重也。"

[1]招討司官：指招討司下屬的招討使、招討副使、招討判官、勘事官、知事、知法等。　禿里：部族官。掌部落詞訟、防察違背等事。從七品。

大興府民趙無事帶酒亂言，父千捕告，法當死。上曰："爲父不恤其子而告捕之，其正如此，人所甚難。可特減死一等。"

武器署丞奕、[1]直長骨赧坐受草畔子財，奕杖八十，骨赧笞二十，監察御史梁襄等坐失糾察罰俸一月。[2]上曰："監察，人君之耳目。事由朕發，何以監察爲。"

[1]武器署丞：殿前都點檢司下屬機構武器署屬官。協助武器署提點掌祭祀、朝會、巡幸及公卿婚葬鹵簿、儀仗、旗鼓、笛角之事。從七品。　奕：女真人。即完顔奕，本名三寶。本書卷六六有傳。　直長：殿前都點檢司下屬機構武器署屬官。協助武器署提點掌祭祀、朝會、巡幸及公卿婚葬鹵簿、儀仗、旗鼓、笛角之事。正八品。　骨赧：本書僅此一見。　草畔子財：南北監本及殿本皆作"草畔卒財"，《續文獻通考》卷一六七《刑考》作"草畂卒財"。

［2］梁襄：本書卷九六有傳。

上以法寺斷獄，以漢字譯女直字，會法又復各出情見，妄生穿鑿，徒致稽緩，遂詔罷情見。

二十五年二月，上以婦人在囚，輸作不便，而杖不分決，與殺無異，遂命免死輸作者，決杖二百而免輸作，以臀、背分決。

時后族有犯罪者，尚書省引"八議"奏，[1]上曰："法者，公天下持平之器，若親者犯而從減，是使之恃此而横恣也。昔漢文誅薄昭，[2]有足取者。前二十年時，后族濟州節度使烏林達鈔兀嘗犯大辟，[3]朕未嘗宥。今乃宥之，是開後世輕重出入之門也。"宰臣曰："古所以議親，尊天子，别庶人也。"上曰："外家自異於宗室，漢外戚權太重，至移國祚，朕所以不令諸王、公主有權也。夫有功於國，議勳可也。至若議賢，既曰賢矣，肯犯法乎。脱或緣坐，則固當減請也。"

［1］八議：封建王朝規定的對八種人給予減刑、免刑特權的特别審議。即議親（皇親國戚）、議故（皇帝的舊友故交）、議賢（所謂有大德行的賢臣）、議能（所謂有大才能的臣子）、議功（對王朝有大功勳者）、議貴（高官顯爵）、議勤（對國家統治特殊勤勞者）、議賓（先朝的皇族）。《周禮》中稱"八辟"，漢代改稱八議。三國時魏國正式規定於法典中，以後沿用至清。

［2］漢文：漢文帝劉恒（前202—前157）。　薄昭：漢文帝母薄太后之弟。文帝即位後封軹侯。

［3］濟州節度使：州官名。節度使爲節度州長官，掌鎮撫諸軍防刺，總判本鎮兵馬之事，兼本州管内觀察使。正三品。濟州治所

在今吉林省農安縣。　烏林達鈔兀：女真人。又作烏林答鈔兀。本書事見於卷四五、六四、八四。其官銜又作利涉軍節度副使。

二十六年，遂奏定太子妃大功以上親、及與皇家無服者、及賢而犯私罪者，皆不入議。上謂宰臣曰："法有倫而不倫者，其改定之。"監察御史陶鈞以携妓遊北苑，[1]歌飲池島間，迫近殿廷，提控官石玠聞而發之。[2]鈞令其友閻恕屬玠得緩。[3]既而事覺，法司奏，當徒二年半。詔以鈞耳目之官，携妓入禁苑，無上下之分，杖六十，玠、恕皆坐之。

[1]陶鈞：本書僅此一見。　北苑：苑名。爲金代皇家御園。在金中都城皇城西北部，偏西。

[2]提控官：官名。皇宫各院的負責人一般稱提控官，多在六、七品之間。此指北苑的負責人。　石玠：本書僅此一見。

[3]閻恕：曾爲衛州防禦判官，僅見於此及卷一二五。　屬：通"囑"，請托，托付。

二十八年，上以《制條》拘於舊律，間有難解之詞，命删修明白，使人皆曉之。

舊禁民不得收制書，恐滋告訐之弊，章宗大定二十九年，言事者乞許民藏之。平章張汝霖曰：[1]"昔子産鑄刑書，[2]叔向譏之者，[3]蓋不欲預使民測其輕重也。今著不刊之典，使民曉然知之，猶江、河之易避而難犯，足以輔治，不禁爲便。"以衆議多不欲，詔姑令仍舊禁之。[4]

[1]平章：即平章政事。始設於天眷元年（1138），爲宰相，掌丞天子，平章萬機。從一品。　張汝霖：渤海人。本書卷八三有傳。

[2]子產：名僑，字子產。春秋政治家，鄭簡公二十三年（前543）在鄭國執政，實行政治改革，曾把“刑書”（法律條文）鑄於鼎上公布。

[3]叔向：春秋時晋國大夫，羊舌氏，名肸。晋平公時爲太傅，主張維持舊制度，反對政治改革，曾寫信給子產，對他鑄刑書於鼎的作法表示反對。

[4]以衆議多不欲詔姑令仍舊禁之：本書卷八三《張汝霖傳》則謂，“詔從之”，與此相異。

明昌元年，上問宰臣曰：“今何不專用律文？”平章政事張汝霖曰：“前代律與令各有分，其有犯令，以律決之。今國家制、律混淆，固當分也。”遂置詳定所，命審定律、令。承安二年，制軍前受財法，一貫以下，徒二年，以上徒三年，十貫處死。

符寶典書北京奴盜符寶局金牌，[1]伏誅，仍除屬籍。按虎、阿虎帶失覺察，[2]各杖七十。

[1]符寶典書：殿前都點檢司屬官。舊名牌印令史，大定二年（1162）更名。定員四人。　北京奴：人名。本書僅此一見。　符寶局：官署名。本書《百官志》不載。當係殿前都點檢司下屬機構。　金牌：金代牌符的一種。金太祖時始鑄金牌、銀牌、木牌，分賜給萬户、猛安、謀克等官，各官佩帶，以示功賞。其中以金牌最爲高貴。

[2]按虎：本書僅此一見。　阿虎帶：本書僅此一見。施國祁《金史詳校》卷四認爲“按虎”當是“按察”之誤。但依下文“各

杖七十”，當爲二人。

泰和二年，[1]御史臺奏：“監祭御史史肅言，[2]《大定條理》：自二十年十一月四日以前，奴娶良人女爲妻者，並準已娶爲定，若夫亡，拘放從其主。離夫摘賣者令本主收贖，依舊與夫同聚。放良從良者即聽贖换，如未贖换間與夫所生男女並聽爲良。而《泰和新格》復以夫亡服除準良人例，離夫摘賣及放夫爲良者，並聽爲良。若未出離再配與奴，或雜姦所生男女並許爲良。如此不同，皆編格官妄爲增減，以致隨處訴訟紛擾，是涉違枉。”勅付所司正之。初，詔凡條格入制文内者，分爲别卷。復詔制與律文輕重不同，及律所無者，各校定以聞。如禁屠宰之類，當著于令也，慎之勿忽，律令一定，不可更矣。[3]

[1]泰和：金章宗年號（1201—1208）。

[2]史肅：曾爲南皮縣令，通州刺史。事見於本書卷一〇、一二、四五、九九、一二六。

[3]施國祁《金史詳校》卷四認爲，本段文字皆應移於下文“詔以明年五月頒行之”之下。

明昌三年七月，[1]右司郎中孫鐸先以詳定所校《名例篇》進，[2]既而諸篇皆成，復命中都路轉運使王寂、大理卿董師中等重校之。[3]

[1]明昌三年七月：原脱“明昌”，今據中華點校本補。

[2]右司郎中：尚書省右司負責人。掌本司奏事，總察兵、刑、工三部受事付事，兼帶修起居注。正五品。　孫鐸：字振之。本書卷九九有傳。

[3]中都路轉運使：轉運司長官。掌稅賦錢穀、倉庫出納、度量之制。正三品。　王寂：本書僅見於此及卷一〇。　董師中：本書卷九五有傳。

四年七月，上以諸路枷杖多不如法，平章政事守貞曰：[1]"枷杖尺寸有制，提刑兩月一巡察，必不敢違法也。"

[1]守貞：女真人。完顏希尹之孫。本書卷七三有傳。

五年正月，復令鈎校制、律，即付詳定所。時詳定官言："若依重修制文爲式，則條目增減，罪名輕重，當異於律。既定復與舊同頒，則使人惑而易爲姦矣。臣等謂，用今制條，參酌時宜，準律文修定，歷采前代刑書宜於今者，以補遺闕，取《刑統》疏文以釋之，[1]著爲常法，名曰《明昌律義》。别編榷貨、邊部、權宜等事，集爲《勅條》。"宰臣謂："先所定令文尚有未完，俟皆通定，然後頒行。若律科舉人，則止習舊律。"遂以知大興府事尼厖古鑑、御史中丞董師中、翰林待制奥屯忠孝、小字牙哥。提點司天臺張嗣、翰林修撰完顏撒剌、刑部員外郎李庭義、大理丞麻安上爲校定官，[2]大理卿閻公貞、户部侍郎李敬義、工部郎中賈鉉爲覆定官，[3]重修新律焉。

［1］刑統：宋初法典名。竇儀等奉勅撰。成書於963年。計三十卷。

［2］知大興府事：府官名。即大興府尹，正三品。大興府治所在今北京市。　尼厖古鑑：女真人。本書卷九五有傳。　御史中丞：御史臺屬官。協助御史大夫掌糾察朝儀、彈劾官邪、勘鞫官府公事，審斷所屬部門理斷不當引起上訴的案件。從三品。　翰林待制：翰林學士院屬官。分掌詞命文字，分判院事，凡應奉文字，銜内帶同知制誥。不限員。正五品。　奥屯忠孝：女真人。本書卷一〇四有傳。　提點司天臺：秘書監下屬機構司天臺的負責人。掌天文曆數、風雲氣色，密以奏聞。正五品。　張嗣：曾以吏部尚書爲賀宋生日使。　翰林修撰：翰林學士院屬官。分掌詞命文字，分判院事，凡應奉文字，銜内帶同知制誥。不限員。從六品。　完顔撒剌：女真人。僅見於此及卷一〇〇。　刑部員外郎：尚書刑部屬官。協助刑部尚書掌律令格式、審定刑名、關津譏察、赦詔勘鞫、追徵給没及監户、官户、配隸、訴良賤、城門啓閉、官吏改正、功賞捕亡等事。從六品。　李庭義：本書僅此一見。　大理丞：大理寺屬官。協助大理卿掌審斷天下奏案、詳核疑獄。從六品。　麻安上：僅見於此。本書卷一〇〇《路鐸傳》另見麻安上，至晚在承安二年（1197）已官至正四品大理卿，其不太可能於明昌五年（1194）又任從六品大理丞，應與此麻安上非一人。另，此處南、北監本及殿本皆作“麻安止”。

［3］閻公貞：字正之。本書卷九七有傳。　户部侍郎：尚書户部屬官。協助户部尚書掌户口、錢糧、土地的政令及貢賦出納、金幣轉通、府庫收藏等事。正四品。　李敬義：曾以户部郎中出使高麗。按，本書卷一〇《章宗紀二》，明昌五年十二月辛酉“以户部郎中李敬義爲賜高麗生日使”，官名與此異。　工部郎中：尚書工部屬官。協助工部尚書掌修造營建法式、諸作工匠、屯田、山林川澤之禁、江河堤岸、道路橋樑等事。從五品。　賈鉉：字鼎臣。本書卷九九有傳。按，本書卷九九《賈鉉傳》，時爲“左諫議大夫兼

工部侍郎”。

時奏獄而法官有獨出情見者，上曰：“或言法官不當出情見，故論者紛紛不已。朕謂情見非出於法外，但折衷以從法爾。”平章守貞曰：“是制自大定二十三年罷之。然律有起請諸條，是古亦許情見矣。”上曰：“科條有限，而人情無窮，情見亦豈可無也。”

明昌五年，[1]尚書省奏：“在制，《名例》内徒年之律，無決杖之文便不用杖。緣先謂流刑非今所宜，[2]且代流役四年以上俱決杖，而徒三年以下難復不用。婦人比之男子雖差輕，亦當例減。”遂以徒二年以下者杖六十，二年以上杖七十，婦人犯者並決五十，著于《勅條》。

[1]明昌五年：施國祁《金史詳校》卷四認爲，“明昌”二字應删，“年”應改爲“月”。

[2]流刑：遣送到邊遠地方服勞役的刑罰。秦漢時就已出現此刑罰，隋代定爲五刑之一，沿用至清。

承安三年，勅尚書省，自今特旨事，如律令程式者，始可送部。自餘創行之事，但召部官赴省議之。

四年四月，尚書省請再覆定令文，上因勅宰臣曰：“凡事理明白者轉奏可也。文牘多者恐難遍覽，其三推情疑以聞。”五月，上以法不適平，常行杖樣多不能用。遂定分寸，鑄銅爲杖式，頒之天下。且曰：“若以笞杖太輕，恐情理有難恕者，訊杖可再議之。”

五年五月，刑部員外郎馬復言：[1]“外官尚苛刻者不遵銅杖式，輒用大杖，多致人死。”詔令按察司糾劾黜之。[2]

[1]馬復：本書僅此一見。

[2]按察司：官署名。原名提刑司。長官爲按察使，掌鎮撫人民，譏察邊防軍旅，審録重刑事，正二品。

先嘗令諸死囚及除名罪，所委官相去二百里外，并犯徒以下逮及二十人以上者，並令其官就讞之。刑部員外郎完顔綱言：[1]“自是制行，如上京最近之地往還不下三、二千里，[2]如北京留守司亦動經數月，[3]愈致稽留，未便。”詔復從舊，令委官追取鞫之。

[1]完顔綱：女真人。本名元奴。本書卷九八有傳。

[2]上京：京路名。治所在今黑龍江省阿城市白城。

[3]北京留守司：官署名。長官爲北京留守，例兼本府府尹、本路兵馬都總管，正三品。北京路治所在今内蒙古自治區巴林左旗林東鎮南波羅城。

十二月，翰林修撰楊庭秀言：[1]“州縣官往往以權勢自居，喜怒自任，聽訟之際，鮮克加審。但使譯人往來傳詞，罪之輕重，成於其口，貨賂公行，冤者至有三、二十年不能正者。”上遂命定立條約，違者按察司糾之。且謂宰臣曰：“長貳官委幕職及司吏推問獄囚，命申御史臺聞奏之制，當復舉行也。”又命編前後條制，書之于册，以備將來考驗。

[1]楊庭秀：章宗承安四年（1199）爲右補闕。後爲翰林修撰。見本書卷一一。

泰和元年正月，尚書省奏，以見行銅杖式輕細，[1]姦宄不畏，遂命有司量所犯用大杖，且禁不得過五分。

[1]見：同“現”。

十二月，所修律成，凡十有二篇：一曰《名例》，二曰《衛禁》，三曰《職制》，四曰《户婚》，五曰《厩庫》，六曰《擅興》，七曰《賊盜》，八曰《鬭訟》，九曰《詐僞》，十曰《雜律》，十一曰《捕亡》，十二曰《斷獄》。實《唐律》也，但加贖銅皆倍之，增徒至四年、五年爲七，削不宜於時者四十七條，增時用之制百四十九條，因而略有所損益者二百八十有二條，餘百二十六條皆從其舊；又加以分其一爲二、分其一爲四者六條，凡五百六十三條，[1]爲三十卷，附注以明其事，疏義以釋其疑，名曰《泰和律義》。自《官品令》《職員令》之下，曰《祠令》四十八條，《户令》六十六條，《學令》十一條，《選舉令》八十三條，《封爵令》九條，《封贈令》十條，《宫衛令》十條，《軍防令》二十五條，《儀制令》二十三條，《衣服令》十條，《公式令》五十八條，《禄令》十七條，《倉庫令》七條，《厩牧令》十二條，《田令》十七條，《賦役令》二十三條，《關市令》十三條，《捕亡令》二十條，《賞令》二十五條，《醫疾令》五條，《假寧令》十四條，《獄官令》百有六條，《雜令》四十九條，《釋道令》十條，《營繕令》十三條，《河防令》十一條，《服制令》十一條，附以年月之制，曰《律令》二十卷。又定《制敕》九十五條，《榷貨》八十五條，《蕃部》三十九條，曰《新定敕條》三卷，《六部格式》三十卷。司空襄以進，[2]詔以明年五月頒行之。

[1]凡五百六十三條：以下列諸條合計共七百零七條，與此數不合。

[2]司空：三公之一。正一品。　襄：女真人。即完顔襄，本名唵。本書卷九四有傳。

貞祐三年，上謂宰臣，自今監察官犯罪，其事關軍國利害者，並笞決之。

貞祐四年，詔："凡監察失糾劾者，從本法論。外使入國私通本國事情，宿衛、近侍官、承應人出入親王、公主、宰執家，災傷乏食有司檢覈不實致傷人命，[1]轉運軍儲而有私載，考試舉人而防閑不嚴，其罰並決。在京犯至兩次者，臺官減監察一等治罪，[2]論贖，餘止坐，專差任滿日議定。若任内曾以漏察被決，依格雖爲稱職，止從平常，平常者從降罰。"

[1]宿衛：宫廷護衛人員。負責行從宿衛及宫禁安全工作。屬殿前都點檢司。　近侍官：皇帝的侍從人員。負責傳達詔命。屬近侍局。　承應人：即各局司辦事員。詳見本書卷五八《百官志四》。

[2]臺官：指御史臺屬官。包括御史大夫、御史中丞、侍御史、治書侍御史、殿中侍御史、監察御史等。

興定元年八月，[1]上謂宰臣曰："律有八議，今言者或謂應議之人即當減等，何如？"宰臣對曰："凡議者先條所坐及應議之狀以請，必議定然後奏裁也。"上然之，曰："若不論輕重而輒減之，則貴戚皆將恃此以虐民，民何以堪。"

[1]興定：金宣宗年號（1217—1221）。

金史　卷四六

志第二十七

食貨一

户口　通檢推排[1]

[1]通檢：即户口、財産的調查與登記。　推排：按户口、財産等來確定賦役的攤派。

國之有食貨，[1]猶人之有飲食也。人非飲食不生，國非食貨不立。然燧人、庖犧能爲飲食之道以教人，[2]而不能使人無飲食之疾。三王能爲食貨之政以遺後世，[3]而不能使後世無食貨之弊。唯善養生者如不欲食啖，而飲食自不闕焉，[4]故能適飢飽之宜，可以疾少而長壽。善裕國者初不事貨殖，[5]而食貨自不乏焉，故能制豐約之節，可以弊少而長治。

[1]食貨：語出《尚書·洪範》："八政：一曰食，二曰貨。"

後世因以食貨爲國家經濟、財政的統稱。

[2]燧人：古帝名。傳説其發明鑽木取火，使民熟食。　庖犧：古帝名。傳説其教民捕魚畜牧，以充庖厨。

[3]三王：指夏禹、商湯、周文王，或謂夏、殷、周，也稱三代。　食貨之政：指三王時期管理國家經濟、財貨之制度、設施。

[4]闕：通"缺"。

[5]貨殖：語出《論語·先進》，指使貨物增殖，靠經營牟利、聚積財富。

金於食貨，其立法也周，其取民也審。太祖肇造，減遼租税，[1]規模遠矣。熙宗、海陵之世，風氣日開，兼務遠略，君臣講求財用之制，切切然以是爲先務。雖以世宗之賢，儲積之志曷嘗一日而忘之。章宗彌文熠興，邊費亦廣，[2]食貨之議不容不急。宣宗南遷，國土日蹙。[3]污池數罟，[4]往往而然。考其立國以來，所謂食貨之法，犖犖大者曰租税、銅錢、交鈔三者而已。[5]三者之法數變而數窮。[6]

[1]肇造：創造。指金太祖完顔阿骨打建立金朝。　減遼租税：金朝取代遼朝後，金太祖多次下詔減免遼的租税。如本書卷二《太祖紀》記載：收國二年（1116）五月，"詔除遼法，省賦税"。

[2]彌文熠興：章宗時期奢用漸廣，改造宫殿廷、禮儀陳設等使財政開支大增。熠，盛貌。　邊費亦廣：章宗時期北部韃靼入犯，南部又與南宋發生戰争，軍費開支劇增。

[3]宣宗南遷，國土日蹙：宣宗時由於蒙古南下，貞祐二年（1214），金中央政府由中都（今北京）遷往南京（今河南省開封市），次年中都被蒙古占領。金北部多爲蒙古所有，僅剩今山東、

河北、河南等黄河沿綫部分地區。宣宗，廟號，本名吾睹補，漢名珣（1163—1224），本書卷一四至一六有紀。

[4]污池數罟：罟，網。在水不流動的池塘中多次網捕。金朝後期北部國土被蒙古占領，管轄區域内領土和百姓已經大爲減少，而金朝廷還對有限領土内的百姓進行横徵暴斂。

[5]犖犖：分明貌。

[6]窮：止、盡。

官田曰租，[1]私田曰税。租税之外筭其田園屋舍車馬牛羊樹藝之數，[2]及其藏鏹多寡，徵錢曰物力。物力之徵，上自公卿大夫，下逮民庶，無苟免者。近臣出使外國，歸必增物力錢，以其受饋遺也。猛安謀克户又有所謂牛頭税者，[3]宰臣有納此税，[4]庭陛間諮及其增減，則州縣徵求於小民蓋可知矣。故物力之外又有鋪馬、軍須、輸庸、司吏、河夫、桑皮故紙等錢，[5]名目瑣細，不可殫述。其爲户有數等，有課役户、不課役户、本户、雜户、正户、監户、官户、奴婢户、二税户。[6]有司始以三年一籍，後變爲通檢，又爲推排。凡户隸州縣者，與隸猛安謀克，其輸納高下又各不同。[7]

[1]官田：國有土地。金代官地一部分來源於遼、宋荒地，一部分括民田爲官地。

[2]筭：同“算”。

[3]猛安謀克户：金朝户類之一。指編入猛安謀克組織内的人户。主要是女真人户，也有契丹、奚等族人户。猛安謀克，金代女真人特有的社會基層組織形式，是由氏族時期圍獵組織逐漸發展形成的。猛安，女真語的原意是“千”，所以猛安官又稱千夫長。謀

克，女真語的原意是“族”“氏族”“鄉里”，滿語漢譯作“穆昆”。《三朝北盟會編》卷三作“毛毛可”。金人建國之前，猛安謀克無定數，收國二年（1116）定制，以三百户爲一謀克，十謀克爲一猛安。每謀克所領披甲正兵約百人，所以謀克官又稱百夫長。實際這衹是個約數，猛安的謀克數及謀克的户數在金初都不固定。猛安謀克的壯丁平時畋獵，戰時出征，因此是一種生産、行政、軍事合一的組織。　牛頭税：也稱牛具税。金朝特有的税種。其制是按人口、耒牛分配土地，依牛頭（牛具）數目納税。牛頭税地的分配衹限於女真族或被征服的一些部族，漢人、渤海人不包括在内。天會三年（1125），規定每具納粟一石。五年，内地諸路，每具納粟五斗。大定二十一年（1181），令各輸三斗（參見張博泉《金代女真“牛頭地”研究》，《歷史研究》1981年第4期）。

［4］宰臣：諸大臣及執政。金朝以尚書省的尚書令，左、右丞相，平章政事爲宰相。尚書左右丞、參知政事爲執政官。

［5］鋪馬：金雜税。指驛站的供應費用，包括提供車、馬等交通工具和應得的生活供應。　軍須：金雜税。即軍費補貼。按物力多寡徵收。　輸庸：金雜税。品官家庭，免雜役，驗物力出雇錢，稱輸庸錢。　司吏：官名。掌路、總管府至司縣等衙門的文書案牘及衙門事務，有女真司吏和漢人司吏之别。無品級。其費用由一般百姓承擔，屬雜税，稱司吏錢。　河夫：金雜役税。即黄河夫錢。朝廷治理黄河，向百姓徵錢，按物力攤派。　桑皮故紙錢：金雜税。即鈔幣的工本費。宣宗興定元年（1217）五月，因造紙的桑皮、故紙都取於民間，難得足數，改爲計價徵收税錢。

［6］有課役户不課役户：金户類名。金朝推行“通檢推排”，以確定人户物力，有物力者除了要負擔夏秋税糧外，還要承擔物力錢及其它雜役，稱課役户。無物力者稱不課役户。　本户：金户類名。有兩種意見：一種觀點認爲女真人爲本户，漢族、契丹等族爲雜户（《中國歷史大辭典·遼夏金元史》）；另一種觀點認爲女真人、漢人、契丹人爲本户，其他族户爲雜户。按，本書所記，漢、

契丹人户均稱漢户、契丹户，不稱雜户，應以第二種意見爲是。正户：金户類名。猛安謀克的奴婢放免爲良後，隸於主人屬部者，稱爲正户。　監户：金户類名。即宮籍監户。“良人”没入官爲奴婢，隸宮籍監爲監户。　官户：金户類名。没入官奴婢，隸太府監爲官户。　奴婢户：金代奴婢均稱口，不稱户，本書“奴婢户”僅此一見，當是誤增。　二税户：金户類名。由於《中州集》和《金史·食貨志》記載不同，導致對二税户定義及理解不同。《金史·食貨志》記載，頭下民户衹對其本主納税而不納於國家，歸國家的衹是酒税（羅繼祖《遼代經濟狀況及其賦税制度簡述》，《歷史教學》1962 年第 10 期）。《中州集》謂，二税户即元好問所謂“輸租於官，且納課其主”的人户，領主和朝廷各取其半（《中國史稿》第五册，人民出版社 1983 年版，第 88 頁）。還有一種觀點認爲，《中州集》和《食貨志》分别講的是遼代頭下軍州的二税户和寺院二税户。前者向官府納租、向頭下主交税；後者將税一半輸官、一半輸寺，而國家無所得。到金代，二税户專指寺院所屬民户，身份由原來的農奴淪爲奴隸（參見張博泉《遼金“二税户”研究》，《歷史研究》1983 年第 2 期）。

［7］凡户隸州縣者，與隸猛安謀克，其輸納高下又各不同：金代一般百姓與猛安謀克户納税多少不同，猛安謀克户納税遠遠低於一般百姓（參見張博泉《金代經濟史略》，遼寧人民出版社 1981 年版，第 137 頁）。

法之初行，唯恐不密，言事者謂其厲民，即命罷之。罷之未久，會計者告用乏，[1]又即舉行。其罷也志以便民，而民未見德。其行也志以足用，而用不加饒。一時君臣節用之言不絶告誡。嘗自計其國用，數亦浩瀚，若足支歷年者，郡縣稍遇歲侵，[2]又遽不足，竟莫詰其故焉。

[1]會計者：管理財政及其出納等事的官員，應指户部官員而言。

[2]歲侵：指一年的收成不好。侵，荒年。

至於銅錢、交鈔之弊，[1]蓋有甚者。初用遼、宋舊錢，雖劉豫所鑄，[2]豫廢，亦兼用之。正隆而降，[3]始議鼓鑄，民間銅禁甚至，[4]銅不給用，漸興窑冶。凡産銅地脉，遣吏境内訪察無遺，且及外界，而民用銅器不可闕者，皆造於官而鬻之。既而官不勝煩，民不勝病，乃聽民冶銅造器，而官爲立價以售，此銅法之變也。

[1]交鈔：金朝紙幣的概稱。海陵王於貞元二年（1154）五月，依宋鈔引法印造紙幣，成爲金朝通用貨幣。

[2]劉豫：原宋永静軍阜城縣（今河北省東光市）人，仕宋至濟南知府，金天會七年（1129），金將撻懶（完顔昌）攻濟南，降金。金太宗立他爲“子皇帝”，都汴京，建齊國，史稱僞齊政權。本書卷七七、《宋史》卷四七五有傳。

[3]正隆：金海陵王年號（1156—1161）。

[4]民間銅禁：施國祁《金史詳校》卷三下：“銅禁”，《金史》北監本作“禁銅”。

若錢法之變，則鼓鑄未廣，斂散無方，已見壅滯。初恐官庫多積，錢不及民，立法廣布。繼恐民多匿錢，乃設存留之限，開告訐之路，[1]犯者繩以重罰，卒莫能禁。州縣錢艱，民間自鑄，私錢苦惡特甚。[2]乃以官錢五百易其一千，其策愈下。及改鑄大錢，所準加重，百計流通，卒莫獲効。濟以鐵錢，鐵不可用，權以交鈔，錢重鈔輕，相去懸絶，物價騰踴，鈔至不行。權以銀貨，[3]銀弊又滋，[4]捄亦無策，遂罷銅錢，專用交鈔、銀貨。然而二者之弊乃甚於錢，在官利於用大鈔，[5]而大鈔出多，民益見輕。在私利於得小鈔，[6]而小鈔入多，國亦無補。於是，禁官不得用大鈔，已而恐民用銀而不用鈔，則又責民以鈔納官，以示必用。先造二十貫至百貫例，後造二百貫至千貫例，先後輕重不倫，[7]民益眩惑。[8]及不得已，則限以年數，限以地方，公私受納限以分數，由是民疑日深。其間，易交鈔爲寶券，[9]寶券未久更作通寶，[10]凖銀并用。通寶未久復作寶泉，寶泉未久織綾印鈔，[11]名曰珍貨。[12]珍貨未久復作寶會，[13]迄無定制，[14]而金祚訖矣。[15]

[1]訐：斥責或揭發别人的過失或陰私。

[2]私錢苦惡特甚：金代私自鑄造的銅錢，既輕又雜以它物，品質十分不好。

[3]銀貨：銀幣的概稱。金章宗承安二年（1197），鑄“承安寶貨”銀幣，五年停罷。這是我國最早流通的法定銀幣。

[4]銀弊又滋：銀幣發行後不久，便在流通過程中出現民間私鑄、參雜銅錫等問題，以至於停罷。

[5]大鈔：海陵貞元中行鈔法，分一貫、二貫、三貫、五貫、十貫五等爲大鈔。見本書卷四八《食貨志三》“錢幣”條。

[6]小鈔：海陵貞元中行鈔法，分一百、二百、三百、五百、七百五等爲小鈔。見本書卷四八《食貨志三》“錢幣”條。

[7]不倫：没有條理。

[8]眩惑：迷亂、迷惑。

[9]寶券：紙幣名。金宣宗貞祐三年（1215）發行“貞祐寶券”。

[10]通寶：紙幣名。金宣宗興定元年（1217）發行“貞祐通寶”。

[11]寶泉：紙幣名。金宣宗興定五年發行“興定寶泉”。遼寧省博物館館藏的“興定寶泉”交鈔與《金史》記載的交鈔樣式略有不同。館藏的交鈔上印的字是“僞造者斬，賞六百貫，仍給犯人家産”，印的年號是“興定六年二月”。《金史》興定年號衹有五年，所以不同，可能是印時尚未改元。

[12]珍貨：絹幣名。金宣宗元光二年（1223）發行“元光珍貨”，是絹質。

[13]寶會：紙幣名。金宣宗元光二年發行“天興寶會”。

[14]汔：接近、庶幾。

[15]訖：終了。

歷觀自古財聚民散，以至亡國，若鹿臺、鉅橋之類，[1]不足論也。其國亡財匱，比比有之，而國用之屈，未有若金季之甚者。金之爲政，常有恤民之志，[2]而不能已苛征之令，徒有聚斂之名，而不能致富國之實。及其亡也，括粟、闌糴，[3]一切掊克之政靡不爲之。[4]加賦數倍，豫借數年，[5]或欲得鈔則豫賣下年差科。高琪爲相，[6]議至榷油。[7]進納濫官，[8]輒售空名宣勅，[9]或欲與以五品正班。僧道入粟，始自度牒，[10]終至德號、綱副威儀，寺觀主席亦量其資而鬻之。[11]甚而丁憂鬻以求仕，[12]監户鬻以從良，進士出身鬻至及第。[13]又甚而叛臣劇盜之効順，無金帛以備賞激，動以王爵固結其心，重爵不蔇，[14]則以國姓賜之。[15]名實混淆，倫法斁壞，[16]皆不暇顧，國欲不亂，其可得乎。

[1]鹿臺：古臺名。故址在今河南省湯陰縣朝歌鎮南，爲殷紂王所築，係商朝藏錢之所。　鉅橋：商代糧倉所在地。在今河北省曲周縣東北。

[2]恤：體恤、周濟。

[3]括粟：搜括民間存糧。　闌糴：强制搜買糧食。

[4]掊克：聚斂貪狠。

[5]豫：通"預"。提前徵收下一年或下幾年的賦税。

[6]高琪：即术虎高琪，金西北路女真人。本書卷一〇六有傳。

[7]榷油：事見本書卷一〇七《高汝礪傳》。

[8]進納濫官：金代可以納粟買官，依據納粟多少決定賞官大小。

[9]空名宣勅：没有寫名的授官詔書。

[10]度牒：僧尼出家，由官府發給的憑證。有憑證的得免徭役、地税。

[11]主席：即主事。佛門監寺、維那、典坐、值事四職爲主事之四員。

[12]丁憂：指居父母之喪。舊時丁憂應在家守喪。

[13]進士出身蠶至及第：古代科舉考試，殿試一甲賜進士及第，二甲賜進士出身，三甲賜同進士出身。此指科舉出身也可買賣。

[14]重爵不蔇（jì）：即是説爵位不够用。蔇，本指草多的樣子。

[15]國姓：指女真姓。

[16]倫法：條理法制。　斁（dù）：敗壞。

迨夫宋絶歲幣而不許和，[1]貪其淮南之蓄，[2]謀以力取，至使樞府武騎盡於南伐。[3]訛可、時全之出，[4]初志得粮，後乃尺寸無補，三軍僨亡，[5]我師壓境，[6]兵財俱困，無以禦之。故志金之食貨者，不能不爲之掩卷而興嘅也。《傳》曰：[7]“作法於凉，其弊猶貪，作法於貪，弊將若何。”[8]

[1]宋絶歲幣而不許和：金宣宗興定元年、宋嘉定十年（1217）以後，宋不再貢給金朝歲幣。金以此爲由，興兵伐宋，謀侵宋以擴地，爲宋所敗，無功而還。金正大元年（1224），向宋謀和，“更不南下”。

[2]淮南：地區名。指南宋的淮河以南，長江以北的地區。

[3]樞府：軍政官署，即樞密院。長官爲樞密使，從一品，掌理朝廷軍機要務。此指金朝軍隊。金初襲遼制，占領遼東地區後，設樞密院於廣寧（今遼寧省北寧市），以統漢軍，後改設燕京。又於西京設雲中樞密院。金天會六年（1128），燕京樞密院并於雲中，成爲統轄全國軍隊的最高軍政官署。此後每行兵則稱元帥府，兵罷則復爲院（參見本書卷五五《百官志一》）。

[4]訛可：金宣宗孫，荆王守純長子。本書卷一一一有傳。時全：滕陽人。原爲紅襖農民起義軍首領，後降金。歷任行樞密院經歷官，同簽樞密院事。倡伐宋，兵敗被殺。

[5]僨：僵斃。

[6]我師壓境：金大安三年（1211），蒙古軍隊南下，破中都，金國北部均爲蒙古所有。修《金史》者爲元朝人，故稱蒙古軍隊爲“我師”。

[7]傳：指《左傳》。春秋時左丘明所撰。語出《左傳・昭公四年》。

[8]“作法於凉”至“弊將若何”：此話之意是：在凉薄的基礎上制訂法令，它的後果尚且是貪婪。在貪婪的基礎上制訂法令，

後果將會怎麼樣？凉，薄，即不厚道。

金起東海，其俗純實，可與返古。初入中夏，兵威所加，民多流亡，土多曠閑，遺黎惴惴，[1]何求不獲。使於斯時，縱不能復井地溝洫之制，[2]若用唐之永業、口分以制民產，[3]仿其租庸調之法以足國計，[4]何至百年之内所爲經畫紛紛然，與其國相終始耶。其弊在於急一時之利，踵久壞之法。及其中葉，鄙遼儉樸，襲宋繁縟之文，[5]懲宋寬柔，加遼操切之政。[6]是棄二國之所長，而并用其所短也。繁縟勝必至於傷財，操切勝必至於害民，訖金之世，國用易匱，民心易離，豈不由是歟。作法不慎厥初，[7]變法以捄其弊，秖益甚焉耳。

[1]黎：黎民、百姓。　惴：恐懼貌。

[2]井地：即井田。相傳爲我國上古時代田制的一種。因其形如井字，故名。據最早記載井田制的《孟子·滕文公上》記載："方里而井，井九百畝，其中爲公田，八家皆私百畝，同養公田。公事畢，然後敢治私事。"在後來的《周禮》《禮記》《漢書》以及漢代經學家傳注中對井田制也都有詳細記載，基本内容均與《孟子》相同。至於具體的分配、耕作及繳納辦法，從漢代到清代，意見分歧，並無定論。近代以來，曾有人懷疑古代是否有這種田制，但大多數學者仍認爲這種田制在古代確實存在過。至於這種田制的社會性質，有多種看法，主要有以下三種：村社的土地制度；榨取奴隸勞動的工作單位和賞賜奴隸管理者的報酬單位；領主經濟下的封建份地制度。　溝洫：中國古代灌溉系統的概稱，起源於西周井田下的灌溉系統。據《周禮·地官·遂人》記載，大體以十進位劃分井田，逐級建有遂、溝、澮、川等排灌系統。

[3]永業：田制名。北魏至唐行均田制，除授一定的露田，老免歸公外，還授一定桑田，世代承耕，不在收授之列，故名永業田。　口分：田制名。按人口分給的田地。唐制，丁男給田百畝，其中二十畝爲永業田，八十畝爲口分田。口分田不得買賣。

[4]租庸調：國家攤派的田租、力庸、户調等三種賦役的合稱。

[5]繁縟：繁文縟禮。

[6]操切：處理事情過於魯莽急躁。

[7]厥：之。

其他鹽筴、酒麴、常平、和糴、茶税、征商、榷場等法，[1]大概多宋舊人之所建明，息耗無定，[2]變易靡恒，[3]視錢鈔何異。田制、水利、區田之目，或驟行隨輟，或屢試無効，或熟議未行，咸著于篇，以備一代之制云。

[1]鹽筴：管理鹽的産銷等政策制度。金代設立山東、滄州等七鹽司，管理鹽的産銷。所有鹽的産銷都歸官府，不許私售。金代在不同時期曾實行過兩種銷鹽辦法：一種是按口攤派，收取鹽價；一種由商旅買鹽，行銷各地。筴，通“策”。　酒麴：此處指榷酒麴。金代早期禁止民間私釀，由官府專賣，後改收麴課，聽民釀。常平：即常平倉。官府備荒措施。豐年增價糴糧，歉歲減價糶出。金代曾在世宗、章宗年間設立。　和糴：官府向民間强制徵購糧食或其他實物的措施。　茶税：金代茶葉由官府專賣，按各路户口攤派，收取茶税。　征商：金朝對商人征收的各種税收。　榷場：金代對外貿易市場。金朝在臨近宋、蒙古、西夏、高麗等沿邊重鎮設立榷場，兼有政治作用。東勝、净、慶三州榷場除貿易牲畜、畜産品外，還是羈縻蒙古等部的基地。

[2]息耗：增長或虧損。

[3]靡恒：不長久。

户口。[1]金制，男女二歲以下爲黄，十五以下爲小，十六爲中，十七爲丁，六十爲老，無夫爲寡妻妾，諸篤廢疾不爲丁。户主推其長充，内有物力者爲課役户，無者爲不課役户。

[1]户口：因金代的户本身記載有問題，學術界各家看法也不盡相同。可參見梁方仲《中國歷代户口、田地、田賦統計》（上海人民出版社 1980 年版）以及高樹林《金朝户口問題初探》（《中國史研究》1986 年第 2 期），韓光輝《〈金史・地理志〉户口繫年正誤》（《中國史研究》1988 年第 2 期），王育民《〈金史・地理志〉户口繫年辨析》（《學術月刊》1989 年第 12 期），張博泉、武玉環《金代的人口與户籍》（《學習與探索》1990 年第 2 期），劉浦江《金代户口研究》（《中國史研究》1994 年第 2 期）等文章。

令民以五家爲保。泰和六年，上以舊定保伍法，有司滅裂不行。[1]其令結保，有匿奸細、盗賊者連坐。宰臣謂舊以五家爲保，恐人易爲計構而難覺察，遂令從唐制，五家爲鄰，五鄰爲保，以相檢察。京府州縣郭下則置坊正，村社則隨户衆寡爲鄉置里正，以按比户口，催督賦役，勸課農桑。村社三百户以上則設主首四人，二百户以上三人，五十户以上二人，以下一人，以佐里正禁察非違。置壯丁，以佐主首巡警盗賊。猛安謀克部村寨，五十户以上設寨使一人，掌同主首。寺觀則設綱首。凡坊正、里正，以其户十分内取三分，富民均出顧錢，[2]募强幹有抵保者充，人不得過百貫，役不得過一年。大定二十九年，章宗嘗欲罷坊、里正，復以主首遠，入城應代，妨農不便，乃以有物力謹願者二年一更代。

[1]滅裂：草率行事。

[2]顧：通“雇”。

凡户口計帳，三年一籍。自正月初，州縣以里正、主首，猛安謀克則以寨使，詣編户家責手實，[1]具男女老幼年與姓名，生者增之，死者除之。正月二十日以實數報縣，二月二十日申州，以十日内達上司，無遠近皆以四月二十日到部呈省。[2]

[1]編户：編入户籍的平民。　手實：金制。金代每三年編造户籍一次，地方把人口編造成册，稱手實。再據手實編成計賬，送州申尚書省，作爲全國户籍的底本。

[2]部：官署名，指户部。尚書省下屬六部之一，掌全國的户籍、物力、榷場、租税等事。長官爲尚書，正三品。　省：行政官署名。指尚書省。

凡漢人、渤海人不得充猛安謀克户。[1]猛安謀克之奴婢免爲良者，止隸本部爲正户。[2]凡没入官良人，隸宫籍監爲監户，没入官奴婢，隸太府監爲官户。[3]

[1]凡漢人、渤海人不得充猛安謀克户：金初占領遼東後，曾一度把漢人編入猛安謀克組織中，後因漢人不願而罷。本書卷八〇《大臭傳》：“天眷三年，罷漢、渤海千户謀克。”本書卷四四《兵

志》："皇統五年，又罷遼東漢人、渤海猛安謀克承襲之制。"

[2]止隸本部爲正户：按此正户指猛安謀克所屬之"驅丁"户。

[3]太府監：官署名。掌財用錢穀出納之事。長官爲監，正四品。

當收國二年時，法制未定，兵革未息，貧民多依權右爲苟安，[1]多隱蔽爲奴婢者，太祖下詔曰："比以歲凶民飢，多附豪族，因陷爲奴隸。及有犯法，徵償莫辦，折身爲奴。或私約立限，以人對贖，過期則以爲奴者。並聽以兩人贖一人爲良，元約以一人贖者從便。"[2]

[1]權右：權門右族，即顯貴之義。

[2]元：本來、原先。

天輔五年，以境土既拓，而舊部多瘠鹵，將移其民于泰州，[1]乃遣皇弟昱及族子宗雄按視其地。[2]昱等苴其土以進，言可種植，遂摘諸猛安謀克中民户萬餘，使宗人婆盧火統之，[3]屯種于泰州。婆盧火舊居阿注滸水，[4]又作按出虎。至是遷焉。其居寧江州者，[5]遣拾得、查端、阿里徒歡、奚揵罕等四謀克，挈家屬耕具，徙于泰州，仍賜婆盧火耕牛五十。[6]

[1]泰州：屬北京路。遼時爲契丹二十部族牧地，海陵正隆年間，置德昌軍，隸上京，大定二十五年（1185）罷，承安三年（1198）復置於長春縣，以舊泰州爲金安縣。金安縣治所在今吉林省洮南市東北雙塔鄉城四家子舊城址；一説在今黑龍江省泰來縣塔

子城古城。新泰州治所在今吉林省前郭縣他虎城（參見張博泉《東北歷代疆域史》，吉林人民出版社 1981 年版）此指舊泰州。

［2］昱：本名蒲家奴，景祖烏古迺之孫。本書卷六五有傳。宗雄：又名謀良虎，女真按出虎水完顔部人。本書卷七三有傳。

［3］婆盧火：安帝五代孫。金初隨太祖起兵，多有戰功。天會十三年（1135），加同中書門下平章事，死後追封開府儀同三司。

［4］阿注滸水：今黑龍江省阿城市附近的阿什河。阿注滸是按出虎的異寫。滸、虎是没（水）的音轉，意即“金水”或“金河”。《金史》卷二四《地理志上》，“國言‘金’曰‘按出虎’”，似視“虎”爲“按出”的詞尾，恐誤（參見張博泉《“按出虎”名稱考釋》，《東北地方史研究》1992 年第 2—3 期）。

［5］寧江州：遼州名。《遼史・地理志》：“寧江州，混同軍，觀察。清寧中置，初防禦，後升。兵事屬東北統軍司。”歸東京道。治所在今吉林省松原市的伯都納古城（參見李健才《東北史地考略》，吉林文史出版社 1986 年版，第 76 頁）；另一説是吉林省扶餘縣東南小城子古城（《中國歷史地圖集釋文彙編・東北卷》，中央民族學院出版社 1988 年版，第 157 頁）。

［6］賜婆盧火耕牛五十：金初女真按牛具地的形式分配土地，賜耕牛，等於賜土地。

天輔六年，既定山西諸州，[1]以上京爲内地，[2]則移其民實之。又命耶律佛頂以兵護送諸降人于渾河路，[3]以皇弟昂監之，[4]命從便以居。七年，以山西諸部族近西北二邊，且遼主未獲，[5]恐陰相結誘，復命皇弟昂與孛堇稍喝等以兵四千護送，[6]處之嶺東，[7]惟西京民安堵如故，[8]且命昂鎮守上京路。[9]既而，上聞昂已過上京，而降人復苦其侵擾，多叛亡者。遂命孛堇出里底往戒諭之，[10]比至，而諸部已叛去。又以猛安詳穩留住所領歸附之民還東京，[11]命有司常撫慰，且貸一歲之粮，其親屬被虜者皆令聚居。及七年取燕京路，[12]二月，盡徙六州氏族富强工技之民於内地。[13]

[1]山西：遼、金均無山西路，此泛指太行山以西之地，實即金的西京路。

[2]上京：京、路名。原爲女真按出虎水完顔部居地，俗稱皇帝寨、御寨。金太宗時始建都城，稱會寧府。熙宗時號上京。海陵王遷都燕京（今北京），削上京號，衹稱會寧府。金世宗時復號上京，爲上京路治所。治所在今黑龍江省阿城市金上京舊城址。

[3]耶律佛頂：契丹人。爲遼朝西南面招討使，後降金。　渾河路：遼、金均無此路，在此指地區，即渾河地。本書卷二《太祖紀》天輔七年（1123）八月，“次渾河北”，死於“部堵濼西行宫”。卷一二八《石抹元傳》有“懿州胡土虎猛安”。王寂《遼東行部志》：“胡土虎，漢語渾河也。”在金宜民縣與懿州之間。路，金朝早期地方最高的行政設置是路，它是受漢制的影響而出現的，但這一時期的路制既不同於遼、宋王朝的地方建制，也與熙宗官制改革以後的路制不同。金朝的路制大多是因族、因地、因制而不斷設立的，路的級别也不同（參見程妮娜《金代政治制度研究》，吉林大學出版社 1999 年版，第 55 頁）。

[4]昂：按出虎水完顔部女真人。本名吾都補，金世祖子。本書卷六五有傳。

[5]遼主：指遼朝末代皇帝耶律延禧。遼壽昌七年（1101），道宗死，耶律延禧繼位，號天祚皇帝，改元乾統。遼天慶五年（1115），因屬部女真人完顔阿骨打建金國稱帝，天祚帝率軍親征，大敗而回。以後遼國州縣先後被金軍攻取，遼保大五年（1125）八月，在應州（今山西省應縣）東被金軍俘獲，降封海濱王。後

病死。

[6]孛菫：官名。初爲遼代女真部落首領稱號。金建國後，成爲政府官員。熙宗改制後，孛菫制廢（參見日本學者三上次男《論金初的勃堇》，《稻葉還曆紀念·東洋史論叢》，1938 年 6 月；程妮娜《金初勃堇初探》，《史學集刊》1986 年第 2 期）。　稍喝：女真人。曾從太祖起兵抗遼，後與鄆王昂護送遼諸部降人於嶺東，降人多亡，稍喝駐兵不進討，被殺。

[7]嶺東：本書中的嶺東一是指黑龍江省東部的張廣才嶺以東；另一是指今興安嶺東。此指興安嶺東。

[8]西京：遼京、路名。原後晉雲州大同軍節度，遼重熙十三年（1044）升爲西京。治所在今山西省大同市。

[9]上京路：遼路名。金初因之，天眷元年（1138）改爲北京。治所在今内蒙古自治區巴林左旗林東鎮南波羅城。

[10]出里底：人名。金初女真人部長。

[11]詳穩：遼官名。來自漢語“將軍”的轉譯。　留住：人名。不詳。　東京：遼京、路名。本渤海遼陽故城，遼在此設東平郡。遼天顯三年（928）升爲南京，十三年，更爲東京。治所在今遼寧省遼陽市。

[12]燕京路：遼路名。本唐幽州。安史之亂時史思明於此建號稱帝，稱燕京。後晉割與契丹。遼會同元年（938），稱南京，開泰元年（1012）號燕京。金初沿稱燕京。金貞元元年（1153）建都於此，以燕京乃列國之名，不當爲京師號，改爲中都。治所在今北京市西南。

[13]二月，盡徙六州氏族富强工技之民於内地：二月，《太祖紀》記此事在四月。按本書卷二《太祖紀》天輔七年四月，命習古乃，婆盧火監護長勝軍及燕親豪族工匠，由松亭關徙之内地。六州，指涿（今河北省涿州市）、易（今河北省易縣）、檀（今北京市密雲縣）、順（今北京市順義區）、薊（今天津市薊縣）、景（今河北省遵化市）。内地，指金上京地區。金初以上京爲内地。

太宗天會元年，以舊徙潤、隰等四州之民於瀋州之境，[1]以新遷之户艱苦不能自存，詔曰："比聞民乏食至鬻子者，聽以丁力等者贖之。"又詔孛堇阿實賚曰：[2]"先皇帝以同姓之人昔有自鬻及典質其身者，[3]命官爲贖。今聞尚有未復者，其悉閱贖之。"又命以官粟贖上京路新遷置寧江州户口貧而賣身者，六百餘人。二年，民有自鬻爲奴者，詔以丁力等者易之。三年，禁内外官及宗室毋得私役百姓，[4]權勢家不得買貧民爲奴，其脅買者一人償十五人，詐買者一人償二人，罪皆杖百。七年，詔兵興以來，良人被略爲驅者，[5]聽其父母妻子贖之。

[1]潤：遼州名。屬中京道。遼聖宗平大延琳，遷寧州之民於此，設州。治所在今河北省山海關區西海陽鎮，或謂在今河北省秦皇島市西南（《〈中國歷史地圖集〉釋文彙編·東北卷》，中央民族學院出版社1988年版，第157頁）。　隰：遼州名。遼聖宗所建，屬中京道，隸永興宫。治所在今遼寧省興城市西東關站。　瀋州：遼州名。渤海在此建州，遼初置興遼軍，後更名瀋州，屬東京道。初隸永興宫，後屬敦睦宫。治所在今遼寧省瀋陽市。

[2]阿實賚：女真曷蘇館路部長。隨太祖起兵，曾率兵以備高麗。

[3]先皇帝：指金太祖完顏阿骨打。　同姓：指完顏氏。

[4]宗室：指金始祖完顏函普的後裔，有金一代均如此，與漢人的宗室概念不同。

[5]驅：指驅丁，也稱驅婢、驅户。就其身分地位問題有兩種看法：一種認爲是奴婢（參見李涵、易學金《金代的"驅"不是

奴婢嗎?》,《江漢論壇》1986年第11期);一種認爲是農奴(参見張博泉《金代"驅"的身分與地位辯析》,《晋陽學刊》1988年第2期)。就金代驅的實際情況來看,驅有一定的財産和人身自由,並以"户丁"稱,與奴婢稱"口"不同,應是農奴。

熙宗皇統四年,詔陝西蒲、解、汝、蔡等州歲飢,[1]百姓流落典雇爲驅者,官以絹贖爲良,丁男三匹,婦人幼小二匹。

[1]陝西:金無陝西路。北宋的陝西路治所在京兆府(今陝西省西安市),轄境相當於今陝西、寧夏長城以南,秦嶺以北及山西西南部、河南西北部、甘肅東南部地區。金皇統二年(1142),省並陝西六路爲四(太宗天會八年以後,右副元帥完顔宗輔爲攻取陝西的金兵統帥。金占領陝西以後設置幾路,《金史》中的記載並不統一。本書卷一九《睿宗紀》記載爲"既定陝西五路",卷四《熙宗紀》也記載,八月,"招撫諭陝西五路"。似乎金朝占領陝西以後設置了五路。但《金史·地理志》記載爲四路)。此四路分别指京兆(治所在今陝西省西安市)、慶原(治所在今甘肅省慶陽市)、熙秦(即臨洮路,治所在今甘肅省臨夏縣東北)、鄜延(治所在今陝西省延安市)路。　蒲:州名。屬河東南路。宋河中府,河東郡。金天會六年(1128)降爲蒲州,天德元年(1149)升爲河中府,大定五年(1165)置陝西元帥府。治所在今山西省永濟市境。　解:州名。屬河東南路。宋解州慶成軍防禦,金初置解梁郡軍,後廢爲刺史郡。金貞祐三年(1215)復升爲節鎮,興定四年(1220)徙治平陸縣。治所在今山西省運城市西南。　汝:州名。屬南京路。原宋汝州臨汝郡陸海軍節度,金初爲刺郡,貞祐三年升爲防禦。治所在今河南省汝州市。　蔡:州名。屬南京路。原宋蔡州汝南郡淮康軍節度,金泰和八年(1208)升爲節度,曾置榷場。治所

在今河南省汝南縣。

世宗大定二年，詔免二税户爲民。初，遼人佞佛尤甚，多以良民賜諸寺，分其税一半輸官，一半輸寺，故謂之二税户。遼亡，僧多匿其實，抑爲賤，有援左證以告者，[1]有司各執以聞，上素知其事，故特免之。

[1]左證：也作“證左”，證據。

十七年五月，省奏：“咸平府路一千六百餘户，[1]自陳皆長白山星顯、禪春河女直人，[2]遼時簽爲獵户，移居於此，號移典部，[3]遂附契丹籍。本朝義兵之興，首詣軍降，仍居本部，今乞釐正。”詔從之。

[1]咸平府路：屬上京路。遼爲咸州。金初爲咸州路，置都統司。金天德二年（1150）升爲咸平府，後爲總管府。置遼東路轉運司、東京咸平路提刑司。治所在今遼寧省開原市老城。

[2]星顯：水名。吉林省延吉市附近的布林哈通河。　禪春河：吉林省延吉市附近的嘎呀河。　女直：即“女真”。遼朝修當代史，爲避遼興宗耶律宗真名諱，書“真”字缺筆作“直”。元人修《金史》未回改，仍書爲“女直”。

[3]移典部：女真部落名。按，《遼史》卷二七《天祚帝紀一》乾統二年（1102）記載：“陪術水阿典部。”“陪術”與“婆豬”音近，即今渾江，阿典部當在此水上源附近。

二十年，以上京路女直人户，規避物力，自賣其奴婢，致耕田者少，遂以貧乏，詔定制禁之。又謂宰臣曰："猛安謀克人户，兄弟親屬若各隨所分土，與漢人錯居，每四五十户結爲保聚，農作時令相助濟，此亦勸相之道也。"

二十一年六月，徙銀山側民於臨潢。[1]又命避役之户舉家逃於他所者，元貫及所寓司縣官同罪，爲定制。

[1]銀山：在今北京市昌平區西南。　臨潢：府、路名。屬北京路。遼爲上京。金初亦稱上京，天眷元年（1138）改爲北京，天德二年（1150）改北京爲臨潢府路，貞元元年（1153）以大定府爲北京後，置北京臨潢府路提刑司，大定後罷路，并入大定府路，貞祐二年（1214）四月，嘗僑治於平州。治所在今内蒙古自治區巴林左旗南波羅城。

二十三年，定制，女直奴婢如有得力，本主許令婚聘者，須取問房親及村老給據，方許聘於良人。

是年八月，[1]奏猛安謀克户口、墾地、牛具之數。猛安二百二，謀克千八百七十八，户六十一萬五千六百二十四，口六百一十五萬八千六百三十六。内正口四百八十一萬二千六百六十九，奴婢口一百三十四萬五千九百六十七。墾田一百六十九萬三百八十頃有奇，牛具三十八萬四千七百七十一。[2]在都宗室將軍司，[3]户一百七十，[4]口二萬八千七百九十。内正口九百八十二，奴婢口二萬七千八百八。墾田三千六百八十三頃七十五畝，牛具三百四。迭剌、唐古二部五糺，[5]户五千五百八十五，口十三萬七千五百四十四。内正口十一萬九千四百六十三，奴婢口一萬八千八十一。墾田萬六千二十四頃一十七畝，牛具五千六十六。

[1]是年八月：中華點校本注云，“八”，原作“七”。本書卷八《世宗紀下》，大定二十三年（1183）八月乙巳，“括定猛安謀克户口、田土牛具”，卷四七《食貨志二》“牛頭税”條，大定二十三年“八月，尚書省奏，推排定猛安謀克户口、田畝、牛具之數”，皆記此事在八月。

[2]牛具三十八萬四千七百七十一：“三”南監本、北監本皆作“二”。

[3]宗室將軍司：大宗正府的分支機搆，明昌二年（1191）更名曰“司屬”。長官爲令，正七品，以皇族親屬充任，掌敦睦糾率宗屬，欽奉王命。

[4]户一百七十：本書卷五五《百官志一》爲“一百二十户”，與此異。

[5]迭剌：部落名。原爲契丹遥輦八部之一，後降金。承安三年（1198）改爲土魯渾紥石合節度使。　唐古：部落名。原爲契丹屬部，後降金。承安三年改爲部魯火紥石合節度使。　乣：“乣”字讀音有 yǎo、cá、jiū 等十幾種説法，劉鳳翥認爲應讀“又”（yòu）（參見劉鳳翥《解讀契丹文字深化遼史研究》，《遼金史研究》，中國文化出版社 2003 年版）。其義也衆説紛紜。此處指少數民族的部族機構。分屬東北路、西北路和西南路招討使統領。

二十五年，命宰臣禁有禄人一子、及農民避課役，爲僧道者。

大定初，天下户纔三百餘萬，至二十七年天下户六百七十八萬九千四百四十九，口四千四百七十萬五千八十六。

章宗大定二十九年十一月，上封事者言，[1]乞放二税户爲良。省臣欲取公牒可憑者爲准，[2]參知政事移剌履謂“憑驗真僞難明，[3]凡契丹奴婢今後所生者悉爲良，見有者則不得典賣，[4]如此則三十年後奴皆爲良，而民且不病焉”。上以履言未當，令再議。省奏謂不拘括則訟終不絶，遂遣大興府治中烏古孫仲和、侍御史范楫分括北京路及中都路二税户，[5]凡無憑驗，其主自言之者及因通檢而知之者，其税半輸官、半輸主，而有憑驗者悉放爲良。

[1]封事：密封的奏章。古代百官奏機密事，爲防泄密，用皂囊封緘呈進，故稱封事。

[2]省臣：指尚書省大臣。尚書省設有尚書令，左、右丞相，平章政事，左、右丞，參知政事，郎中等官。

[3]參知政事：尚書省下屬官。爲左、右丞相的佐貳，佐治政事。從二品。　移剌履：金代契丹人。爲遼東丹王七世孫。本書卷九五有傳。

[4]見：同“現”。

[5]大興府：府名。原後晋幽州。遼會同元年（938）升爲南京，開泰元年（1012）更爲永安析津府。金天會七年（1129）分河北路爲河北東路與河北西路，時屬河北東路，貞元元年（1153）更今名。治所在今北京市西南。　治中：官名。即少尹，爲尹府的助理，主掌文書案件。正五品。　烏古孫仲和：女真人。曾任同知大興府事，餘不詳。　侍御史：御史臺官員。掌奏事，判臺事。正五品。　范楫：曾任北京提刑副使、知濟南府事、吏部尚書等職。北京路：原遼中京。遼統和二十五年（1007）建爲中京，金初沿稱中京。金貞元元年（1153）更爲北京。治所在今内蒙古自治區寧城縣西北大明城。原無“京”字，據中華點校本補。　中都路：見

“燕京路”條。

明昌元年正月，上封事者言：“自古以農桑爲本，今商賈之外又有佛、老與他游食，浮費百倍。農歲不登，流殍相望，此末作傷農者多故也。”上迺下令，禁自披剃爲僧、道者。是歲，奏天下户六百九十三萬九千，口四千五百四十四萬七千九百，而粟止五千二百二十六萬一千餘石，除官兵二年之費，餘驗口計之，口月食五斗，可爲四十四日之食。上曰：“蓄積不多，是力農者少故也。其集百官，議所以使民務本廣儲之道，以聞。”六月，奏北京等路所免二税户，凡一千七百餘户，萬三千九百餘口，此後爲良爲驅，皆從已斷爲定。

明昌六年二月，[1]上謂宰臣曰：“凡言女直進士，不須稱女直字。[2]卿等誤作回避女直、契丹語，非也。今如分别户民，則女直言本户，漢户及契丹，餘謂之雜户。”[3]

[1]明昌：此與上重複，當删。

[2]女直字：女真人進入華北以後，受漢文化的影響，除本名外兼用漢名。此處的“女直字”是指女真語的本名或小字，也稱小名、幼名或初名。

[3]則女直言本户，漢户及契丹，餘謂之雜户：此句或有脱文，因此有人將漢户及契丹歸爲雜户，有人將其歸爲本户。參見下文的户口統計，其不屬雜户當爲事實。

明昌六年十二月，[1]奏天下女直、契丹、漢户七百二十二萬三千四百，口四千八百四十九萬四百，物力錢二百六十萬四千七百四十二貫。

[1]明昌六年：此與上重複，當删。

泰和七年六月，勅，中物力户，有役則多逃避，有司令以次户代之，事畢則復業，以致大損不逃之户。令省臣詳議。宰臣奏，舊制太輕，遂命課役全户逃者徒二年，賞告者錢五萬。先逃者以百日内自首，免罪。如實銷乏者，内從御史臺，外從按察司，[1]體究免之。十二月，奏天下户七百六十八萬四千四百三十八，口四千五百八十一萬六千七十九。[2]户增於大定二十七年一百六十二萬三千七百一十五，口增八百八十二萬七千六十五。此金版籍之極盛也。

[1]按察司：官署名。掌鎮撫人民，稽察邊防軍旅，審録重刑等事。長官爲按察使，正三品。

[2]十二月，奏天下户七百六十八萬四千四百三十八，口四千五百八十一萬六千七十九：該數字有誤。中華點校本注云："按上文，'明昌六年十二月，奏天下女直、契丹、漢户七百二十二萬三千四百，口四千八百四十九萬四百'，泰和七年户增於前四十六萬有奇，不應口反減二百六十餘萬。且下文小注比大定二十七年户口增加數，與該年數字核算之亦不合，知此數當有誤字。"

及衛紹王之時，[1]軍旅不息，宣宗立而南遷，死徙之餘，所在爲虚戹。户口日耗，軍費日急，賦斂繁重，皆仰給於河南，[2]民不堪命，率棄廬田，相繼亡去。乃屢降詔招復業者，免其歲之租，然以國用乏竭，逃者之租皆令居者代出，以故多不敢還。興定元年十二月，[3]宣宗欲懸賞募人捕亡户，而復慮騷動，遂命依已降詔書，已免債逋，[4]更招一月，違而不來者然後捕獲治罪，而以所遺地賜人。四年，省臣奏，河南以歲飢而賦役不息，所亡户令有司招之，至明年三月不復業者，論如律。時河壖爲疆，[5]烽鞞屢警，[6]故集慶軍節度使温蒂罕達言：[7]"亳州户舊六萬，[8]自南遷以來不勝調發，相繼逃去，所存者曾無十一，碭山、下邑，[9]野無居民矣。"

[1]衛紹王：即完顔永濟（？—1213）。原名允濟，章宗時避顯宗諱，改"允"爲"永"。本書卷一三有紀。

[2]河南：府名。治所在今河南省洛陽市。此指金黄河以南地區。

[3]興定：金宣宗年號（1217—1221）。

[4]逋：拖欠。

[5]河壖：指黄河邊空地。壖，河邊地。此時蒙古軍隊已經南下到黄河一帶。

[6]烽鞞：此指戰争。烽，烽火；鞞，刀鞘。

[7]集慶軍：宋於亳州置集慶軍，隸揚州。金貞祐三年（1215）升亳州爲節鎮，軍名集慶。治所在今安徽省亳州市。　温蒂罕達：本名謀古魯，蓋州按春猛安人。本書卷一〇四有傳。

[8]亳州：治所在今安徽省亳州市。

[9]碭山：縣名：治所在今安徽省碭山縣。　下邑：縣名。治所在今河南省夏邑縣。

通檢推排。通檢，即《周禮·大司徒》三年一大比，[1]各登其鄉之衆寡、六畜、車輦，辨物行徵之制也。金自國初占籍之後，至大定四年，承正隆師旅之餘，民之貧富變更，賦役不均。世宗下詔曰："粤自國初，有司常行大比，于今四十年矣。正隆時，兵役並興，調發無度，富者今貧不能自存，版籍所無者今爲富室而猶幸免。是用遣信臣泰寧軍節度使張弘信等十三人，[2]分路通檢天下物力而差定之，以革前弊，俾元元無不均之嘆，以稱朕意。凡規措條理，命尚書省畫一以行。"又命，"凡監户事産，除官所撥賜之外，餘凡置到百姓有税田宅，皆在通檢之數。"時諸使往往以苛酷多得物力爲功，弘信檢山東州縣尤爲酷暴，[3]棣州防禦使完顔永元面責之曰：[4]"朝廷以正隆後差調不均，故命使者均之。今迺殘暴，妄加民産業數倍，一有來申訴者，則血肉淋離，甚者即殞杖下，此何理也。"弘信不能對，故惟棣州稍平。

[1]《周禮》：書名。原名《周官》，西漢末列爲經而屬於禮，故名《周禮》。　大司徒：官名。《周禮·地官》的大司徒，爲主管教化的官，屬六卿之一。漢哀帝元壽二年（前1）改丞相爲大司徒。東漢時改稱司徒，主管教化，爲三公之一。魏沿用，但三公爲虚銜，不與朝政。隋唐時三公參與朝政，歷代沿用，至明廢。　大比：周制每三年查閲人口及財物一次，稱大比。

[2]泰寧軍：宋於襲慶府（兖州）置泰寧軍節度，大定十九年（1179）更名爲泰定軍。治所在今山東省兖州市。　張弘信：金正隆、大定時人，曾任步軍指揮使。

[3]山東：路名。金初設有山東東、西路。山東東路原爲宋山東東路，治所在今山東省青州市。山東西路原爲宋東平郡，舊鄆州，後以府尹兼總管，置轉運司，治所在今山東省東平縣。

[4]棣州：州名。屬山東東路，治所在今山東省陽信縣南。　防禦使：防禦州長官。掌防捍不虞，禦制盜賊。從四品。　完顏永元：宗幹之子，本名元奴。本書卷七六有傳。

五年，有司奏諸路通檢不均，詔再以户口多寡、貧富輕重，適中定之。既而，又定通檢地土等第税法。十五年九月，上以天下物力，自通檢以來十餘年，貧富變易，賦調輕重不均，遣濟南尹梁肅等二十六人，[1]分路推排。

[1]濟南：府名。宋於濟南府（齊州）置興德軍，金初沿之。後置府，置山東東西路提刑司。治所在今山東省濟南市。　梁肅：本書卷八九有傳。

二十年四月，上謂宰臣曰："猛安謀克户，富貧差發不均，皆自謀克内科之，暗者惟胥吏之言是從，輕重不一。自窩斡叛後，[1]貧富反復，今當籍其夾户，[2]推其家資，儻有軍役庶可均也。"詔集百官議，右丞相克寧、平章政事安禮、樞密副使宗尹言：[3]"女直人除猛安謀克僕從差使，餘無差役。今不推奴婢、孳畜、地土數目，止驗産業科差爲便。"左丞相守道等言：[4]"止驗財産，多寡分爲四等，置籍以科差，庶得均也。"左丞通、右丞道、都點檢襄言：[5]"括其奴婢之數，則貧富自見，緩急有事科差，與一例科差者不同。請俟農隙，拘括地土牛具之數，各以所見上聞。”上曰：“一謀克户之貧富，謀克豈不知。一猛安所領八謀克，一例科差。設如一謀克内，有奴婢二三百口者，有奴婢一二人者，科差與同，豈得平均。正隆興兵時，朕之奴婢萬數，孳畜數千，而不差一人一馬，豈可謂平。朕於庶事未嘗專行，與卿謀之。往年散置契丹户，安禮極言恐擾動，朕決行之，果得安業。安禮雖盡忠，未審長策。其從左丞通等所見，拘括推排之。”十二月，上謂宰臣曰：“猛安謀克多新强舊弱，差役不均，其令推排，當自中都路始。”至二十二年八月，始詔令集耆老，推貧富，驗土地牛具奴婢之數，分爲上中下三等。以同知大興府事完顔烏里也先推中都路，[6]續遣户部主事按帶等十四人與外官同分路推排。[7]九月，詔：“毋令富者匿隱畜産，貧户或有不敢養馬者。昔海陵時，拘括馬畜，絶無等級，富者倖免，貧者盡拘入官，大爲不均。今並覈實貧富造籍，有急即按籍取之，庶幾無不均之弊。”張汝弼、梁肅奏：[8]“天下民户通檢既定，設有産物移易，自應隨業輸納。至於浮財，須有增耗，貧者自貧，富者自富，似不必屢推排也。”上曰：“宰執家多有新富者，故皆不願也。”肅對曰：“如臣者，能推排中都物力。臣以嘗爲南使，先自添物力錢至六十餘貫，視其他奉使無如臣多者。但小民無知，法出奸生，數動摇則易駭。如唐、宋及遼時，或三二十年不測通比則有之。頻歲推排，似爲難爾。”

[1]窩斡：西北路契丹人。即移剌窩罕。本書卷一三三有傳。

[2]夾户：金户類名。指猛安謀克户中無户籍者的稱謂。

[3]右丞相：爲宰相。從一品。　克寧：金萊州女真人。即徒單克寧，原名習顯，完顔希尹之甥。本書卷九二有傳。　平章政事：爲宰相之貳，佐治省事。從二品。　安禮：女真人。唐括安禮，本名斡魯補。本書卷八八有傳。　樞密副使：爲樞密使佐貳，佐治院事。從二品。　宗尹：即完顔宗尹，本名阿里罕。本書卷七三有傳。

[4]左丞相：爲宰相。從一品。　守道：即完顔守道，本名習尼列，完顔希尹之孫。本書卷八八有傳。

[5]左丞：爲宰相之貳，佐治省事。從二品。　通：金中都路胡土愛割蠻猛安人。即蒲察通，本名蒲魯渾。本書卷九五有傳。　右丞：爲宰相之貳，佐治省事。從二品。　道：即移剌道，本名趙三，其先乙室部人。本書卷八八有傳。　都點檢：殿前都點檢司長官。掌行從宿衛，關防門禁，督攝隊仗，總判司事。正三品。　襄：完顔襄，本名唵，昭祖五世孫。本書卷九四有傳。

[6]同知大興府事：爲大興府尹之貳，掌通判府事。從四品。　完顔烏里也：女真人。起身胥吏，曾任上京留守、尚書佐司郎中等職。

[7]户部主事：官名。女直司二員，通掌户、度、金、倉等事，漢人司三員，同員外郎分掌曹事。從七品。　按帶：人名。不詳。

[8]張汝弼：金遼陽渤海人。本書卷八三有傳。

二十六年，復以李晏等分路推排。[1]二十七年，奏晏等所定物力之數，上曰：“朕以元推天下物力錢三百五萬餘貫，除三百萬貫外，令減五萬餘貫。今減不及數，復續收二萬餘貫，即是實二萬貫爾，[2]而曰續收，何也？”對曰：“此謂舊脱漏而今首出者，及民地舊無力耕種，而今耕種者也。”上曰：“通檢舊數，止於視其營運息耗，與房地多寡，而加減之。彼人賣地，此人買之，皆舊數也。至如營運，此强則彼弱，强者增之，弱者減之而已。且物力之數蓋是定差役之法，其大數不在多寡也。朕恐實有營運富家所當出者，反分與貧者爾。”

[1]李晏：金澤州高平（今山西省高平市）人。本書卷九六有傳。

[2]即是實二萬貫爾：中華點校本注云，疑在實下有脱文，或是“增”字。

章宗大定二十九年六月，命爲國信使之副者，[1]免增物力。又命農民如有積粟，毋充物力。錢慳之郡，[2]所納錢貨則許折粟帛。九月，以曹州河溢，[3]遣馬百禄等推排遭墊溺州縣之貧乏者。[4]明昌元年四月，刑部郎中路伯達等言，[5]民地已納稅，又通定物力，比之浮財所出差役，是爲重并也。遂詳酌民地定物力，減十之二。尚書户部言，中都等路被水，詔委官推排，比舊減錢五千六百餘貫。明昌三年八月，勑尚書省：“百姓當豐稔之時不務積貯，一遇凶儉輒有阻飢，何法可使民重穀而多積也。”宰臣對曰：“二十九年，已詔農民能積粟免充物力。明昌初，命民之物力與地土通推者，亦減十分之二，此固其術也。”

[1]國信使：官名。携帶國家公文的使者。一般都由朝廷大臣充任。詳見本書卷六〇、六二《交聘表》。

[2]慳：欠缺。

[3]曹州河溢：大定二十五年（1185）五月，黄河在曹州（治所在今山東省菏澤市）小堤以北决口，金河北、山東一帶被患，土地荒蕪。

[4]馬百禄：金通州三河人。本書卷九七有傳。

[5]刑部郎中：刑部下屬官員。掌律令格式、審定刑名等事。正員一人，從五品。　路伯達：金冀州（今河北省冀州市）人。本書卷九六有傳。

承安元年，尚書省奏，是年九月當推排，以有故不克。[1]詔以冬已深，比事畢恐妨農作，迺權止之。二年冬十月，敕令議通檢，宰臣奏曰："大定二十七年通檢後，距今已十年，舊户貧弱者衆，儻遲更定，恐致流亡。"遂定制，已典賣物業，止隨物推收，析户異居者許令别籍，[2]户絶及困弱者减免，新强者詳審增之，止當從實，不必敷足元數。邊城被寇之地，皆不必推排。於是，令吏部尚書賈執剛、吏部侍郎高汝礪先推排在都兩警巡院，[3]示爲諸路法。每路差官一員，[4]命提刑司官一員副之。[5]三年九月，奏十三路籍定推排物力錢二百五十八萬六千七百二貫四百九十文，舊額三百二萬二千七百十八貫九百二十二文，以貧乏除免六十三萬八千一百一十一貫。除上京、北京、西京路無新强增者，[6]餘路計收二十萬二千九十五貫。

[1]以有故不克：是年契丹人德壽據信州（舊治在今吉林省公主嶺市秦家屯古城）反，年號"身聖"，不久失敗。金廷因此而未推排。

［2］析户異居者許令别籍：金朝析户規定對漢人、女真人有所不同。由於女真人分居比較早，所以析户别籍也應比較早。而漢人則承唐律規定一直不得别籍。此處應是指漢人别籍而言。

［3］賈執剛：本書卷一〇七《高汝礪傳》記賈執剛此時爲户部尚書，疑“吏”爲“户”之誤。餘不詳。　高汝礪：金應州金城人。本書卷一〇七有傳。　在都兩警巡院：官署名。掌平理獄訟等事。長官爲警巡使，正六品。

［4］每路差官一員：金建五京、十四總管府，是爲十九路。提行司九處，轉運司十三處。據下文所云“十三路”，此處“每路”當是指轉運司所劃分的路分。

［5］提刑司：官署名。金於大定二十九年（1189）六月乙未開始設提刑司，長官爲提刑使，正三品。掌審察刑獄、糾察濫官、勸農桑、更出巡案等事，分按九路。

［6］西京：金京、路名。沿用遼舊名，爲西京路治所。金熙宗時，西京隸屬元帥府，海陵王時置本路總管府，後改置西京留守司。治所在今山西省大同市。

泰和二年閏十二月，上以推排時，既問人户浮財物力，而又勘當比次，[1]期迫事繁，難得其實，勅尚書省，定人户物力隨時推收法，令自今典賣事產者隨業推收，别置標簿，臨時止拘浮財物力以增減之。泰和四年十二月，上以職官仕於遠方，其家物力有應除而不除者，遂定典賣實業逐時推收，若無浮財營運，應除免者，令本家陳告，集坊村人户推唱，[2]驗實免之。造籍後如無人告，一月内以本官文牒推唱，定標附于籍。五年，以西京、北京邊地常罹兵荒，遣使推排之。舊大定二十六年所定三十五萬三千餘貫，遂減爲二十八萬七千餘貫。

[1]勘當：調察審定。　比次：比較、考核。

[2]推唱：公開推算。

五年六月，簽南京按察司事李革言：[1]“近制，令人户推收物力，置簿標題，至通推時，止增新强，銷舊弱，庶得其實。今有司奉行滅裂，恐臨時冗并，[2]卒難詳審，可定期限，立罪以督之。”遂令自今年十一月一日，令人户告詣推收標附，至次年二月一日畢，違期不言者坐罪。且令諸處税務，具税訖房地，每半月具數申報所屬，違者坐以怠慢輕事之罪。仍勑物力既隨業，通推時止令定浮財。

[1]簽：簽書的省稱，以京官任州府判官的稱謂。　南京：京、路名。治所在今河南省開封市。　李革：金河津（今山西省河津市）人。本書卷九九有傳。

[2]冗并：多餘爲冗，指物力已減免者，雖置簿標題，唯恐到時又將減免部分一起徵收。

八年九月，以吏部尚書賈守謙、知濟南府事蒲察張家奴、莒州刺史完顔百嘉、南京路轉運使宋元吉等十三員，[1]分路同本路按察司官一員，推排諸路。上召至香閣，[2]親諭之曰：“朕選卿等隨路推排，除推收外，其新强消乏户，雖集衆推唱，然消乏者勿銷不盡，如一户物力元三百貫，今蠲免二百五十貫猶有未當者。新强勿添盡，量存其力，如一户可添三百貫，而止添二百貫之類。卿等各宜盡心，一推之後十年利害所關，苟不副所任，罪當不輕也。”

［1］賈守謙：金沃州（今河北省趙縣）人。又名益謙。本書卷一〇六有傳。　知濟南府事：府衙屬官。掌付事勾稽省署文牘、總録諸案之事。正八品。　蒲察張家奴：女真人。曾任大理寺司直等職。　莒州：州名。本城陽軍，大定二十二年（1182）升爲城陽州，二十四年更今名。治所在今山東省莒縣。　刺史：刺史州長官。掌宣導風俗、肅清所部，兼治州事。正五品。　完顏百嘉：北京路訛魯古必刺猛安人。本書卷一〇〇有傳。　轉運使：轉運司長官。掌税賦錢穀、倉庫出納、權衡度量等事。正三品。　宋元吉：金章宗時人。曾與完顏綱、喬宇等編寫陳言文字，涉及金代大臣、省臺、六部等事，二十卷（本書卷一二《章宗紀四》記載爲二千卷）。

［2］閤：門房小户。閣爲夾室，意義本有別，後世通用。

金史　卷四七

志第二十八

食貨二

田制　租賦　牛具稅

田制。量田以營造尺。五尺爲步，闊一步，長二百四十步爲畝，百畝爲頃。民田業各從其便，賣質於人無禁，但令隨地輸租而已。凡桑棗，民户以多植爲勤，少者必植其地十之三，猛安謀克户少者必課種其地十之一，除枯補新，使之不闕。[1]凡官地，猛安謀克及貧民請射者，[2]寬鄉一丁百畝，狹鄉十畝，中男半之。請射荒地者，以最下第五等减半定租，八年始徵之。作己業者以第七等减半爲稅，七年始徵之。自首冒佃比鄰地者，輸官租三分之二。佃黄河退灘者，[3]次年納租。

[1]闕：通“缺”。

[2]射：請求。

[3]黄河退灘者：在五代、遼、宋、金時期黄河多次泛濫和改道，黄河退灘指黄河水退後露出土地。

太宗天會九年五月，始分遣諸路勸農之使者。[1]熙宗天會十四年，罷來流、混同間護邏地，[2]以予民耕牧。海陵正隆元年二月，遣刑部尚書紇石烈婁室等十一人，[3]分行大興府、山東、真定府，[4]拘括係官或荒閑牧地，及官民占射逃絶户地，戍兵占佃宫籍監、外路官本業外增置土田，[5]及大興府、平州路僧尼道士女冠等地，[6]蓋以授所遷之猛安謀克户，且令民請射，而官得其租也。

[1]路：金朝早期地方最高的行政設置是路，它是受漢制的影響而出現的，但這一時期的路制既不同於遼、宋王朝的地方建制，也與熙宗官制改革以後的路制不同。金朝的路制大多是因族、因地、因制而不斷設立的，路的級别也不同（參見程妮娜《金代政治制度研究》，吉林大學出版社 1999 年版，第 55 頁）。　勸農之使者：此是臨時差遣，非後世之勸農使官員。

[2]來流：河名。即今吉林省東部的拉林河。　混同：江名。即今第二松花江與東流松花江中下游。　護邏地：遼朝與女真族之間的分界地。

[3]紇石烈婁室：回怕川女真人。又名良弼。本書卷八八有傳。

[4]大興府：府名。原後晋幽州。遼會同元年（938）升爲南京，開泰元年（1012）更爲永安析津府。金天會七年（1129）分河北路爲河北東路與河北西路，時屬河北東路，貞元元年（1153）更今名。治所在今北京市西南。　山東：路名。金初設有山東東、西路。山東東路原爲宋京東東路，治所在今山東省青州市。山東西路原爲宋東平郡，舊鄆州，後以府尹兼總管，置轉運司，治所在今

山東省東平縣。　真定府：府名。屬河北西路，原宋真定府，治所在今河北省正定縣。

[5]宫籍監：官署名。屬殿前都點檢司。掌宫内外的監户及皇帝的土地錢財及大小差役。長官爲提點，正五品。　外路官本業外增置土田：金代三品以下外官各給不等田産。正三品，公田三十頃。統軍使、詔討使、副使，公田二十五頃。從三品，公田二十一頃。正四品，職田十七頃，公田十五頃。從四品，公田十四頃。正五品，刺史、知軍、鹽使，公田十三頃，餘官，職田十頃。正、從六品，公田六頃。從七品，職田四頃等。離職交回。

[6]平州：州、路名。遼代爲遼興軍。金天輔七年（1123）以燕西地與宋，遂以平州爲南京，以錢帛司爲三司，天會四年（1126）復爲平州，治所在今河北省盧龍縣。

世宗大定五年十二月，上以京畿兩猛安民户不自耕墾，[1]及伐桑棗爲薪鬻之，[2]命大興少尹完顔讓巡察。[3]

[1]京畿：國都所在地及其行政官署所管轄的地方。此指大興府。

[2]鬻：賣。

[3]大興少尹：官名。府尹的佐官，掌通判府事。正員一人，正五品。　完顔讓：女真人。曾任户部郎中、臨洮尹、兵部尚書等職。

十年四月，禁侵耕圍場地。[1]十一年，謂侍臣曰："往歲，清暑山西，[2]傍路皆禾稼，殆無牧地。嘗下令使民五里外迺得耕墾，今聞其民以此去之他所，甚可矜憫。其令依舊耕種，毋致失業。凡害民之事患在不知，知之朕必不爲。自今事有類此，卿等即告毋隱。"

［1］圍場：舊時供皇帝或貴族設圍打獵的地方。

［2］清暑：即避暑。　山西：遼、金均無山西路，此泛指太行山以西之地，實即金的西京路。

十三年，勅有司："每歲遣官勸猛安謀克農事，恐有煩擾。自今止令各管職官勸督，弛慢者舉劾以聞。"

十七年六月，邢州男子趙迪簡言：[1]"隨路不附籍官田及河灘地，[2]皆爲豪强所占，而貧民土瘠税重，乞遣官拘籍冒佃者，定立租課，復量減人户税數，庶得輕重均平。"詔付有司，將行而止。復以近都猛安謀克所給官地率皆薄瘠，[3]豪民租佃官田歲久，往往冒爲己業，令拘籍之。又謂省臣曰：[4]"官地非民誰種，然女直人户自鄉土三四千里移來，[5]盡得薄地，若不拘刷良田給之，久必貧乏，其遣官察之。"又謂參知政事張汝弼曰：[6]"先嘗遣問女直土地，皆云良田。及朕出獵，因問之，則謂自起移至此，不能種蒔，斫蘆爲席，或斬芻以自給。卿等其議之。"省臣奏，官地所以人多蔽匿盗耕者，由其罪輕故也。迺更條約，立限令人自陳，過限則人能告者有賞。遣同知中都路轉運使張九思往拘籍之。[7]

［1］邢州：宋原邢州，宣和元年（1119）始州府，名信德府，金天會七年（1129）降爲邢州，治所在今河北省邢臺市。

［2］官田：國有土地。金代官地一部分來源於遼、宋荒地，一部分括民田爲官地。

［3］猛安謀克：指金代女真人特有的社會組織形式，是由氏族

時期圍獵組織逐漸發展形成的。猛安，女真語的原意是“千”，所以猛安官又稱千夫長。謀克，女真語的原意是“族”“氏族”“鄉里”，滿語漢譯作“穆昆”。《三朝北盟會編》卷三作“毛毛可”。金人建國之前，猛安謀克無定數，太祖收國二年（1116）定制，以三百户爲一謀克，十謀克爲一猛安。每謀克所領披甲正兵約百人，所以謀克官又稱百夫長。實際這衹是個約數，猛安的謀克數及謀克的户數在金初都不固定。猛安謀克的壯丁平時畋獵，戰時出征，是一種生産、行政、軍事三者合一的組織。

[4]省臣：指尚書省大臣。尚書省設有尚書令，左、右丞相，平章政事，左、右丞，參知政事，郎中等官。

[5]女直：即“女真”。遼朝修當代史，爲避遼興宗耶律宗真名諱，書“真”字缺筆作“直”。元人修《金史》未回改，仍書爲“女直”。

[6]參知政事：尚書省屬官。爲左、右丞相的佐貳，佐治政事。從二品。

[7]同知：官名。遼代除在北、南樞密院分設同知北院樞密使事、同知南院樞密使事以外，在府、州等機構也設同知一職。金在宣徽院下設同知一員，正四品。在地方府、州等機構也常設同知一職，作爲正職的佐貳。　中都路：原遼路名。本唐幽州。安史之亂時史思明於此建號稱帝，稱燕京。後晉割與契丹。遼會同元年（938），稱南京，開泰元年（1012）號燕京。金初沿稱燕京，貞元元年（1153）建都於此，以燕京乃列國之名，不當爲京師號，改爲中都。治所在今北京市西南。　轉運使：轉運司長官。掌本路税賦錢穀、倉庫出納、權衡度量等事。正三品。同知轉運使，佐貳之官，正四品。　張九思：金錦州（今遼寧省錦州市）人。本書卷九〇有傳。

十九年二月，上如春水，[1]見民桑多爲牧畜齧毁，詔親王公主及勢要家，牧畜有犯民桑者，許所屬縣官立加懲斷。

[1]春水：即春捺鉢。金循遼人故事，於每年春天在混同江、長春州一帶（即今洮兒河、嫩江、松花江、第二松花江匯合處的周圍地區）鈎魚、捕鵝。

十二月謂宰臣曰：[1]“亡遼時所撥地，與本朝元帥府，[2]已曾拘籍矣。民或指射爲無主地，租佃及新開荒爲己業者可以拘括。其間播種歲久，若遽奪之，恐民失業。”因詔括地官張九思戒之。復謂宰臣曰：“朕聞括地事所行極不當，如皇后莊、太子務之類，止以名稱便爲官地，百姓所執憑驗，一切不問。其相鄰冒占官地，復有幸免者。能使軍户稍給，[3]民不失業，迺朕之心也。”

[1]宰臣：宰相及諸執政大臣。金朝以尚書省的尚書令，左、右丞相，平章政事爲宰相。尚書左右丞、參知政事爲執政官。

[2]元帥府：官署名。泰和六年（1206）改樞密院爲元帥府，職同樞密院，泰和八年復爲樞密院。長官爲元帥，從一品。金代一般每行兵則稱元帥府，兵罷則復爲院。此處元帥府係指樞密院而言。

[3]軍户：户名。官府指定出軍的人户。金代的猛安謀克户也稱軍户。

二十年四月，以行幸道隘，[1]扈從人不便，詔户部沿路頓舍側近官地，[2]勿租與民耕種。又詔故太保阿里先於山東路撥地百四十頃，[3]大定初又於中都路賜田百頃，命拘山東之地入官。五月，諭有司曰："白石門至野狐嶺，[4]其間澱濼多爲民耕植者，而官民雜畜往來無牧放之所，可差官括元荒地及冒佃之數。"[5]

[1]行幸：皇帝出巡地方稱行幸。

[2]户部：官署名。尚書省下屬六部之一。掌全國的户籍、物力、榷場、租税等事。長官爲尚書，正三品。

[3]太保：官名。古代三公之一，位次於太傅。秦代不置。漢平帝元始元年（1）初置太保，東漢廢。以後歷代均置，但多爲勳戚文武大臣加銜增官，無實職。　阿里：人名。不詳。

[4]白石門："白"爲"自"之誤。石門爲石門關。路振《乘軺録》：石門關在幽州西（北）一百八十里，其地險絶悉類虎北口。《遼史》卷四六《百官志二》，南京諸司有石門統領司。錢良擇《出塞紀略》以爲今八達嶺即是胡嶠所記石門關。元人名此爲居庸北口，簡稱北口，以與南口，亦即居庸南口對峙，並築城設戍以守之。本書卷七《世宗紀中》，大定二十年（1180）四月庚戌如金蓮川，九月丙戌自金蓮川還自中都到金蓮川，必經石門關與野狐嶺。　野狐嶺：嶺名。在河北省萬全縣西北，山勢極高。

[5]元：本來，原先。

二十一年正月，上謂宰臣曰："山東、大名等路猛安謀克户之民，[1]往往驕縱，不親稼穡，不令家人農作，盡令漢人佃蒔，取租而已。富家盡服紈綺，酒食遊宴，貧者争慕効之，欲望家給人足，難矣。近已禁賣奴婢，約其吉凶之禮。更當委官閲實户數，計口授地，[2]必令自耕，力不贍者方許佃於人。仍禁其農時飲酒。"又曰："奚人六猛安，[3]已徙居咸平、臨潢、泰州，[4]其地肥沃，且精勤農務，各安其居。女直人徙居奚地者，菽粟得收穫否?”左丞守道對曰：[5]“聞皆自耕，歲用亦足。”上曰：“彼地肥美，異於他處，惟附都民以水害稼者振之。”[6]

[1]大名：府名。舊爲散府，先置統軍司，天德二年（1150）罷，以其所轄民户分隸旁近總管府。正隆二年（1157）升爲總管府。治所在今河北省大名縣。

[2]計口授地：國家按人口授給百姓土地。這是東北古代民族由奴隸制向封建制過渡的一種普遍方式。

[3]奚：古族名。原居於饒樂水（今内蒙古自治區西拉木倫河流域），唐末分爲東、西奚。附遼後，多散居於中京地區。

[4]咸平：府、路名。屬上京路。遼爲咸州。金初爲咸州路，置都統司。天德二年升爲咸平府，後爲總管府。置遼東路轉運司、東京咸平路提刑司。治所在今遼寧省開原市老城。　臨潢：府、路名。屬北京路，遼爲上京。金初亦稱上京，天眷元年（1138）改爲北京。天德二年改北京爲臨潢府路。貞元元年（1153），以大定府爲北京後，置北京臨潢府路提刑司。大定後罷路，并入大定府路。貞祐二年（1214）四月，嘗僑治於平州。治所在今内蒙古自治區巴林左旗南波羅城。　泰州：屬北京路。遼時爲契丹二十部族牧地，海陵正隆年間，置德昌軍，隸上京，大定二十五年（1185）罷，承安三年（1198）復置於長春縣，以舊泰州爲金安縣。金安縣治所在今吉林省洮南市東北雙塔鄉城四家子舊城址；一説在今黑龍江省泰來縣塔子城古城。新泰州治所在今吉林省前郭縣他虎城（參見張博泉《東北歷代疆域史》，吉林人民出版社 1981 年版）。此指舊泰州。

[5]左丞：爲宰相之貳，佐治省事。從二品。　守道：即完顏守道，本名習尼列，完顏希尹之孫。本書卷八八有傳。

[6]振：中華點校本作“賑”，通用。

三月，陳言者言，豪强之家多占奪田者。上曰："前參政納合椿年占地八百頃，[1]又聞山西田亦多爲權要所占，有一家一口至三十頃者，以致小民無田可耕，徙居陰山之惡地，[2]何以自存。其令占官地十頃以上者皆括籍入官，[3]將均賜貧民。"省臣又奏："椿年子猛安三合、故太師耨盌温敦思忠孫長壽等，[4]親屬計七十餘家，[5]所占地三千餘頃。"上曰："至秋，除牛頭地外，仍各給十頃，餘皆拘入官。山後招討司所括者，[6]亦當同此也。"又謂宰臣曰："山東路所括民田，已分給女直屯田人户，[7]復有籍官閑地，依元數還民，仍免租税。"

[1]納合椿年：女真人。本名烏野。本書卷八三有傳。

[2]陰山：指内蒙古的陰山山脉。此處泛指黄河以北地區。

[3]其令占官地十頃以上者皆括籍入官：金代職官占田有明確規定，可參見本書卷五八《百官志四》。

[4]三合：中華點校本作"參謀合"。女真人。納合椿年長子，封定遠大將軍，襲父猛安。　耨盌温敦：按，本書卷八四《耨盌温敦思忠傳》，其子名"謙"，姪名"兀帶"，則"耨盌温敦"爲四字姓。施國祁《金史詳校》卷八上認爲不是四字姓，而是一個人兼兩姓氏。存之待考。　思忠：本名乙剌補，阿補斯水女真人。金初攻遼伐宋，往來爲使者，歷太祖、太宗、熙宗三朝，爲金初功臣。累官至太傅、尚書令，封廣平郡王。　長壽：女真人。思忠之孫。事見思忠附傳。按本書卷八三《納合椿年傳》作"温都思忠子長壽"。

[5]親屬計七十餘家：本書卷八三《納合椿年傳》記爲三十餘家，與此異。

［6］山後：指今山西、河北兩省長城内外之間的地區。　招討司：官署名。掌招懷降附，征討叛離。長官爲使，正三品。金在西北路、西南路、東北路置招討司。西南路招討司，治所在豐州，今内蒙古自治區呼和浩特市東。東北路招討司，本書卷九三《宗浩傳》："初朝廷置東北路招討司泰州，去境三百里，每敵入，比出兵追襲，敵已遁去。至是，宗浩奏徙之金山，以據要害。設副招討二員，分置左、右，由是敵不敢犯。"東北路招討司治泰州，即今吉林省洮南市東北雙塔鄉城四家子舊城址。章宗時宗浩又設分司於金山縣。

［7］屯田：金代屯田分軍、民、商屯三種。

六月，上謂省臣曰："近者大興府平、灤、薊、通、順等州，[1]經水災之地，免今年稅租。不罹水災者姑停夏稅。[2]俟稔歲徵之。"[3]時中都大水，而濱、棣等州及山後大熟，[4]命修治懷來以南道路，[5]以來糴者。又命都城減價以糶。又曰："近遣使閱視秋稼，聞猛安謀克人惟酒是務，往往以田租人，而預借三二年租課者。或種而不耘，聽其荒蕪者。自今皆令閱實各户人力，可耨幾頃畝，必使自耕耘之，其力果不及者方許租賃。如惰農飲酒，勸農謀克及本管猛安謀克并都管，[6]各以等第科罪。收穫數多者則亦以等第遷賞。"

［1］灤：州名。屬中都路。遼爲永安軍，金天輔七年（1123）置節度使，治所在今河北省灤縣。　薊：州名。屬中都路。遼置上武軍，治所在今天津市薊縣。　通：州名。屬中都路。金天德三年（1151）升潞縣置，興定二年（1218）五月升爲防禦，治所在今北京市通州區。　順：州名。屬中都路。遼爲歸化軍，治所在今北京

市順義區。

[2]夏税：金承唐、宋舊制，在州縣地區行兩税法，但與北宋比較，實際已成爲純粹的地税（參見張博泉《金代經濟史略》，遼寧人民出版社1981年版，第151頁）。

[3]稔歲：豐年。

[4]濱：州名。屬山東東路。治所在今山東省濱州市北濱城鎮。棣：州名。屬山東東路。治所在今山東省陽信縣南。

[5]懷來：縣名。屬金西京路德興府治下。原本晋嬀州，遼會同元年（938）遼太祖改爲可汗州，縣名舊曰懷戎，更名懷來，金明昌六年（1195）更爲嬀州。治所在今河北省懷來縣東（今官廳水庫）。

[6]勸農謀克：謀克内主管農事的官員。　都管：猛安的下屬官員，餘不詳。

七月，上謂宰臣曰："前徙宗室户於河間，[1]撥地處之，而不迴納舊地，豈有兩地皆占之理，自今當以一處賜之。山東刷民田已分給女直屯田户，復有餘地，當以還民而免是歲之租。"八月，尚書省奏山東所刷地數，上謂梁肅曰：[2]"朕嘗以此問卿，卿不以言。此雖稱民地，然皆無明據，括爲官地有何不可？"又曰："黄河已移故道，[3]梁山濼水退，[4]地甚廣，已嘗遣使安置屯田。民昔嘗恣意種之，今官已籍其地，而民懼徵其租，逃者甚衆。若徵其租，而以冒佃不即出首罪論之，固宜。然若遽取之，恐致失所。可免其徵，赦其罪，别以官地給之。"御史臺奏："大名、濟州因刷梁山濼官地，[5]或有以民地被刷者。"上復召宰臣曰："雖曾經通檢納税，[6]而無驗明者，復當刷問。有公據者，雖付本人，仍須體問。”十月，復與張仲愈論冒占田事。[7]

[1]宗室：指金始祖完顏函普的後裔，有金一代均如此，與漢人的宗室概念不同。　河間：府名。原宋瀛州，大觀元年（1107）升爲河間府，金屬河北東路。金天會七年（1129）置總管府，正隆年間置瀛州瀛海軍節度使兼總管，置轉運司，治所在今河北省河間市。

[2]梁肅：人名。本書卷八九有傳。

[3]黄河已移故道：金明昌五年（1194），黄河在陽武故堤決口，灌封丘縣城東流，至壽張入梁山泊，然後分南北二道：北道由原北清河入海，南道則由泗水入淮，侵奪淮陽以下的淮河河道，北流完全斷絶。

[4]梁山濼：湖名。“濼”與“泊”通。在今山東省梁山、鄆城等縣間。南部梁山以南，本係大野澤的一部分，五代時澤面北移，環梁山成巨浸，始稱梁山泊。從五代到宋多次被潰決的黄河河水灌入，面積逐步擴大，周圍達八百里。入金以後河徙水道，漸涸爲平地。

[5]濟州：屬上京路。遼名黄龍府。金天眷三年（1140）改濟州，大定二十九年（1189）更爲隆州，貞祐初，升爲隆安府。治所在今吉林省農安縣城。

[6]通檢：即户口、財産的調查與登記。

[7]張仲愈：金世宗時人，曾任少府監、户部尚書、參知政事等職。

二十二年，以附都猛安户不自種，[1]悉租與民，有一家百口壠無一苗者，上曰：“勸農官，[2]何勸諭爲也，其令治罪。”宰臣奏曰：“不自種而輒與人者，合科違例。”上曰：“太重，愚民安知。”遂從大興少尹王脩所奏，[3]以不種者杖六十，謀克四十，受租百姓無罪。

[1]附都猛安户：在京城附近駐扎的猛安謀克户。

[2]勸農官：金曾設有勸農使司和司農司。勸農使司下設有使一員，正三品，副使一員，正五品。司農司下設有大司農一員，正二品，卿三員，正四品，少卿三員，正五品。此指勸農使司下官員。

[3]大興少尹：官名。大興府尹佐貳，掌通判府事。正員一人，正五品。　王脩：金范陽（今河北省涿州市）人。脩，“修”的異體字。皇統二年（1142）進士。大定中，任大興少尹、咸平轉運使、鄭州防禦使。章宗時，任禮部尚書、大興尹、定國軍節度使等。

又命招復梁山濼流民，官給以田。時人户有執契據指墳壠爲驗者，亦拘在官，先委恩州刺史奚晦招之，[1]復遣安肅州刺史張國基驗實給之，[2]如已撥係猛安，則償以官田。上曰：“工部尚書張九思執强不通，向遣刷官田，凡犯秦、漢以來名稱，[3]如長城、燕子城之類者，[4]皆以爲官田。此田百姓爲已業不知幾百年矣，所見如此，何不通之甚也。”八月，以趙王永中等四王府冒占官田，[5]罪其各府長史府掾，[6]及安次、新城、宛平、昌平、永清、懷柔六縣官，[7]皆罰贖有差。

[1]恩州：原宋貝州，慶曆八年（1048）改恩州。治所在今山東省武城縣東。　刺史：刺史州長官。掌宣導風俗、肅清所部，兼治州事。正五品。　奚晦：人名。不詳。

[2]安肅州：州名。原宋安肅軍。金屬中都路，天會七年

（1129）升爲徐州，隸河北東路，貞元二年（1154）劃歸中都路，天德三年（1151）改爲安肅州，軍名徐郡軍，大定後降爲刺史郡，廢軍。治所在今河北省徐水縣。　張國基：人名。不詳。

[3]秦：朝代名（前221—前206）。　漢：朝代名（前206—221）。

[4]燕子城：地名。在河北省易縣西。

[5]趙王：金封爵名。大定格，大國封號第八爲趙。　永中：世宗庶長子。本名實魯剌，又名萬僧。本書卷八五有傳。

[6]長史府掾：泛指親王府屬官。有傅、府尉、長史等。傅，掌師範輔導、參議可否，如親王在外，亦兼本京節鎮同知，正四品。府尉，從四品。長史，掌警嚴侍從，兼總統本府之事，從五品。其他還有司馬、文學、記室參軍等。

[7]安次：縣名。屬中都路大興府治下。治所在今河北省安次區西。　新城：縣名。屬中都路涿州治下。治所在今河北省高碑店市東南新城鎮。　宛平：縣名。屬中都路大興府治下，原晋幽都縣，遼開泰元年（1012）更今名。治所在今北京市。　昌平：縣名。屬中都路大興府治下。治所在今北京市昌平區。　永清：縣名。屬中都路大興府治下。治所在今河北省永清縣。　懷柔：縣名。屬中都路順州治下，明昌六年（1195）更爲温陽。治所在今北京市懷柔區。

九月，遣刑部尚書移剌慥于山東路猛安内摘八謀克民，[1]徙于河北東路酬斡、青狗兒兩猛安舊居之地，[2]無牛者官給之。河間宗室未徙者令盡徙于平州，無力者官津發之，土薄者易以良田。先嘗令俟豐年則括籍官地，至是歲，省臣復以爲奏，上曰："本爲新徙四猛安貧窮，須刷官田與之，若張仲愈等所擬條約太刻，但以民初無得地之由，自撫定後未嘗輸税，妄通爲己業者，刷之。

如此，恐民苦之，可爲酬直。[3]且先令猛安謀克人户，隨宜分處，計其丁壯牛具，合得土田實數給之。不足則以前所刷地二萬餘頃補之。復不足，則續當議。”時有落兀者與婆薩等爭懿州地六萬頃，[4]以皆無據驗，遂没入官。

[1]移剌慥：本名移敵列，契丹虞吕部人。本書卷八九有傳。

[2]河北東路：治所在今河北省河間市。　酬斡：金宗室人。本書卷一二一有傳。　青狗兒：人名。不詳。

[3]直：通“值”。

[4]落兀：人名。不詳。　婆薩：人名。不詳。　懿州：屬北京路。遼設，金因之。先隸咸平府，泰和末年來屬。治所在今遼寧省阜新蒙古族自治縣東北塔子營村北。

二十七年，隨處官豪之家多請占官地，轉與它人種佃，規取課利。命有司拘刷見數，[1]以與貧難無地者，每丁授五十畝，庶不至失所，餘佃不盡者方許豪家驗丁租佃。章宗大定二十九年五月，擬再立限，令貧民請佃官地，緣今已過期，計以數足，其占而有餘者，若容告訐，[2]恐滋姧弊。況續告漏通地，勑旨已革，今限外告者宜却之，止付元佃。兼平陽一路地狹人稠，[3]官地當盡數拘籍，驗丁以給貧民。上曰：“限外指告多佃官地者，却之，當矣。如無主不願承佃，方許諸人告請。其平陽路宜計丁限田，如一家三丁已業止三十畝，則更許存所佃官地一頃二十畝，餘者拘籍給付貧民可也。”

[1]見：意義與“現”同。

[2]訐：指斥責或揭發别人過失或陰私。

[3]平陽：府名。原宋晋州，政和六年（1116）升平陽府。金屬河東南路，天會六年（1128）升爲總管府，置轉運司。治所在今山西省臨汾市。

七月，諭旨尚書省曰："唐、鄧、潁、蔡、宿、泗等處，[1]水陸膏腴之地，若驗等級，量立歲租，寬其徵納之限，募民佃之，公私有益。今河南沿邊地多爲豪民冒占，[2]若民或流移至彼，就募令耕，不惟貧民有贍，亦增羡官租。其給丁壯者田及耕具，而免其租税。"八月，尚書省奏："河東地狹，[3]稍凶荒則流亡相繼。竊謂河南地廣人稀，若令召集他路流民，量給閑田，則河東飢民減少，河南且無曠地矣。"上從所請。九月戊寅，又奏："在制，諸人請佃官閑地者免五年租課，今乞免八年，則或多墾。"並從之。十一月，尚書省奏："民驗丁佃河南荒閑官地者，如願作官地則免税八年，[4]願爲己業則免税三年，并不許貿易典賣。若豪强及公吏輩有冒佃者，限兩月陳首，免罪而全給之，其税則視其鄰地定之，以三分爲率減一分，限外許諸人告詣給之。"制可。

[1]唐：州名。金屬南京路。原宋淮安郡，嘗置榷場。治所在今河南省唐河縣。　鄧：州名。金屬南京路。原宋鄧州南陽郡，金嘗置榷場。治所在今河南省鄧州市。　潁：州名。金屬南京路。原宋順昌府汝陰郡，嘗置榷場，正隆四年（1159）罷榷場。治所在今安徽省阜陽市。　蔡：州名。原宋蔡州汝南郡淮康軍節度。金屬南京路，泰和八年（1208）升爲節度，曾置榷場。治所在今河南汝南

縣。 宿：州名。原宋宿州符離郡保静軍節度。金屬南京路。金初隸山東西路，大定六年（1166）來屬。治所在今安徽省宿州市。泗：州名。原宋泗州臨淮郡，金屬南京路正隆四年（1159）罷鳳翔府，唐、鄧、蔡、潁、鞏、洮等州并膠西縣諸地榷場，但置榷場於此。治所在今江蘇省盱眙縣。

[2]河南：府名。原宋西京河南府洛陽郡，金屬南京路。金初置德昌軍，興定元年（1217）升爲中京，府曰金昌，治所在今河南省洛陽市。此指黄河以南地區。

[3]河東：路名。金設有河東南、北路。河東北路，治所在今山西省太原市。河東南路，治所在今山西省臨汾市。此指黄河以東地區。河南地區時屬宋金對峙地帶，此地人口大部被金朝遷往内地。而金太宗以來又把女真人大量南遷到今河北、山東一帶（金的南京路），造成此地人滿爲患，土地緊張，金不得不又往宋金交界處移民，以緩解當時土地緊張的狀況。

[4] 免税八年：中華點校本改“税”爲“租”。按本書卷四六《食貨志一》：“官田曰租，私田曰税。”又本卷下文租賦條云：“願仍爲官者免租八年”，據改。

明昌元年二月，諭旨有司曰：“瀕水民地，已種蒔而爲水浸者，可令以所近官田對給。”

三月，勅“當軍人所受田，[1]止令自種，力不足者方許人承佃，亦止隨地所産納租，其自欲折錢輸納者從民所欲，不願承佃者毋强”。

[1]軍人所受田：軍人受田數目在泰和四年（1204）九月定制爲每丁四十畝。此處軍人所受田數，當不小於此數。

六月，尚書省奏：“近制以猛安謀克户不務栽植桑果，已令每十畝須栽一畝，今乞再下各路提刑及所屬州縣，勸諭民户，如有不栽及栽之不及十之三者，并以事怠慢輕重罪科之。”詔可。

八月，勅“隨處係官閑地，百姓已請佃者仍舊，未佃者以付屯田猛安謀克”。

三年六月，尚書省奏：“南京、陝西路提刑司言，[1]舊牧馬地久不分撥，以致軍民起訟，比差官往各路定之。凡民户有憑驗己業，及宅井墳園，已改正給付，而其中復有官地者，亦驗數對易之矣。兩路牧地，南京路六萬三千五百二十餘頃，陝西路三萬五千六百八十餘頃。”

[1]南京：京、路名。治所在今河南省開封市。　陝西：金無陝西路。北宋的陝西路治所在京兆府（今陝西省西安市），轄境相當於今陝西、寧夏長城以南，秦嶺以北及山西西南部、河南西北部、甘肅東南部地區。金朝皇統二年（1142），省並陝西六路爲四。此四路分别指京兆（治所在今陝西省西安市）、慶原（治所在今甘肅省慶陽市）、熙秦（即臨洮路，治所在今甘肅省臨夏縣東北）、鄜延（治所在今陝西省延安市）路。　提刑司：官署名。金於大定二十九年（1189）六月乙未開始設提刑司，掌審察刑獄、糾察濫官、勸農桑、更出巡案等事。分按九路。長官爲提刑使，正三品。

五年，諭旨尚書省：“遼東等路女直、漢兒百姓，[1]可并令量力爲蠶桑。”二月，陳言人乞以長吏勸農立殿最，[2]遂定制“能勸農田者，每年謀克賞銀絹十兩匹，猛安倍之，縣官於本等升五人。[3]三年不怠者，猛安謀克遷一官，縣官升一等。田荒及十之一者笞三十，分數加至徙一年。三年皆荒者猛安謀克追一官，縣官以升等法降之”。爲永格。

[1]遼東：此指遼東路轉運司。治所咸平府，在今遼寧省開原市開原老城。

[2]殿最：古代考核政績或軍功，上等稱“最”，下等稱“殿”。

[3]縣官於本等升五人：中華點校本注云，“人”應是“階”之誤。

六年二月，詔罷括陝西之地。又陝西提刑司言：“本路户民安水磨、油栿，[1]所占步數在私地有税，官田則有租，若更輸水利錢銀，是重并也，乞除之。”省臣奏“水利錢銀以輔本路之用，未可除也，宜視實占地數，除税租。”命他路視此爲法。

[1]油栿：油房。

承安二年，[1]遣户部郎中上官瑜往西京并沿邊，[2]勸舉軍民耕種。[3]又差户部郎中李敬義往臨潢等路規畫農事。[4]舊令，軍人所授之地不得租賃與人，違者苗付地主。泰和四年九月定制，[5]所撥地土十里内自種之數，每丁四十畝，續進丁同此，餘者許令便宜租賃及兩和分種，違者錢業還主。上聞六路括地時，其間屯田軍户多冒名增口，[6]以請官地，及包取民田，而民有空輸税賦、虚抱物力者，應詔陳言人多論之。五年二月，尚書省奏：“若復遣官分往，追照案憑，訟言紛紛何時已乎。”

遂令虚抱税石已輸送入官者，命於税内每歲續剋之。

［1］承安：金章宗年號（1196—1200）。

［2］户部郎中：户部下屬官員。掌户籍、物力、榷場等事。從五品。　上官瑜：曾任户部侍郎、户部尚書等職。　西京：金京、路名。沿用遼舊名，爲西京路治所。金熙宗時，西京隸屬元帥府，海陵王時置本路總管府，後改置西京留守司。治所在今山西省大同市。

［3］勸舉軍民耕種：本書卷一〇《章宗紀二》記上官瑜此時爲户部侍郎，"勸舉"作"勸率"。疑此誤。

［4］李敬義：本書卷四五記此時李敬義爲户部侍郎。

［5］泰和：金章宗年號（1201—1208）。

［6］屯田軍户：此指猛安謀克户。

泰和七年，募民種佃清河等處地，[1]以其租分爲諸春水處餌鵝鴨之食。

［1］清河：河名。爲遼河支流，在遼寧省東北部。流經今遼寧省開原市一帶。

八年八月，户部尚書高汝礪言：[1]"舊制，人户請佃荒地者，以各路最下第五等減半定租，仍免八年輸納。若作己業，並依第七等税錢減半，亦免三年輸納。自首冒佃比鄰田，定租三分納二。其請佃黄河退灘地者，次年納租。向者小民不爲久計，比至納租之時多巧避匿，或復告退，蓋由元限太遠，請佃之初無人保識故用。[2]今請佃者可免三年，作己業者免一年，自首冒佃并請退灘地，并令當年輸租，以鄰首保識，爲長制”。

[1]高汝礪：金應州金城人。本書卷一〇七有傳。

[2]請佃之初無人保識故用：中華點校本據殿本改“用”爲“而”。

宣宗貞祐三年七月，以既徙河北軍户於河南，[1]議所以處之者，宰臣曰：“當指官田及牧地分界之，已爲民佃者則俟秋獲後，仍日給米一升，折以分鈔。”太常丞石抹世勣曰：[2]“荒田牧地耕闢費力，奪民素墾則民失所。况軍户率無牛，宜令軍户分人歸守本業，至春復還，爲固守計。”上卒從宰臣議，將括之，侍御史劉元規上書曰：[3]“伏見朝廷有括地之議，聞者無不駭愕。向者河北、山東已爲此舉，民之塋墓井竈悉爲軍有，怨嗟争訟至今未絶，若復行之，則將大失衆心。荒田不可耕，徒有得地之名，而無享利之實。縱得熟土，不能親耕，而復令民佃之，所得無幾，而使紛紛交病哉。”上大悟，罷之。

[1]河北：天會七年（1129）分河北路爲河北東路與河北西路。河北東路治所在今河北省河間市。河北西路治所在今河北省正定縣。

[2]太常丞：太常寺屬官。掌禮樂、郊廟、社稷，祭祀等事。正六品。　石抹世勣：本書卷一一四有傳。

[3]侍御史：御史臺官員。掌奏事，判臺事。正五品。　劉元規：貞祐初曾爲監察御史。

八月，先以括地事未有定論，北方侵及河南，[1]由是盡起諸路軍户南來，[2]共圖保守，而不能知所以得軍糧之術。衆議謂可分遣官聚耄老問之，其將益賦，或與軍田，二者孰便。參政汝礪言："河南官民地相半，又多全佃官地之家，一旦奪之，何以自活。小民易動難安，一時避賦遂有捨田之言，及與人能勿悔乎，悔則忿心生矣。如山東撥地時，腴地盡入富家，瘠者迺付貧户，無益於軍，而民有損。惟當倍益官租，以給軍食，復以係官荒田牧地量數與之，令其自耕，則民不失業，官不厲民矣。"從之。

[1]北方侵及河南：是年（1215）二月，蒙古軍破北京，五月破中都，七月進至汴京以西二十里，被金援軍擊敗，北撤，金北部國土均被蒙古蹂躪。

[2]由是盡起諸路軍户南來：是年盡遣猛安謀克户南遷，大約有二百餘萬人，這是金代女真人第三次大遷徙。

三年十月，[1]高汝礪言："河北軍户徙居河南者幾百萬口，人日給粟一升，歲費三百六十萬石，半以給直，猶支粟三百萬。[2]河南租地計二十四萬頃，歲租纔一百五十六萬，乞於經費之外倍徵以給之。"遂命右司諫馮開等五人分詣諸郡，[3]就授以荒官田及牧地可耕者，人三十畝。

[1]三年十月：此三年與前重出，應删。

[2]高汝礪言："河北軍户徙居河南者幾百萬口，人日給粟一升，歲費三百六十萬石，半以給直，猶支粟三百萬：按本書卷一〇

七《高汝礪傳》:“汝礪言,‘今河北軍户徙河南者幾百萬口,人給米一升,歲率三百六十萬石,半給其直,猶支粟三百萬石。’”“粟”作“米”字,“三百萬”下脱“石”字。

[3]右司諫:諫院屬官。從五品。　馮開:人名。不詳。

十一月,又議以括荒田及牧馬地給軍,命尚書右丞高汝礪總之。[1]汝礪還奏;“今頃畝之數較之舊籍甚少,復瘠惡不可耕,均以可耕者與人無幾,[2]又僻遠之處必徙居以就之,彼皆不能自耕,必以與人,又當取租於數百里之外。況今農田且不能盡闢,豈有餘力以耕叢薄交固、草根糾結之荒地哉。[3]軍不可仰此得食也,審矣。今詢諸軍户,皆曰:‘得半粮猶足自養,得田不能耕,復罷其廩,將何所賴。’臣知初籍地之時,未嘗按閲其實,所以不如其數,不得其處也。若復考計州縣,必各妄承風旨,追呼究結以應命。[4]不足其數,則妄指民田以充之,則所在騷然矣。今民之賦役三倍平時,飛輓轉輸,[5]日不暇給,而復爲此舉,何以堪之。且軍户暫遷,行有還期,何爲以此病民哉。病民而軍獲利,猶不可爲,況無所利乎。惟陛下加察。”遂詔罷給田,但半給粮,半給實直焉。

[1]右丞:爲宰相之貳,佐治省事。從二品。

[2]均以可耕者與人無幾:按本書卷一〇七《高汝礪傳》記此事爲:計其可耕者均與以與之,人得無幾。此處有脱文。

[3]叢薄:草木叢生的地方。

[4]結:南監本、北監本作“詰”。

[5]飛輓:指快速運輸。輓,通“挽”,牽引,拉。

四年，復遣官括河南牧馬地，既籍其數，上命省院議所以給軍者，宰臣曰："今軍户當給粮者四十四萬八千餘口，計當口占六畝有奇，繼來者不與焉。但相去數百里者，豈能以六畝之故而遠來哉。兼月支口粮不可遽罷，臣等竊謂軍户願佃者即當計口給之。自餘僻遠不願者，宜准近制，係官荒地許軍民耕闢例，令軍民得占蒔之。"院官曰："牧馬地少，且久荒難耕，軍户復乏農器，然不給之，則彼自支粮外，更無從得食，非蓄鋭待敵之計。給之則亦未能遽減其粮，若得遲以歲月，俟頗成倫次，漸可以省官廩耳。今奪於有力者，即以授其無力者，恐無以耕。乞令司縣官勸率民户，借牛破荒，至來春然後給之。司縣官能率民户以助耕而無騷動者，量加官賞，庶幾有所激勸。"宰臣復曰："若如所言，則司縣官貪慕官賞，必將抑配，[1]以至擾民。今民家之牛，量地而畜之。況比年以來，農功甫畢則并力轉輸猶恐不及，豈有暇耕它人之田也。惟如臣等前奏爲便。"詔再議之。乃擬民有能開牧馬地及官荒地作熟田者，以半給之爲永業，半給軍户。奏可。

[1]抑配：强行攤徵税物。

四年，[1]省奏："自古用兵，且耕且戰，是以兵食交足。今諸帥分兵不啻百萬，一充軍伍咸仰於官，至於婦子居家安坐待哺，蓋不知屯田爲經久之計也。願下明詔，令諸帥府各以其軍耕耨，亦以逸待勞之策也。"詔從之。

[1]四年：此“四年”二字與前重出，應删。

興定三年正月，尚書右丞領三司事侯摯言：[1]“按河南軍民田總一百九十七萬頃有奇，見耕種者九十六萬餘頃，上田可收一石二斗，中田一石，下田八斗，十一取之，歲得九百六十萬石，自可優給歲支，且使貧富均，大小各得其所。臣在東平嘗試行二三年，[2]民不疲而軍用足。”詔有司議行之。

[1]三司：官署名。金泰和八年（1208），在户部置三司，兼勸農、鹽鐵、度支三科，貞祐年間罷。長官爲使，從二品。 侯摯：金東阿（今山東省東阿縣）人。初名師尹，因避諱改今名。本書卷一〇八有傳。

[2]東平：府名。原宋鄆州，宣和元年（1119）升爲東平府，金屬山東西路。治所在今山東省東平縣。

四年十月，移剌不言：[1]“軍户自徙於河南，數歲尚未給田，兼以移徙不常，莫得安居，故貧者甚衆。請括諸屯處官田，人給三十畝，仍不移屯它所，如此則軍户可以得所，官粮可以漸省。”宰臣奏：“前此亦有言授地者，樞密院以謂俟事緩而行之。[2]今河南罹水災，流亡者衆，所種麥不及五萬頃，殆減往年太半，[3]歲所入殆不能足。若撥授之爲永業，俟有獲即罷其家粮，亦省費之一端也。”上從之。又河南水災，逋户太半，[4]田野荒蕪，恐賦入少而國用乏，遂命唐、鄧、裕、蔡、息、壽、潁、亳及歸德府被水田，[5]已燥者布種，未滲者種稻，復業之户免本租及一切差發，能代耕者如之，有司擅科者以違制論，闕牛及食者率富者就貸。

[1]移剌不：人名。不詳。

[2]樞密院：軍政官署。長官爲樞密使，從一品。掌理朝廷軍機要務。金初襲遼制，占領遼東地區後，設樞密院於廣寧（今遼寧省北寧市），以統漢軍，後改設燕京。又於西京設雲中樞密院。金天會六年（1128），燕京樞密院並於雲中，成爲統轄全國軍隊的最高軍政官署。此後每行兵則稱元帥府，兵罷則復爲院（參見本書卷五五《百官志一》）。

[3]太：大半。

[4]逋：逃亡，拖欠。

[5]裕：州名。屬南京路，本方城縣，泰和八年（1208）升置。治所在今河南省方城縣。　息：州名。屬南京路，本新息縣，泰和八年升爲息州。治所在今河南省息縣。　壽：州名。屬南京路。治所在今安徽省鳳臺縣。　亳：州名。原宋亳州譙郡集慶軍。金貞祐三年（1215）升爲節鎮，軍名集慶。治所在今安徽省亳州市。　歸德府：原宋宋州，景德三年（1006），升應天府，大中祥符七年（1014）建爲南京。爲歸德軍節度所在地。金屬南京路。金初置宣武軍，治所在今河南省商丘市南。金天興元年（1232），蒙軍圍南京（今河南省開封市），十二月庚子，金哀宗從南京遁逃，天興二年正月退入歸德。

五年正月，京南行三司石抹斡魯言：[1]“京南、東、西三路，[2]屯軍老幼四十萬口，歲費粮百四十餘萬石，皆坐食民租，甚非善計。宜括逋户舊耕田，南京一路舊墾田三十九萬八千五百餘頃，内官田民耕者九萬九千頃有奇。今飢民流離者太半，東、西、南路計亦如之，朝廷雖招使復業，民恐既復之後生計未定而賦斂隨之，往往匿而不出。若分給軍户人三十畝，使之自耕，或召人佃種，可數歲之後畜積漸饒。官粮可罷。”令省臣議之，更不能行。

[1]行：官制用語。官階高而所理職低者稱行。　石抹斡魯：人名。不詳。

[2]京南東西三路：本書卷一〇八《侯摯傳》於興定三年（1219）七月“設汴京東、西、南三路行三司，詔摯居中總其事焉”。

租賦。金制，官地輸租，私田輸税。租之制不傳，大率分田之等爲九而差次之。夏税畝取三合，秋税畝取五升，又納秸一束，束十有五斤。夏税六月止八月，秋税十月止十二月，爲初、中、末三限，州三百里外，紓其期一月。屯田户佃官地者，有司移猛安謀克督之。泰和五年，章宗諭宰臣曰：“十月民獲未畢，遽令納税可乎。”改秋税限十一月爲初。中都、西京、北京、上京、遼東、臨潢、陜西地寒，[1]稼穡遲熟，夏税限以七月爲初。凡輸送粟麥，三百里外石減五升，以上每三百里遞減五升。粟折秸百稱者，百里内減三稱，二百里減五稱，不及三百里減八稱，三百里及輸本色稾草，[2]各減十稱。

[1]北京：路名。原遼中京。遼統和二十五年（1007）建爲中

京，金初沿稱中京。金貞元元年（1153）更爲北京。治所在今内蒙古自治區寧城縣大明城。　上京：京、路名。原爲女真按出虎水完顏部居地，俗稱皇帝寨、御寨。金太宗時始建都城，稱會寧府。熙宗時號上京。海陵王遷都燕京（今北京），削上京號，衹稱會寧府。金世宗時復號上京，爲上京路治所。治所在今黑龍江省阿城市金上京舊城址。

[2]本色：制度規定應繳納的税物。折成錢或它物稱折色。稾：通“槁”，乾草。

計民田園、邸舍、車乘、牧畜、種植之資，藏鏹之數，徵錢有差，謂之物力錢。遇差科，必按版籍，先及富者，勢均則以丁多寡定甲乙。有横科，[1]則視物力，循大至小均科。其或不可分摘者，率以次户濟之。凡民之物力，所居之宅不預。猛安謀克户、監户、官户所居外，[2]自置民田宅，則預其數。墓田、學田，租税、物力皆免。

[1]横科：臨時加派的差税。

[2]監户：金户類名。即宫籍監户。“良人”没入官爲奴婢，隸宫籍監爲監户。　官户：金户類名。没入官爲奴婢，隸太府監爲官户。

民愬水旱應免者，河南、山東、河東、大名、京兆、鳳翔、彰德部内支郡，[1]夏田四月，秋田七月，餘路夏以五月，秋以八月，水田則通以八月爲限，遇閏月則展期半月，限外愬者不理。[2]非時之災則無限。損十之八者全免，七分免所損之數，六分則全徵。桑被災不能蠶，則免絲綿絹税。諸路雨雪及禾稼收穫之數，月以捷步申户部。

［1］鳳翔：府名。原宋鳳翔府扶風郡鳳翔軍節度。金屬鳳翔路，皇統二年（1142）升爲府。治所在今陝西省鳳翔縣。　彰德：府名。原宋相州鄴郡彰德軍節度，金屬河北西路。金天會七年（1129）因之，明昌三年（1192）升爲府。治所在今河南省安陽市。

［2］限外愬者不理：在規定期限外上訴不受理。

凡叙使品官之家，並免雜役，驗物力所當輸者，止出雇錢。[1]進納補官未至蔭子孫、及凡有出身者、謂司吏譯人等。[2]出職帶官叙當身者、雜班叙使五品以下、及正品承應已帶散官未出職者，[3]子孫與其同居兄弟，下逮終場舉人、係籍學生、醫學生，[4]皆免一身之役。三代同居，[5]已旌門則免差發，[6]三年後免雜役。

［1］雇錢：當役人户按等地出錢雇夫代替。

［2］譯人：吏名。金朝各級官衙中管理文書語言翻譯之人。司吏：官名。掌路、總管府至司縣等衙門的文書案牘及衙門事物，有女真司吏和漢人司吏之别。無品級。其費用由一般百姓承擔，屬雜税，稱司吏錢。

［3］蔭子孫：金代門蔭制度在天眷以前，一品至八品不限所蔭之人。貞元二年（1154），始定蔭叙法。章宗明昌年間，又行改制。規定諸色出身文武官一品，蔭子孫至曾孫及弟兄姪孫六人，因門蔭則五人。二品則子孫至曾孫及弟兄姪五人，因門蔭則四人。三品子孫兄弟姪四人，因門蔭則三人。四品、五品三人，因門蔭則二人。六品二人，七品子孫弟兄一人，因門蔭則六品、七品子孫兄弟一

人。　散官：表示官員品級的稱號，有文武兩類。文散官從開府儀同三司、儀同三司至將仕佐郎凡四十二階。品秩，從一品上至九品下。武散官從龍虎衛上將軍至進義副尉凡三十四階。品秩，正三品上至正九品下。武散官仕至從二品以上至從一品者用文散官資。

[4]終場舉人：古代科舉考試分數場，最後一場爲終場。舉人，金代諸科殿試中榜稱舉人，明清時稱鄉試中選者爲舉人。終場舉人指參加科舉考試殿試的全過程而没有被録取者。　係籍學生：在國家教育機構中學習的學生。　醫學生：在太醫院學醫的學生。

[5]三代同居：漢族自漢、唐以來都實行累世同居的父系家族制，金代世家大族與此相類，但同居範圍有别於漢人傳統家庭。《大金國志》卷三五《雜色儀制》："三代同居孝義之家，委屬申覆朝廷，旌表門閭。"漢、唐之時行大宗之制，以五世爲標準，宋代雖行小宗之制，旌門爲四代，而金定爲三代，既不同于漢、唐，同居範圍也小於宋代。

[6]旌門：封建社會爲表彰忠孝節義之人，由朝廷官府賜給扁額，張挂門上，稱旌門。

太宗天會元年，勑有司輕徭賦，勸稼穡。十年，以遼人士庶之族賦役等差不一，詔有司命悉均之。熙宗天眷五年十二月，[1]詔免民户殘欠租税。皇統三年，[2]蠲民税之未足者。世宗大定二年五月，謂宰臣曰："凡有徭役，均科强户，不得抑配貧民。"有言以用度不足，奏預借河北東西路、中都租税，[3]上以國用雖乏，民力尤艱，遂不允。三年，以歲歉，詔免二年租税。又詔曰："朕比以元帥府從宜行事，[4]今聞河南、陜西、山東、北京以東、及北邊州郡，調發甚多，而省部又與他州一例征取賦役，[5]是重擾也。可憑元帥府已取者例，蠲除之。”五年，命有司，凡罹蝗旱水溢之地，蠲其賦税。六年，以河北、山東水，免其租。

[1]熙宗天眷五年：熙宗天眷僅三年，此五年，誤。

[2]皇統：金熙宗年號（1141—1149）。

[3]河北東西路：金天會七年（1129）析宋河北路爲河北東、西路。河北東路治所在今河北省河間市，河北西路治所在今河北省正定縣。

[4]元帥府：官署名。金朝派駐地方的最高軍事機構。掌一方征討之事，兵罷則省。長官爲總元帥，從一品。

[5]部：指户部。

八年十月，彰德軍節度使高昌福上書言税租甚重，[1]上諭翰林學士張景仁曰：[2]“今租税法比近代甚輕，而以爲重，何也?”景仁曰：“今之税斂殊輕，非税斂則國用何從而出。”

[1]節度使：金於大州置節度使，另有軍名。長官爲節度使，從三品。掌鎮撫諸軍、防禦、刺史，總判本鎮兵馬事，兼本州管内觀察使事。　高昌福：金中都宛平人。本書卷一二八有傳。

[2]翰林學士：官名。掌詞命文字等事。正員一人，正三品。張景仁：金遼西人。本書卷八四有傳。

二年二月，[1]尚書省奏，天下倉廪貯粟二千七十九萬餘石。上曰：“朕聞國無九年之蓄則國非其國，朕是以括天下之田以均其賦，歲取九百萬石，自經費七百萬石外，二百萬石又爲水旱之所蠲免及賑貸之用，餘纔百萬石而已。朕廣蓄積，備飢饉也。小民以爲税重，小臣沽民譽，亦多議之，蓋不慮國家緩急之備也。”

[1]二年二月：按此處上文爲八年，下年爲十二年，繫年有誤。

十二年正月，以水旱免中都、西京、南京、河北、河東、山東、陝西去年租税。十三年，謂宰臣曰：“民間科差，計所免已過半矣。慮小民不能詳知，吏緣爲奸，仍舊徵取，其令所在揭牓諭之。”[1]十月，勅州縣官不盡力催督税租，以致逋懸者，[2]可止其俸，使之徵足，然後給之。十六年正月，詔免去年被水旱路分租税。十七年，上問宰臣曰：“遼東賦税舊六萬餘石，通檢後幾二十萬。六萬時何以抑給，二十萬後所積幾何?”户部契勘，[3]謂先以官吏數少故能給，今官吏兵卒及孤老數多，以此費大。上曰：“當察其實，毋令妄費也。”十七年三月，[4]詔免河北、山東、陝西、河東、西京、遼東等十路去年被旱蝗租税。十八年正月，免中都、河北、河東、山東、河南、陝西等路前年被灾租税。十九年秋，中都、西京、河北、山東、河東、陝西以水旱傷民田十三萬七千七百餘頃，詔蠲其租。二十年三月，以中都、西京、河北、山東、河東、陝西路前歲被灾，詔免其租税。以户部尚書曹望之之言，[5]詔減鄜延及河東南路税五十二萬餘石，增河北西路税八萬八千石。又詔諸税粟非關邊要之地者，除當儲數外，聽民從便折納。[6]二十一年九月，以中都水灾，免租。前時近官路百姓以牛夫充遞運者，復於它處未嘗就役之家徵錢償之。

[1]牓：同“榜”，即官府文告。

[2]逋懸：拖欠。此謂拖欠租税。

[3]契勘：文書用語。謂核查文書。

[4]十七年三月：此十七年與上重出，當削。

[5]曹望之：金臨潢人。本書卷七二有傳。按下文記此事在大定十八年（1178）。

[6]折納：百姓交税時，有時以錢折物，有時以物折錢，稱折納。

二十三年，宗州民王仲規告乞徵還所役牛夫錢，[1]省臣以奏，上曰：“此既就役，復徵錢於彼，前雖如此行之，復恐所給錢未必能到本户，[2]是兩不便也。不若止計所役，免租税及鋪馬錢爲便。[3]其預計實數以聞。若和雇價直亦須裁定也。”有司上其數，歲約給六萬四千餘貫，計折粟八萬六千餘石。上復命，自今役牛夫之家，以去道三十里内居者充役。

[1]宗州：屬北京路。本來州，天德三年（1151）更爲宗州，泰和六年（1206）以避睿宗諱，更爲瑞州。治所在今遼寧省綏中縣西南。　牛夫錢：金雜税。官府雇人作牛夫運送租糧，向百姓按物力徵收雇錢，稱牛夫錢。

[2]本户：金户類名。有兩種意見：一種觀點認爲女真人爲本户，漢族、契丹等族爲雜户（《中國歷史大辭典·遼夏金元史》）；另一種觀點認爲女真人、漢人、契丹人爲本户，其他族户爲雜户。按本書所記，漢、契丹人户均稱漢户、契丹户，不稱雜户，應以第二種意見爲是。

[3]鋪馬錢：金雜税。指驛站的供應費用，包括提供車、馬等

交通工具和應得的生活供應。

二十六年，[1]軍民地罹水旱之災者二十一萬頃，免稅凡四十九萬餘石。二十七年六月，免中都、河北等路嘗被河决水灾軍民租稅。十一月，詔河水泛溢，農田被災者，與免差稅一年。懷、衛、孟、鄭四州塞河勞役，[2]并免今年差稅。章宗大定二十九年，赦民租十之一。河東南北路則量減之。[3]尚書省奏，兩路田多峻阪，[4]磽瘠者往往再歲一易，[5]若不以地等級蠲除，則有不均。遂勑以赦書特免一分外，中田復減一分，下田減二分。

[1]二十六年：此後應加“詔諸路”三字方通。

[2]懷：州名。原宋河内郡。金屬河東南路，天會六年（1128）因與臨潢府懷州同名，加“南”字以示區别，天德三年（1151）去“南”字。治所在今河南省沁陽市。　衛：州名。原宋汲郡，金屬河北西路。金天會七年因宋置防禦使，明昌三年升爲河平軍節度。治所曾因黄河水患屢徙，在今河南省衛輝市。　孟：州名。原宋孟州濟原郡河陽三城節度。金屬河東南路，天會六年降河陽府爲孟州，治所在今河南省孟縣。　鄭：州名。嘗置榷場。金屬南京路。治所在今河南省鄭州市。

[3]河東南北路：原宋河東路。金天會六年析爲南、北路。河東南路治所在今山西省臨汾市。河東北路治所在今山西省太原市。

[4]峻阪：陡峭的坡地。

[5]磽瘠：土地堅硬而瘠薄，亦指貧瘠的土地。

舊制，夏、秋稅納麥、粟、草三色，以各處所須之物不一，户部復令以諸所用物折納。上封事者言其不可，[1]户部謂如此則諸路所須之物要當和市，[2]轉擾民矣。遂命太府監，[3]應折納之物爲祗承宫禁者，治黄河薪芻增直二錢折納，如黄河岸所用木石固非土産，迺令所屬計置，而罷它應折納者。

[1]封事：密封的奏章。古代百官奏機密事，爲防泄密，用皂囊封緘呈進，故稱封事。

[2]和市：官府向百姓議價購買貨物。

[3]太府監：官署名。掌財用錢穀出納之事。長官爲監，正四品。

四月，[1]上封事者乞薄民之租税，恐廪粟積久腐敗。省臣奏曰："臣等議，大定十八年户部尚書曹望之奏，河東及鄜延兩路税頗重，遂減五十二萬餘石。去年赦十之一，而河東瘠地又減之。今以歲入度支所餘無幾，萬一有水旱之灾，既蠲免其所入，復出粟以賑之，非有備不可。若復欲減，將何以待之。如慮腐敗，令諸路以時曝凉，毋令致壞，違者論如律。"制可。

[1]四月：上有脱文。按上文"大定二十九年赦民租十之一"，此處又云"去年赦十之一"，脱"明昌元年"四字。

十一月，尚書省奏，"河南荒閑官地，許人計丁請佃，願仍爲官者免租八年，願爲己業者免税三年"。詔從之。

明昌二年二月，勑自今民有訴水旱灾傷者，即委官按視其實，申所屬州府，移報提刑司，同所屬檢畢，始令翻耕。三年六月，有司言河州灾傷，[1]闕食之民猶有未輸租者，詔蠲之。九月，以山東、河北三路被灾，其權閣之租及借貸之粟，令俟歲豐日續徵。上如秋山，[2]免圍場經過人户今歲夏秋租税之半。

[1]河州：屬臨洮路。治所在今甘肅省臨夏縣東北。

[2]秋山：即秋奈鉢。金循遼人故事，於每年七月到伏虎林（今内蒙古自治區巴林左旗西南的伏虎林）射鹿獵虎。

四年冬十月，上行幸，諭旨尚書省曰："海壖石城等縣，[1]地瘠民困，所種惟黍稗而已。及賦於官，必以易粟輸之。或令止課所産，或依河東路减税，至還京當定議以聞。"五年，勑免河决被灾之民秋租。

[1]石城：縣名。屬東京路遼陽府。治所在今遼寧省遼陽市東三十公里城門口村的東山上。

泰和四年四月，以久旱下詔責躬，免所旱州縣今年夏税。九月，陳言者謂河間、滄州逃户，[1]物力錢至數千貫，而其差發，有司止取辦於見户，民不能堪矣。詔令按察司，[2]除地土物力命隨其業，而權止其浮財物力。五年正月，詔有司，自泰和三年嘗所行幸至三次者，被科之民特免半年租税。

[1]滄州：金屬河北東路。治所在今河北滄州市。

［2］按察司：官署名。掌鎮撫人民，稽察邊防軍旅，審録重刑等事。長官爲按察使，正三品。

八年五月，[1]以宋謀和，[2]詔天下，免河南、山東、陝西六路今年夏税，河東、河北、大名等五路半之。八月，詔諸路農民請佃荒田者，與免租賦三年，作己業者一年，自首冒佃、及請佃黄河退灘地者，不在免例。

［1］八年五月：本書卷一二《章宗紀四》記此事在六月。

［2］以宋謀和：宋"開僖北伐"失敗後，殺韓侂胄、賠款，向金請和。

宣宗貞祐三年十月，御史田迥秀言：[1]"方今軍國所需，一切責之河南。有司不惜民力，徵調太急，促其期限，痛其棰楚。民既罄其所有而不足，遂使奔走傍求於它境，力竭財殫，相踵散亡，禁之不能止也。乞自今凡科徵必先期告之，不急者皆罷，庶民力寬而逋者可復。"詔行之。十二月，詔免逃户租税。

［1］御史：即監察御史，御史臺屬官。主管糾察内外百官，檢查諸官署賬目案卷，並監祭禮及出使之事。正七品。大定二年（1162）定員八人，承安四年（1199）增至十人，承安五年增至十二人，遂爲定制。　田迥秀：人名。不詳。

四年三月，[1]免陝西逃户租。五月，山東行省僕散安貞言：[2]"泗州被災，道殣相望，所食者草根木皮而已。而邳州戍兵數萬，[3]急徵重役，悉出三縣。官吏酷暴，擅括宿藏，以應一切之命。民皆逋竄，又別遣進納閑官以相迫督。皆怙勢營私，實到官者纔十之一，而徒使國家有厚斂之名。乞命信臣革此弊以安百姓。”詔從之。

[1]四年三月：本書卷一四《宣宗紀上》記此事在正月。

[2]行省：官署名。行尚書省的簡稱。章宗以後，因用兵、河防等事涉及諸路，需統籌安排，因而臨時設立行尚書省，作爲尚書省的派出機構以總其事，事畢撤銷。金末漸遍布全國，成爲臨時性地方設置。長官爲行尚書省事，或簡稱行省事，一般由執政充任。僕散安貞：金女真僕散部人。本名阿海。本書卷一〇二有傳。

[3]邳州：原宋淮陽軍。金屬山東西路，貞祐三年（1215）改隸河南府。治所在今江蘇省睢寧縣西北古邳鎮。

興定元年二月，[1]免中京、嵩、汝等逋租十六萬石。[2]

[1]興定元年：按本書卷一五《宣宗紀中》記此事在興定二年(1218)。

[2]中京：京、路名。治所在今河南省洛陽市。原爲金河南府，金興定元年升爲中京。　嵩：州名。舊名順州，天德三年（1151）更今名。治所在今河南省嵩縣。　汝：州名。屬南京路。原宋汝州臨汝郡陸海軍節度，金初爲刺史郡，貞祐三年（1215）升爲防禦。治所在今河南省汝州市。

四年，御史中丞完顏伯嘉奏，[1]亳州大水，計當免租三十萬石，而三司官不以實報，止免十萬而已。詔命治三司官虛妄之罪。七月，以河南大水，下詔免租勸種，且命參知政事李復亨爲宣慰使，[2]中丞完顏伯嘉副之。十月，以久雨，令寬民輸税之限。十一月，上曰："聞百姓多逃，而逋賦皆仰配見户，人何以堪。軍儲既足，宜悉除免。今又添軍須錢太多，[3]亡者詎肯復業乎。"遂命行部官閲實免之，已代納者給以恩例，或除它役，仍減桑皮故紙錢四之一。[4]三年，令逃户復業者但輸本租，[5]餘差役一切皆免。[6]能代耕者，免如復户。有司失信擅科者，以違制論。

[1]御史中丞：御史臺的佐貳官。正員一人，從二品。中華點校本按，據本書卷一〇〇《完顏伯嘉傳》，此處"七月，以河南大水，下詔免租勸種，且命參知政事李復亨爲宣慰使，中丞完顏伯嘉副之"。此三十四字當接"四年"二字下，下接"御史中丞完顏伯嘉奏，亳州大水"，敘述其事方慣，此處敘事失次。　完顏伯嘉：北京路訛魯古必剌猛安人。本書卷一〇〇有傳。

[2]李復亨：榮州河津人（今山西省河津市）。本書卷一〇〇有傳。

[3]軍須錢：金雜税。即軍費補貼。按物力多寡徵收。

[4]桑皮故紙錢：金雜税。即鈔幣的工本費。宣宗興定元年（1217）五月，因造紙的桑皮、故紙都取於民間，難得足數，改爲計價徵收税錢。

[5]三年，令逃户復業者但輸本租：此處上下文所述皆興定四年事，不應插入三年一條，本書卷一五《宣宗紀中》，興定元年十二月"庚午，免逃户復業者差賦"，當即此事，此是誤繫於此。

[6]差役：殿本作"苦役"。

四年十二月，[1]鎮南軍節度使温迪罕思敬上書言：[2]“今民輸税，其法大抵有三，上户輸遠倉，中户次之，下户最近。然近者不下百里，遠者數百里，道路之費倍于所輸，而雨雪有稽違之責，遇賊有死傷之患。不若止輸本郡，令有司檢筭倉之所積，[3]稱屯兵之數，使就食之。若有不足，則增斂于民，民計所斂不及道里之費，將忻然從之矣。”

[1]四年十二月：此“四年”二字與上重複，當削。

[2]鎮南軍：原宋蔡州汝南郡淮康軍節度。金屬南京路蔡州治下，泰和八年（1208）升爲節度。治所在今河南省汝南縣。　温迪罕思敬：曾任尚書省令史、同知定武軍節度使、尚書左司郎中、吏部尚書等職。

[3]筭：同“算”。

五年十月，上諭宰臣曰：“比欲民多種麥，故令所在官貸易麥種。今聞實不貸與，而虚立案薄，反收其數以補不足之租。其遣使究治。”

元光元年，[1]上聞向者有司以徵税租之急，民不待熟而刈之，以應限。今麥將熟矣，其諭州縣，有犯者以慢軍儲治罪。九月，權立職官有田不納租罪。京南司農卿李蹊言：[2]“按《齊民要術》，[3]麥晚種則粒小而不實，故必八月種之。今南路當輸秋税百四十餘萬石，草四百五十餘萬束，皆以八月爲終限。若輸遠倉及泥淖，往返不下二十日，使民不暇趨時，是妨來歲之食也。乞寬徵斂之限，使先盡力於二麥。”朝廷不從。

[1]元光：金宣宗年號（1222—1223）。

[2]京南司農卿：京南司農司屬於司農司的分支機構。司農卿屬司農司屬員。正員三人，正四品。　李蹊：興定三年（1219）爲左司郎中。正大元年（1224）正月爲大司農，守汝州防禦使，太常卿，權參知政事，五月進翰林承旨，四年，授參知政事。天興元年（1232）三月爲尚書左丞（本書卷一一二記載其在正大八年十一月即爲左丞），九月爲兵部尚書，二年三月爲馬軍元帥蒲察官奴所殺。

[3]《齊民要術》：書名。北魏賈思勰撰。該書是我國完整保存至今的農書中最早的一部。

元光二年，宰臣奏："去歲正月京師見粮纔六十餘萬石，今三倍矣，計國用頗足，而民間租税徵之不絶，恐貧民無所輸而逋亡也。"遂以中旨徧論止之。

牛頭税。即牛具税，猛安謀克部女直户所輸之税也。其制每耒牛三頭爲一具，限民口二十五受田四頃四畝有奇，歲輸粟大約不過一石，官民占田無過四十具。天會三年，太宗以歲稔，[1]官無儲積無以備飢饉，詔令一耒賦粟一石，每謀克别爲一廩貯之。四年，[2]詔内地諸路，每牛一具賦粟五斗，爲定制。

[1]歲稔：豐年。

[2]四年：本書卷三《太宗紀》記此事在太宗五年。

世宗大定元年，詔諸猛安不經遷移者，徵牛具税粟，就命謀克監其倉，虧損則坐之。十二年，尚書省奏："唐古部民舊同猛安謀克定税，其後改同州縣，履畝立税，頗以爲重。"遂命從舊制。

二十年，定功授世襲謀克，許以親族從行，當給以地者，除牛九具以下全給，十具以上四十具以下者，則於官豪之家量撥地六具與之。

二十一年，世宗謂宰臣曰："前時一歲所收可支三年，比聞今歲山西豐稔，所獲可支三年。此間地一歲所獲不能支半歲，而又牛頭稅粟，每牛一頭止令各輸三斗，又多逋懸，此皆遞互隱匿所致，當令盡實輸之。"

二十三年，有司奏其事，世宗謂左丞完顏襄曰：[1]"卿家舊止七具，今定爲四十具。朕始令卿等議此，而卿等皆不欲，蓋各顧其私爾。是後限民口二十五，筭牛一具。"七月，尚書省復奏其事，上慮版籍歲久貧富不同，猛安謀克又皆年少，不練時事，一旦軍興，按籍徵之必有不均之患。乃令驗實推排，[2]閱其户口、畜産之數，其以上京二十二路來上。八月，尚書省奏，推排定猛安謀克户口、田畝牛具之數。猛安二百二，謀克千八百七十八，户六十一萬五千六百二十四，口六百一十五萬八千六百三十六，内正口四百八十一萬二千六百六十九，奴婢口一百三十四萬五千九百六十七，田一百六十九萬三百八十頃有奇，牛具三十八萬四千七百七十一。在都宗室將軍司，[3]户一百七十，口二萬八百千七百九十，内正口九百八十二，奴婢口二萬七千八百八，田三千六百八十三頃七十五畝有奇，牛具三百四。迭剌、唐古二部五糺，[4]户五千五百八十五，口一十三萬七千五百四十四，内正口十一萬九千四百六十三，奴婢口一萬八千八十一，田四萬六千二十四頃一十七畝，牛具五千六十六。後二十六年，尚書省奏并徵牛頭税粟，上曰："積壓五年，一見并徵，民何以堪。其令民隨年輸納，被灾者蠲之，貸者俟豐年徵還。"

［1］襄：即完顏襄。昭祖五世孫，本名唵。本書卷九四有傳。

［2］推排：按户口、財産、牲畜、奴婢等來確定賦役的攤派。

［3］宗室將軍司：大宗正府的分支機搆。以皇族親屬充任，掌敦睦糾率宗屬，欽奉王命。長官爲令。正七品。

［4］迭剌：部落名。原爲契丹遥輦八部之一，後降金。承安三年（1198）改爲土魯渾扎石合節度使。　唐古：部落名。原爲契丹屬部，後降金。承安三年改爲部魯火扎石合節度使。　乣：按"乣"字讀音有 yǎo、cá、jiū 等十幾種説法，劉鳳翥認爲應讀"又"（yòu）（參見劉鳳翥《解讀契丹文字深化遼史研究》，《遼金史研究》，中國文化出版社 2003 年版）。其義也衆説紛紜，此處指少數民族的部族機構，分屬東北路、西北路和西南路招討使統領。

金史　卷四八

志第二十九

食貨三

錢幣

錢幣。金初用遼、宋舊錢，[1]天會末，[2]雖劉豫“阜昌元寶”“阜昌重寶”亦用之。[3]海陵庶人貞元二年遷都之後，[4]户部尚書蔡松年復鈔引法，[5]遂制交鈔，與錢并用。正隆二年，[6]歷四十餘歲，始議鼓鑄。冬十月，初禁銅越外界，懸罪賞格。括民間銅鍮器，陝西、南京者輸京兆，[7]他路悉輸中都。[8]三年二月，中都置錢監二，東曰寶源，西曰寶豐。京兆置監一，曰利用。三監鑄錢，文曰“正隆通寶”，[9]輕重如宋小平錢，[10]而肉好字文峻整過之，與舊錢通用。

[1]遼：朝代名（916—1125）。　宋：朝代名（960—1279）。

[2]天會：金太宗與金熙宗初年號（1123—1137）。

［3］劉豫：原宋景州府城（今河北省東光縣）人。仕宋至濟南知府，金天會七年（1129），金將撻懶（完顔昌）攻濟南，降金。金太宗立他爲“子皇帝”，都汴京，建齊國，史稱僞齊政權。本書卷七七、《宋史》卷四七五有傳。　阜昌元寶：齊國所鑄銅錢。阜昌錢有元寶、重寶、通寶三種。

［4］海陵：即完顔亮（1122—1161）。本名迪古迺。金太祖庶長孫。本書卷五有紀。　貞元：金海陵王年號（1153—1155）。　遷都：此年金首都由上京會寧府（今黑龍江省阿城市白城）遷往中都（今北京市）。

［5］户部尚書：户部長官。掌户部事。正三品。　蔡松年：金真定（今河北省正定縣）人。本書卷一二五有傳。　鈔引法：金朝印造鈔引的制度。金貞元二年（1154），設印造鈔引庫，印造交鈔與鹽引、鹽鈔。鬻鹽時需鈔、引、公據（政府發的證明）三者具備。

［6］正隆：金海陵王年號（1156—1161）。

［7］陝西：金無陝西路。北宋的陝西路治所在京兆府（今陝西省西安市），轄境相當於今陝西、寧夏長城以南，秦嶺以北及山西西南部、河南西北部、甘肅東南部地區。金皇統二年（1142），省並陝西六路爲四（太宗天會八年以後，右副元帥完顔宗輔爲攻取陝西的金兵統帥。金占領陝西以後設置幾路，本書中的記載並不統一：卷一九《睿宗紀》記載爲“既定陝西五路”，卷四《熙宗紀》也記載，八月，“招撫諭陝西五路”。似乎金朝占領陝西以後設置了五路，但《金史・地理志》記載爲四路。金的陝西路指京兆（治所在今陝西省西安市）、慶原（甘肅省慶陽市）、熙秦（即臨洮路，治所在今甘肅省臨夏縣東北）、鄜延（治所在今陝西省延安市）路。　南京：京、路名。治所在今河南省開封市。

［8］路：金朝早期地方最高的行政設置是路，它是受漢制的影響而出現的，但這一時期的路制既不同於遼、宋王朝的地方建制，也與熙宗官制改革以後的路制不同。金朝的路制大多是因族、因

地、因制而不斷設立的，路的級别也不同（參見程妮娜《金代政治制度研究》，吉林大學出版社1999年版，第55頁）。　中都：即中都路。原遼路名，本唐幽州。安史之亂時史思明於此建號稱帝，稱燕京。後晋割與契丹。遼會同元年（938），稱南京，開泰元年（1012）號燕京。金初沿稱燕京，貞元元年（1153）建都於此，以燕京乃列國之名，不當爲京師號，改爲中都。治所在今北京市西南。

[9]正隆通寶：金海陵時所鑄銅錢名。據《説郛》卷八四《錢譜》、吴文炳的《錢幣圖説》卷六記載，金代還有“正隆元寶”。近幾年來在各地出土的錢幣中，“正隆通寶”很少，多爲“正隆元寶”。説明元寶錢雖不見於正史記載，但爲數比通寶要多。

[10]宋小平錢：宋代鑄造貨幣名稱。　肉好：有孔的銅鐵錢的圓形邊稱“肉”，孔稱“好”。

世宗大定元年，[1]用吏部尚書張中彦言，[2]命陜西路參用宋舊鐵錢。四年，浸不行，詔陜西行户部、并兩路通檢官，[3]詳究其事。皆言，“民間用錢，名與鐵錢兼用，其實不爲準數，公私不便”，遂罷之。

[1]世宗：廟號。本名烏禄，漢名雍（1161—1189）。本書卷六至卷八有紀。　大定：金世宗年號（1161—1189）。

[2]吏部尚書：吏部長官。掌文武選授、勛封、考課等事。正三品。　張中彦：本書卷七九有傳。

[3]行户部：官署名。是户部在地方設立分支機構。行，官制用語，官階高而所理職低者稱行。户部，官署名，尚書省下屬六部之一，掌全國的户籍、物力、榷場、租税等事。長官爲尚書，正三品。　通檢官：官府派出的進行通檢推排官員。

八年，民有犯銅禁者，上曰："銷錢作銅，舊有禁令，然民間猶有鑄鏡者，非銷錢而何。"遂并禁之。

十年，上諭户部臣曰："官錢積而不散，則民間錢重，貿易必艱，宜令市金銀及諸物。其諸路酤榷之貨，[1]亦令以物平折輸之。"十月，上責户部官曰："先以官錢率多，恐民間不得流通，令諸處貿易金銀絲帛，以圖流轉。今知迺有以抑配反害百姓者。前許院務得折納輕賫之物以便民，[2]是皆朕思而後行者也，此尚出朕，安用若爲。又隨處時有振濟，往往近地無粮，取於它處，往返既遠，人愈難之。何爲不隨處起倉，年豐則多糴以備振贍，設有緩急，亦豈不易辦乎，而徒使錢充府庫，將安用之。天下之大，朕豈能一一徧知，凡此數事，汝等何爲而使至此。且户部與它部不同，當從宜爲計，若但務因循，以守其職，則户部官誰不能爲。"

[1]酤榷：官府專賣酒類。

[2]院務：指榷貨務、平準務等部門。　折納：百姓交税時，有時以錢折物，有時以物折錢，稱折納。

十一年二月，禁私鑄銅鏡，舊有銅器悉送官，給其直之半。惟神佛像、鐘、磬、鈸、鈷、腰帶束、魚袋之屬，[1]則存之。

[1]磬：樂器名。以玉、石或金屬材料爲之。懸於架上，擊而鳴之。此指銅磬。　鈸：古稱"銅鈸""銅盤"。擊樂器。初流行於西域，南北朝時傳至内地，後來被廣泛用於民間歌舞、戲曲、吹

打樂、鑼鼓樂中，並形成大小不同的多種形制，以及鐃、鑔、小鑔等多種不同的變體。　鈷：熨斗。

十二年正月，以銅少，命尚書省遣使諸路規措銅貨，[1]能指坑冶得實者，賞。上與宰臣議鼓鑄之術，[2]宰臣曰："有言所在有金銀坑冶，皆可采以鑄錢，臣竊謂工費過於所得數倍，恐不可行。"上曰："金銀，山澤之利，當以與民，惟錢不當私鑄。今國家財用豐盈，若流布四方與在官何異。所費雖多，但在民間，[3]而新錢日增爾。其遣能吏經營之。"左丞石琚進曰：[4]"臣聞天子之富藏在天下，錢貨如泉，正欲流通。"上復問琚曰："古亦有民自鑄錢者乎？"琚對曰："民若自鑄，則小人圖利，錢益薄惡，此古所以禁也。"

[1]尚書省：行政官署名。長官爲尚書令，正一品。隋文帝實行官制改革，在中央設中書、門下、尚書三省。中書省是決策機構。門下省是審議機構。尚書省是執行機構，下統六部。此後歷代因其制。金初中央亦設三省，至海陵王即位，罷中書、門下兩省，衹置尚書省。尚書省成爲金朝最高國家行政機構。

[2]宰臣：指宰相及諸執政大臣。金朝以尚書省的尚書令，左、右丞相，平章政事爲宰相。尚書左右丞、參知政事爲執政官。

[3]但：北監本作"俱"。

[4]左丞：爲宰相之貳，佐治省事。從二品。　石琚：金定州（今河北省定州市）人。本書卷八八有傳。

十三年，命非屯兵之州府，以錢市易金帛，運致京師，使錢幣流通，以濟民用。

十五年十一月，上謂宰臣曰："或言鑄錢無益，所得不償所費。朕謂不然。天下如一家，何公私之間，公家之費私家得之，但新幣日增，公私俱便也。"

十六年三月，遣使分路訪察銅礦苗脉。

十八年，代州立監鑄錢，[1]命震武軍節度使李天吉、知保德軍事高季孫往監之，[2]而所鑄斑駁黑澀不可用，詔削天吉、季孫等官兩階，解職，仍杖季孫八十。更命工部郎中張大節、吏部員外郎麻珪監鑄。[3]其錢文曰"大定通寶"，[4]字文肉好又勝正隆之制，世傳其錢料微用銀云。十九年，始鑄至萬六千餘貫。二十年，詔先以五千進呈，而後命與舊錢并用。

[1]代州：原宋雁門郡，金屬河東北路。治所在今山西省代縣。

[2]震武軍：屬河東北路代州治下。治所在今山西省代縣。　節度使：金於大州置節度使，另有軍名。掌鎮撫諸軍、防禦、刺史，總判本鎮兵馬事，兼本州管内觀察使事。長官爲節度使，從三品。　李天吉：人名。不詳。　保德軍：軍名。原宋保德軍，金屬河東北路保德州治下。治所在今山西省保德縣。　知保德軍事：正員一人，掌通判防禦使事。正六品。　高季孫：人名。不詳。

[3]工部：官署名。掌修造營建法式、諸作工匠、屯田、山林川澤之禁、江河堤岸、道路橋樑等事。長官爲尚書，正員一人，正三品。其郎中爲從五品官。　張大節：金代州五臺（今山西省五臺縣）人。本書卷九二有傳。　吏部員外郎：吏部下屬官員。分判曹務及參議事。掌文武選，流外選用，官吏差使等事。從六品。　麻珪：金世宗時人。曾爲臨潢府推官，窩斡叛時，攻臨潢府，與衆人協力擊退窩斡攻城，有功，後進爲吏部員外郎。嘗與張大節論金代錢法利弊。

[4]大定通寶：金世宗時所鑄銅錢名。

初，新錢之未行也，以宋大觀錢作當五用之。[1]二月，上聞上京修内所，[2]市民物不即與直，又用短錢，責宰臣曰："如此小事。朕豈能悉知，卿等何爲不察也。"時民間以八十爲陌，[3]謂之短錢，官用足陌，謂之長錢。大名男子斡魯補者上言，[4]謂官私所用錢皆當以八十爲陌，遂爲定制。

[1]大觀錢：爲北宋徽宗時所鑄之錢。大觀，宋徽宗年號(1107—1110)。

[2]上京：京、路名。原爲女真按出虎水完顔部居地，俗稱皇帝寨、御寨。金太宗時始建都城，稱會寧府。熙宗時號上京。海陵王遷都燕京（今北京），削上京號，衹稱會寧府。金世宗時復號上京，爲上京路治所。在今黑龍江省阿城市金上京舊城址。　内所：宫室。金海陵遷都時曾毁掉上京宫室，世宗繼位後又重建。

[3]陌：錢一百文。金代通行的短陌錢的具體規定在不同的時期略有不同。范成大《攬轡録》記，民以七十爲百（陌）。《北行日録》還記有以六十爲陌的。

[4]大名：府名。舊爲散府，先置統軍司，天德二年（1150）罷，以其所轄民户分隸旁近總管府，正隆二年（1157）升爲總管府。治所在今河北省大名縣。

二十年十一月，名代州監曰阜通，設監一員，正五品，以州節度兼領。副監一員，正六品，以州同知兼領。[1]丞一員，正七品，以觀察判官兼領。[2]設勾當官二員，[3]從八品。給銀牌，[4]命副監及丞更馳驛經理。二十二年十月，以參知政事粘割斡特剌提控代州阜通監。[5]

二十三年，上以阜通監鼓鑄歲久，而錢不加多，蓋以代州長貳聽幕兼領，而奪於州務，不得專意綜理故也。遂設副監、監丞爲正員，而以節度領監事。

[1]州同知：州長官的副佐。通判州事。正七品。

[2]觀察判官：節度使的下屬官員。掌觀察使司庶務，分判吏、户、禮案事，通檢推排簿籍。正七品。判官，官名，協助長官處理部分政務，金朝廷部分官署，如三司、司天臺、武衛軍都指揮使司等設此職，諸京留守司、諸總管府和州、警巡院、録事司亦設此職，品秩自五品到從八品不等。

[3]勾當官：金首領官名。設於户部架閣庫、平準務等官署，掌提控支納、照磨文帳、經歷交鈔和香、茶、鹽引等事。

[4]銀牌：金代的銀牌有兩類。一類爲官員佩帶，以示功賞；另一類爲遣使送遞文書的信牌（參見和希格《從金代的金銀牌探討女真的大小字》，《内蒙古大學學報》1980 年第 4 期）。

[5]參知政事：尚書省下屬官。爲左、右丞相的佐貳，佐治政事。從二品。　粘割斡特剌：金蓋州别里賣猛安奚屈謀克人。本書卷九五有傳。

二十六年，上曰："中外皆言錢難，朕嘗計之，京師積錢五百萬貫亦不爲多，外路雖有終亦無用，諸路官錢非屯兵處可盡運至京師。"太尉丞相克寧曰：[1]"民間錢固已艱得，若盡歸京師，民益艱得矣。不若起其半至都，餘半變折輕齎，則中外皆便。"十一月，上諭宰臣曰："國家銅禁久矣，尚聞民私造腰帶及鏡，托爲舊物，公然市之。宜加禁約。"

[1]克寧：即徒單克寧，金萊州女真人。原名習顯，完顏希尹之甥。本書卷九二有傳。

二十七年二月，曲陽縣鑄錢别爲一監，[1]以利通爲名，設副監、監丞，給驛更出經營銅事。

[1]曲陽縣：屬河北西路中山府治下。治所在今河北省曲陽縣。

二十八年，上謂宰臣曰："今者外路見錢其數甚多，[1]聞有六千餘萬貫，皆在僻處積貯，既不流散，公私無益，與無等爾。今中都歲費三百萬貫，支用不繼，若致之京師，不過少有輓運之費，縱所費多，亦惟散在民爾。"

[1]見：意義與"現"同。

章宗大定二十九年十二月，[1]雁門、五臺民劉完等訴，[2]"自立監鑄錢以來，有銅礦之地雖曰官運，其顧直不足則令民共償。[3]乞與本州司縣均爲差配"。遂命甄官署丞丁用楫往審其利病，[4]還言："所運銅礦，民以物力科差濟之，非所願也。其顧直既低，又有刻剥之弊。而相視苗脉工匠，妄指人之垣屋及寺觀謂當開采，因以取賄。又隨冶夫匠，日辦净銅四兩，[5]多不及數，復銷銅器及舊錢，送官以足之。今阜通、利用兩監，[6]歲鑄錢十四萬餘貫，而歲所費乃至八十餘萬貫，病民而多費，未見其利便也"。宰臣以聞，遂罷代州、曲陽二監。

［1］章宗：廟號。本名麻達葛，漢名璟（1168—1208）。本書卷九至一二有紀。

［2］雁門：縣名。屬河東北路代州治下。治所在今山西省代縣。按，雁門、五臺民不可能一起上訴，此雁門應指代州而言，存疑（參見王子今《中華本〈北史〉〈金史〉地名點校疑議》，《中國歷史地理論叢》1998年第4期）。　五臺：縣名。屬河東北路代州治下。治所在今山西省五臺縣。

［3］顧：通“雇”。

［4］甄官署丞：甄官署佐貳之官。掌鑿石及製作陶器。從七品。丁用楫：人名。不詳。

［5］净銅：殿本作“冶銅”。

［6］今阜通、利用兩監：中華點校本按，上文大定“二十七年二月，從曲陽縣鑄錢别爲一監，以利通爲名”，本書卷八《世宗紀下》，是年二月“癸未，命曲陽縣置錢監，賜名利通”。

初，貞元間既行鈔引法，遂設印造鈔引庫及交鈔庫，[1]皆設使、副、判各一員，都監二員，而交鈔庫副則專主書押、搭印合同之事。印一貫、二貫、三貫、五貫、十貫五等謂之大鈔，一百、二百、三百、五百、七百五等謂之小鈔，與錢並行，以七年爲限，納舊易新，猶循宋張詠四川交子之法而紓其期爾，[2]蓋亦以銅少，權制之法也。時有欲罷之者，至是二監既罷，有司言：“交鈔舊同見錢，商旅利於致遠，往往以錢買鈔，蓋公私俱便之事，豈可罷去。止因有釐革年限，不能無疑，乞削七年釐革之法，令民得常用。若歲久字文磨滅，許於所在官庫納舊换新，或聽便支錢。”遂罷七年釐革之限，交鈔字昏方换，[3]法自此始，而收斂無術，出多入少，民寖輕之。厥後其法屢更，[4]而不能革，弊亦始於此焉。

[1]鈔引庫：官署名。屬户部屬部。掌監視印造勘覆諸路交鈔、鹽引等事。長官爲使，從八品。　交鈔庫：官署名。户部屬部。掌諸路交鈔及檢勘錢鈔、换易收支等事。長官爲使，正八品。

[2]張詠：宋濮州鄄城（今山東省鄄城縣）人。太平興國進士，歷任太常博士、左諫議大夫、知益州府事等，爲官清正，有治績，著有《乖崖先生文集》。　交子：紙幣名。北宋真宗時，四川始用紙幣，稱爲“交子”，由富民十六户發行。後改爲官府發行。這是目前發現的世界上最早的紙幣。

[3]字昏：字迹不清。

[4]厥：其。

交鈔之制，外爲闌，作花紋，[1]其上衡書貫例，左曰“某字料”，右曰“某字號”。料號外，篆書曰“僞造交鈔者斬，告捕者賞錢三百貫”。[2]料號衡闌下曰：“中都交鈔庫，准尚書户部符，承都堂札付，[3]户部覆點勘，[4]令史姓名押字”。[5]又曰：“聖旨印造逐路交鈔，於某處庫納錢换鈔，更許於某處庫納鈔换錢，官私同見錢流轉。”某鈔不限年月行用，如字文故暗，鈔紙擦磨，許於所屬庫司納舊换新。若到庫支錢，或倒换新鈔，每貫剋工墨錢若干文。庫掐、攢司、庫副、副使、使各押字，[6]年月日。印造鈔引庫庫子、庫司、副使各押字，[7]上至尚書户部官亦押字。其搭印支錢處合同，餘用印依常例。

［1］作花紋：金代交鈔上的花紋在不同的時期有不同的變化，此處記載的花紋是章宗時期的紙幣樣式。

［2］告捕者賞錢三百貫：賞錢的數目在金代後期也有變化，大體上錢越貶值賞格越高。

［3］都堂：指尚書省總辦公處。唐代尚書省總辦公處居中，吏、户、禮三部辦公之所在東，兵、工、刑三部在西。尚書省又稱“都省”，所以其總辦公處被稱爲“都堂”。　札：古代公牘文的一種。分爲兩類：一是用於發指示，也稱“堂帖”，宋代中書省或尚書省所發的指示，稱爲札子，諸路帥司向其部屬發指令也用札子；二是用於向皇帝或長官進言議事。後世惟用上司行下的公文。

［4］點勘：核查。

［5］令史：官名。掌文書案牘之事，有進士、宰執子弟、吏員轉補等女真令史和左右漢令史，出仕途徑不同。無品階。

［6］庫掐：官名。其餘不詳。　攢司：官名。其餘不詳。本書卷五六《百官志二》“交鈔庫”和“印造鈔引庫”條下官員設置爲使、副使、判官各一員。上文所記與此同。疑此處“副”下衍“副使”二字。

［7］庫子：吏名。交鈔庫下屬吏員。　庫司：官名。餘不詳。按，傳世“興定寶泉”等銅版皆有印造庫子、攢司、使、副押字，疑“庫司”爲“攢司”之誤（參見金捷元《金貞祐三年拾貫文交鈔銅版》，《文物》1977 年第 7 期；張秀夫《平泉出土金代五拾貫交鈔銅版》，《中國錢幣》1993 年第 1 期）。

初，大定間定制，民間應許存留銅鍮器物，若申賣入官，每斤給錢二百文。其弃藏應禁器物，[1]首納者每斤給錢百文，非器物銅貨一百五十文，不及斤者計給之。在都官局及外路造賣銅器價，令運司佐貳檢校，[2]鏡每斤三百十四文，鍍金御仙花腰帶十七貫六百七十一文，五子荔支腰帶十七貫九百七十一文，擡鈒羅文束帶八貫五百六十文，魚袋二貫三百九文，鈸鈷鐃磬每斤一貫九百二文，[3]鈴杵坐銅者二貫七百六十九文，鍮石者三貫六百四十六文。[4]明昌二年十月，[5]勅減賣鏡價，防私鑄銷錢也。

［1］弆（jǔ）：收藏。

［2］運司佐貳：指轉運司的同知，從四品。運司，官署名。指轉運司，本書卷五七《百官志三》："惟中都路置都轉運司，餘置轉運司"。掌稅賦錢穀、倉庫出納、權衡度量之制。長官爲使，正三品。

［3］鐃：擊樂器。形與鈸相似，唯中間隆起部分較小，其徑約相當於全徑的二分之一。

［4］鍮石：黄銅礦或自然銅。

［5］明昌：金章宗年號（1190—1196）。

舊嘗以夫匠逾天山北界外采銅，明昌三年，監察御史李炳言：[1]"頃聞有司奏，在官銅數可支十年，若復每歲令夫匠過界遠采，不惟多費，復恐或生邊釁。若支用將盡之日，止可於界内采煉。"上是其言，遂不許出界。

［1］監察御史：御史臺屬官。主管糾察内外百官，檢查諸官署賬目案卷，並監祭禮及出使之事，正七品。世宗大定二年（1162）定員八人，章宗承安四年（1199）增至十人，承安五年增至十二

人，遂爲定制。　李炳：金南京人。因與金章宗的寵妃李師兒之兄通譜以顯貴。曾任左司都事、吏部侍郎等職。

五月，勅尚書省曰："民間流轉交鈔，當限其數，毋令多於見錢也。"

四年，上諭宰臣曰："隨處有無用官物，可爲計置，如鐵錢之類是也。"或有言鐵錢有破損，當令所司以銅錢償之者，參知政事胥持國不可，[1]上曰："令償之尚壞，不償將盡壞矣。若果無用，曷別爲計?"持國曰："如江南用銅錢，[2]江北、淮南用鐵錢，[3]蓋以隔閡銅錢不令過界爾。如陝西市易亦有用銀布薑麻，若舊有鐵錢，宜姑收貯，以備緩急。"遂令有司籍鐵錢及諸無用之物，貯於庫。

[1]胥持國：金代州繁畤（今山西省繁峙縣）人。本書卷一二九有傳。

[2]江南：地區名。指長江以南的南宋地區。

[3]江北：地區名。指長江以北。此指宋的淮南路。　淮南：地區名。指南宋的淮河以南，長江以北的地區。

八月，提刑司言：[1]"所降陝西交鈔多於見錢，使民艱於流轉。"宰臣以聞，遂令本路榷税及諸名色錢，折交鈔。官兵俸，許錢絹銀鈔各半之，若錢銀數少，即全給交鈔。

[1]提刑司：官署名。金於大定二十九年（1189）六月乙未開

始設提刑司，掌審察刑獄、糾察濫官、勸農桑、更出巡案等事。分按九路。承安四年（1199）改按察司。長官爲提刑使，正三品。詳見本書卷五七《百官志三》。

五年三月，宰臣奏：“民間錢所以艱得，以官豪家多積故也。在唐元和間，[1]嘗限富家錢過五千者死，[2]王公重貶没入，以五之一賞告者。”上令參酌定制，令官民之家以品從物力限見錢，多不過二萬貫，猛安謀克則以牛具爲差，[3]不得過萬貫，凡有所餘，盡令易諸物收貯之。有能告數外留錢者，奴婢免爲良，傭者出離，以十之一爲賞，餘皆没入。

[1]唐：朝代名（618—907）。　元和：唐憲宗年號（806—820）。

[2]嘗限富家錢過五千者死：按中華點校本注云，原脱“貫”字。《新唐書》卷五四《食貨志四》，元和十二年，勅“富家錢過五千貫者死”，有“貫”字。《舊唐書》同。

[3]猛安謀克：金朝户類之一。指編入猛安謀克組織内的人户，主要是女真人户，也有契丹、奚等族人户。

又諭旨有司，凡使高麗還者，[1]所得銅器令盡買之。

[1]高麗：朝鮮半島古代封建王朝。918年由王建創立。國號高麗，都開京（今朝鮮開城）。先後吞并了新羅和後百濟，統一了朝鮮半島。1392年爲李氏朝鮮所代。

承安二年十月，[1]宰臣奏：“舊立交鈔法，凡以舊易新者，每貫取工墨錢十五文。至大定二十三年，不拘貫例，每張收八文，既無益於官，亦妨鈔法，宜從舊制便。若以鈔買鹽引，[2]每貫權作一貫五十文，庶得多售。”上曰：“工墨錢，貫可令收十二文。買鹽引者，每貫可權作一貫一百文。”時交鈔所出數多，民間成貫例者艱於流轉，詔以西北二京、遼東路從宜給小鈔，[3]且許於官庫换錢，與它路通行。

[1]承安：金章宗年號（1196—1200）。

[2]鹽引：取鹽和銷鹽的憑證。金代鹽司分别以袋、席、石爲單位，若干袋、席、石爲一套，套以鹽鈔爲憑證，袋、席、石以鹽引爲憑證。銷鹽石必須鹽鈔、鹽引、公據（鹽司發的證明）三者具備。

[3]遼東路：金無遼東路。此指遼東路轉運司。治所咸平府，在今遼寧省開原市開原老城。

十二月，尚書省議，謂時所給官兵俸及邊戍軍須，[1]皆以銀鈔相兼，舊例銀每鋌五十兩，其直百貫，民間或有截鑿之者，其價亦隨低昂，遂改鑄銀名“承安寶貨”，[2]一兩至十兩分五等，每兩折錢二貫，公私同見錢用，仍定銷鑄及接受稽留罪賞格。

[1]軍須：金雜税。即軍費補貼，按物力多寡徵收。

[2]承安寶貨：金章宗時期所鑄的銀幣名稱。目前在黑龍江省發現了“承安寶貨”一兩半的銀幣（參見錢嶼《金“承安寶貨”考叙》，《考古與文物》1990年第2期）。

承安三年正月，省奏，“隨處榷場若許見錢越境，[1]雖非銷毀，即與銷毀無異”。遂立制，以錢與外方人使及與交易者，徒五年，三斤以上死，駔儈同罪。[2]捕告人之賞，官先爲代給錢五百貫。其逮及與接引、館伴、先排、通引、書表等以次坐罪，仍令均償。

[1]榷場：金代對外貿易市場。金朝在臨近宋、蒙古、西夏、高麗等沿邊重鎮設立榷場，兼有政治作用。東勝、净、慶三州榷場除貿易牲畜、畜産品外，還是羈縻蒙古等部的基地。

[2]駔儈：牙商的古稱，即説合牲畜交易的人。此指説合交易的人。

時交鈔稍滯，命西京、北京、臨潢、遼東等路一貫以上俱用銀鈔、寶貨，不許用錢，[1]一貫以下聽民便。時既行限錢法，人多不遵，上曰：“已定條約，不爲不重，其令御史臺及提刑司察之。”[2]九月，以民間鈔滯，[3]盡以一貫以下交鈔易錢用之，遂復减元限之數，[4]更定官民存留錢法，三分爲率，親王、公主、品官許留一分，餘皆半之，其贏餘之數期五十日内盡易諸物，違者以違制論，以錢賞告者。於兩行部各置回易務，[5]以綿絹物段易銀鈔，亦許本務納銀鈔。赴榷貨出鹽引，納鈔於山東、河北、河東等路，[6]從便易錢。各降補官及德號空勑三百、度牒一千，[7]從兩行部指定處，限四月進納補换。又更造一百例小鈔，並許官庫易錢。一貫、二貫例并支小鈔，三貫例則支銀一兩、小鈔一貫，若五貫、十貫例則四分支小鈔、六分支銀，欲得寶貨者聽，有阻滯及輒減價者罪之。

［1］西京：金京、路名。沿用遼舊名，爲西京路治所。金熙宗時，西京隸屬元帥府，海陵王時置本路總管府，後改置西京留守司。治所在今山西省大同市。　北京：金路名。原遼中京。遼統和二十五年（1007）建爲中京，金初沿稱中京。金貞元元年（1153）更爲北京。治所在今内蒙古自治區寧城縣西北大明城。　臨潢：金府、路名。屬金北京路。遼爲上京。金初亦稱上京，天眷元年（1138）改爲北京，天德二年（1150）改北京爲臨潢府路，貞元元年，以大定府爲北京後，置北京臨潢府路提刑司，大定後罷路，并入大定府路，貞祐二年（1214）四月，嘗僑治於平州。治所在今内蒙古自治區巴林左旗南波羅城。

［2］御史臺：官署名。掌糾察朝儀，彈劾官邪，勘鞫官府公事，審理陳訴刑獄不當等事。長官爲御史大夫，從二品。

［3］九月以民間鈔滯：本書卷一一《章宗紀三》記此事在承安三年（1198）十月。

［4］元：本來、原先。

［5］回易務：官署名。不詳。

［6］山東：路名。金初設有山東東、西路。山東東路原爲宋京東東路，治所在今山東省青州市。山東西路原爲宋東平郡，舊鄆州，後以府尹兼總管，置轉運司，治所在今山東省東平縣。　河北：金天會七年（1129）分河北路爲河北東路與河北西路。河北東路治所在今河北省河間市。河北西路治所在今河北省正定縣。　河東：路名。金設有河東南、北路。河東南路治所在今山西省臨汾市。　河東北路治所在今山西省太原市。

［7］度牒：僧尼出家，由官府發給憑證。有憑證的得免徭役、地税。

四年三月，又以銀鈔阻滯，乃權止山東諸路以銀鈔與綿絹鹽引從便易錢之制。令院務諸科名錢，除京師、河南、陝西銀鈔從便，[1]餘路并許收銀鈔各半，仍於鈔四分之一許納其本路。隨路所收交鈔，除本路者不復支發，餘通行者并循環用之。榷貨所鬻鹽引，收納寶貨與鈔相半，銀每兩止折鈔兩貫。省許人依舊詣庫納鈔，隨路漕司所收，[2]除額外羨餘者，亦如之。所支官錢，亦以銀鈔相兼，銀已零截者令交鈔庫不復支，若寶貨數少，可浸增鑄。銀鈔既通則物價自平，雖有禁法亦安所施，遂除阻滯銀鈔罪制。

[1]河南：府名。原宋西京河南府洛陽郡，金屬南京路。金初置德昌軍，興定元年（1217）升爲中京，府曰金昌。治所在今河南省洛陽市。此泛指黄河以南地區。

[2]漕司：官署名。漕運司的簡稱，掌河倉漕運之事。長官爲提舉，正五品。

四年，[1]以户部言，命在都官錢、榷貨務鹽引，并聽收寶貨，附近鹽司貼錢數亦許帶納。民間寶貨有所歸，自然通行，不至銷毁。先是，設四庫印小鈔以代鈔本，令人便賫小鈔赴庫换錢，即與支見錢無異。今更不須印造，俟其换盡，可罷四庫，但以大鈔驗錢數支易見錢。

[1]四年：此“四年”二字與上重複，或爲“四月”之誤。

時私鑄“承安寶貨”者多雜以銅錫，寖不能行，京師閉肆。五年十二月，宰臣奏：“比以軍儲調發，支出交鈔數多，遂鑄寶貨，與錢兼用，以代鈔本，蓋權時之制，非經久之法。”遂罷“承安寶貨”。

泰和元年六月，[1]通州刺史盧構言：[2]“民間鈔固已流行，獨銀價未平，官之所定每鋌以十萬爲準，而市肆纔直八萬，蓋出多入少故也。若令諸税以錢、銀、鈔三分均納，庶革其弊。”下省議，宰臣謂“軍興以來，[3]全賴交鈔佐用，以出多遂滯，頃令院務收鈔七分，亦漸流通。若與銀均納，則彼增此減，理必偏勝，至礙鈔法。必欲銀價之平，宜令諸名若‘鋪馬’‘軍須’等錢，[4]許納銀半，無者聽便”。

[1]泰和：金章宗年號（1201—1208）。

[2]通州：州名。屬中都路。天德三年（1151）升潞縣置，興定二年（1218）五月升爲防禦。治所在今北京市通州區。　刺史：刺使州長官。掌宣導風俗、肅清所部，兼治州事。正五品。　盧構：人名。不詳。

[3]軍興以來：指章宗年間在北部和蒙古發生戰争以來。

[4]鋪馬：金雜税。指驛站的供應費用，包括提供車、馬等交通工具和應得的生活供應。

先是，嘗行三合同交鈔，[1]至泰和二年，止行於民間，而官不收斂，朝廷慮其病民，遂令諸税各帶納一分，雖止係本路者，亦許不限路分通納。户部見徵累年鋪馬錢，亦聽收其半。閏十二月，上以交鈔事，召户部尚書孫鐸、侍郎張復亨，[2]議於内殿。復亨以三合同鈔可行，鐸請廢不用，既而復亨言竟詘。自是而後，國虚民貧，經用不足，專以交鈔愚百姓，而法又不常，世宗之業衰焉。以至泰和三年，其弊彌甚，迺謂宰臣曰："大定間，錢至足，今民間錢少，而又不在官，何耶？其集問百官，必有能知之者。"四年七月，罷限錢法，從户部尚書上官瑜所請也。[3]

[1]三合同交鈔：金章宗時鈔幣。一種看法認爲是錢、銀、鈔三者一並折算的交鈔（《中國歷史大辭典·遼夏金元史卷》，上海辭書出版社 1986 年版）；一種認爲是指交鈔的流通區域，即各路與京師，各路與各路之間訂立的相互流通的合同，在遼寧省博物館館藏的貞祐三年（1215）出品的交鈔上明確記載的試流通範圍有：中都、南京、京兆府、河中府、潞州五個地方（參見梁淑琴《試論金代的貨幣經濟》，《社會科學輯刊》1988 年第 1 期）。所以，應以第二種看法爲是。大約在金章宗泰和二年（1202）以前流行三合同交鈔，貞祐二年和三年較多流行的是五合同交鈔，以後又發行過不限地域的紙幣。

[2]孫鐸：金恩州歷亭（今山東省武城縣）人。本書卷九九有傳。　侍郎：此處指户部侍郎，爲户部尚書的佐貳。正員二人，正四品。　張復亨：金章宗時人。曾任户部侍郎、右司諫等職。黨附胥持國門下，後被免官。

[3]上官瑜：曾任户部侍郎、户部尚書等職。

四年，[1]欲增鑄錢，命百官議所以足銅之術。中丞孟鑄謂：[2]"銷錢作銅，及盗用出境者不止，宜罪其官及鄰。"太府監梁瓘等言：[3]"鑄錢甚費，率費十錢可得一錢。識者謂費雖多猶增一錢也，乞采銅、拘器以鑄。”宰臣謂：“鼓鑄未可速行，其銅冶聽民煎煉，官爲買之。凡寺觀不及十人，不許畜法器。民間鍮銅器期以兩月送官給價，匿者以私法坐，限外人告者，以知而不糾坐其官。寺觀許童行告者賞。[4]俟銅多，别具以聞。”八月，定從便易錢法，聽人輸納於京師，而於山東、河北、大名、河東等路依數支取。後鑄大錢一直十，篆文曰“泰和重寶”，[5]與鈔參行。

[1]四年：繫年錯誤。上邊已有“四年”，重出。“四”或爲“是”。

[2]孟鑄：人名。本書卷一〇〇有傳。

[3]太府監：官署名。掌財用錢穀出納之事。長官爲監，正四品。　梁瑭：曾任户部侍郎、行六部事於山東、參知政事等職，主修過《章宗實録》。

[4]童行：佛教稱謂。進寺尚未正式出家得度之青少年。

[5]泰和重寶：金銅幣名。章宗泰和四年（1204）所鑄。

五年，上欲罷交鈔工墨錢，復以印時常費，遂命貫止收六文。

六年四月，陜西交鈔不行，以見錢十萬貫爲鈔本，與鈔相易，復以小鈔十萬貫相參用之。六年十一月，[1]復許諸路各行小鈔。中都路則於中都及保州，[2]南京路則于南京、歸德、河南府，[3]山東東路則於益都、濟南府，[4]山東西路則於東平、大名府，[5]河北東路則於河間府、冀州，[6]河北西路則於真定、彰德府，[7]河東南路則於平陽,[8]河東北路則於太原、汾州,[9]遼東則於上京、咸平,[10]西京則於西京、撫州,[11]北京則於臨潢府官庫易錢。令户部印小鈔五等，附各路同見錢用。

[1]六年十一月："六年"與上重複，當削。

[2]保州：宋舊軍事，金屬中都路。金天會七年（1129）置順天軍節度使，隸河北東路，貞元二年（1154）來屬，海陵賜名清苑郡。治所在今河北省保定市。

[3]歸德：府名。原宋宋州，金屬南京路。金初置宣武軍。治所在今河南省商丘市南。金天興元年（1232），蒙軍圍南京（河南省開封市），十二月庚子，金哀宗從南京遁逃，天興二年正月退入歸德。

[4]益都：府名。原宋鎮海軍。治所在今山東省青州市。　濟南：府名。原爲宋齊州濟南郡。金初置興德軍節度使，後置府，置山東東西路提刑司。治所在今山東省濟南市。

[5]東平：府名。原宋東平郡，金屬山東西路。治所在今山東省東平縣。

[6]河北東路：金天會七年析宋河北路爲河北東、西路，河北東路治所在今河北省河間市。　河間：府名。原宋河間郡瀛海軍，金屬河北東路。金天會七年置總管府，正隆年間置瀛州瀛海軍節度使兼總管，置轉運司。治所在今河北省河間市。　冀州：原宋信都郡，金屬河北東路。治所在今河北省冀州市。

[7]河北西路：治所在今河北省正定縣。　真定：府名。原宋常山郡，金屬河北西路。治所在今山東省正定縣。　彰德府：府名。原宋相州鄴彰德軍，金屬河北西路。金天會七年因之，明昌三年（1192）升爲府。治所在今河南省安陽市。

[8]平陽：府名。原宋晋州平陽郡建雄軍節度，金天會六年升爲總管府，置轉運司。治所在今山西省臨汾市。

［9］河東北路：原宋河東路。金天會六年析爲南、北路。治所在今山西省太原市。　太原：府名。原宋太原郡，金屬河東北路。治所在今山西省太原市。　汾州：宋西河郡，金屬河東北路。治所在今山西省汾陽縣。

［10］咸平：府、路名。遼爲咸州，金屬上京路。金初爲咸州路，置都統司，天德二年（1150）升爲咸平府，後爲總管府，置遼東路轉運司、東京咸平路提刑司。治所在今遼寧省開原市老城。

［11］撫州：遼秦國大長公主建爲州，金屬西京路。金明昌三年（1192）復置刺史，爲桓州支郡，承安二年（1197）升爲節鎮。治所在今河北省張北縣。

七年正月，勑在官毋得支出大鈔，在民者令赴庫，以多寡制數易小鈔及見錢。院務商税及諸名錢，[1]三分須納大鈔一分，惟遼東從便。

［1］院務：金於諸路轉運使司下置院務，掌商税、名錢等事務。

時民以貨幣屢變，往往怨嗟，聚語於市。上知之，諭旨於御史臺曰："自今都市敢有相聚論鈔法難行者，許人捕告，賞錢三百貫。"

五月，以户部尚書高汝礪議，[1]立"鈔法條約"，添印大小鈔，以鈔庫至急切，增副使一員。汝礪又與中都路轉運使孫鐸言錢幣，[2]上命中丞孟鑄、禮部侍郎喬宇、國子司業劉昂等十人議，[3]月餘不决。七月，上召議于泰和殿，且諭汝礪曰："今後毋謂鈔多，不加重而輒易之。重之加於錢，可也。"明日，勑"民間之交易、典質，一貫以上并用交鈔，毋得用錢。須立契者，三分之一用諸物。六盤山西、遼河東以五分之一用鈔，東鄙屯田户以六分之一用鈔。[4]不須立契者，惟遼東錢鈔從便。犯者徒二年，告者賞有差，監臨犯者杖且解職，縣官能奉行流通者升除，否者降罰，集衆沮法者以違制論。工墨錢每張止收二錢。商旅賫見錢不得過十貫。所司籍辨鈔人以防僞冒。品官及民家存留見錢，比舊减其數，若舊有見錢多者，許送官易鈔，十貫以上不得出京。

[1]高汝礪：金應州金城（今山西省應縣）人。本書卷一〇七有傳。

[2]轉運使：轉運司長官。掌税賦錢穀、倉庫出納、權衡度量等事。正三品。

[3]禮部侍郎：禮部尚書的佐貳，掌禮樂、祭祀、學校、册命、天文等事。正員一人，正四品。　喬宇：曾任知登聞檢院、翰林直學士等職，參訂《大金集禮》，類編過陳言文字。　國子司業：國子監的下屬官員。爲國子祭酒的佐貳，掌學校。正員一人，正五品。　劉昂：金興州人。本書卷一二六有傳。

[4]東鄙屯田户：指金朝在東部邊境一帶設立的屯田户，主要是女真人户。

又定制，按察司以鈔法流通爲稱職，[1]而河北按察使斜不出巡按所給券應得鈔一貫，[2]以難支用，命取見錢，御史以沮壞鈔法劾之，上曰："糾察之官迺先壞法，情不可恕。"杖之七十，削官一階解職。

[1]按察司：官署名。掌鎮撫人民，稽察邊防軍旅，審録重刑等事。長官爲按察使，正三品。

[2]按察使：按察司長官。掌審察刑獄、糾察濫官、私鹽及酒麴等事。正三品。　斜不出：人名。不詳。

户部尚書高汝礪言："鈔法務在必行，府州縣鎮宜各籍辨鈔人，給以條印，聽與人辨驗，隨貫量給二錢，貫例雖多，六錢即止。每朝官出使，則令體究通滯以聞。民間舊有宋會子，[1]亦令同見錢用，十貫以上不許持行。榷鹽許用銀絹，餘市易及俸，并用交鈔，其奇數以小鈔足之，應支銀絹而不足者亦以鈔給之。"

[1]會子：南宋紙幣。主要行用於東南地區，也稱東南會子或行在會子。

上遣近侍諭旨尚書省："今既以按察司鈔法通快爲稱職，否則爲不稱職，仍於州府司縣官給由内，[1]明書所犯之數，但犯鈔法者雖監察御史舉其能幹，亦不准用。"

[1]由：政府頒發憑證。

十月，楊序言：[1]"交鈔料號不明，年月故暗，雖令赴庫易新，然外路無設定庫司，欲易無所，遠者直須赴都。"上以問汝礪，對曰："隨處州府庫内，各有辨鈔庫子，鈔雖弊不僞，亦可收納。去都遠之城邑，既有設置合同换錢，客旅經之皆可相易。更慮無合同之地，難以易者，令官庫凡納昏鈔者受而不支，於鈔背印記官吏姓名，積半歲赴都易新鈔。如此，則昏鈔有所歸而無滯矣。”

［1］楊序：章宗時人。曾爲宮籍副監，封昭勇大將軍。

十一月，上諭户部官曰：“今鈔法雖行，卿等亦宜審察，少有壅滯，即當以聞，勿謂已行而憚改。”汝礪對曰：“今諸處置庫多在公廨内，小民出入頗難，雖有商賈易之，然患鈔本不豐。比者河北西路轉運司言，一富民首其當存留錢外，見錢十四萬貫。它路臆或有如此者，臣等謂宜令州縣委官及庫典，[1]於市肆要處置庫支换。以出首之錢爲鈔本，十萬户以上州府，給三萬貫，以次爲差，易鈔者人不得過二貫。以所得工墨錢充庫典食直，仍令州府佐貳及轉運司官一員提控。”上是之，遂命移庫於市肆之會，令民以鈔易錢。

［1］庫典：官名。交鈔庫下屬官員。

是月，勅捕獲僞造交鈔者，皆以交鈔爲賞。

時復議更鈔法，上從高汝礪言，命在官大鈔更不許出，聽民以五貫十貫例者赴庫易小鈔，欲得錢者五貫内與一緡，十貫内與兩緡，惟遼東從便。河南、陝西、山東及它行鈔諸路，院務諸税及諸科名錢，并以三分爲率，一分納十貫例者，二分五貫例者，餘并收見錢。

八年正月，以京師鈔滯，定所司賞罰格。時新制，按察司及州縣官，例以鈔通滯爲升降。遂命監察御史賞罰同外道按察司，[1]大興府警巡院官同外路州縣官。[2]

[1]外道按察司：金除在京城設立按察司外，還在上京、東京等地設立分司。外道按察司指此。

[2]大興府：府名。原後晋幽州。遼會同元年（938）升爲南京，開泰元年（1012）更爲永安析津府。金天會七年（1129）分河北路爲河北東路與河北西路，時屬河北東路，貞元元年（1153）更今名。治所在今北京市西南。　警巡院官：官署名。金朝在諸京設立警巡院，下設有使、副使（東、西、北、上京無副使）、判官等，掌平理獄訟、警巡等事。

是月，收毁大鈔，行小鈔。

八月，從遼東察司楊雲翼言，[1]以咸平、東京兩路商旅所集，[2]遂從都南例，一貫以上皆用交鈔，不得用錢。十月，孫鐸又言，"民間鈔多，正宜收斂，院務税諸名錢，可盡收鈔，秋夏税納本色外，[3]亦令收鈔，不拘貫例。農民知之則漸重鈔，可以流通。比來州縣抑配市肆買鈔，徒增騷擾，可罷諸處創設鈔局，止令赴省庫换易。今小鈔各限路分，亦甚未便，可令通用"。上命亟行之。

[1]從遼東察司楊雲翼言：此處脱"按"字。中華點校本注云：上文"又定制，按察司以鈔法流通爲稱職。"本書卷一一〇《楊雲翼傳》，"泰和七年，簽上京、東京等路按察司事。"皆有"按"字。楊雲翼，金平定州樂平（今山西省昔陽縣）人。本書卷一一〇有傳。

[2]東京：金京、路名。本渤海遼陽故城，遼在此設東平郡，

天顯三年（928）升爲南京，十三年，更爲東京。金沿用遼舊名設東京路，治遼陽府，設東京留守司。治所在今遼寧省遼陽市。

[3]夏税：金承唐、宋舊制，在州縣地區行兩税法，但與北宋比較，取消了庸調錢額部分，實際已成爲純粹的地税（參見張博泉《金代經濟史略》，遼寧人民出版社1981年版，第151頁）。

十二月，[1]宰臣奏："舊制，内外官兵俸皆給鈔，其必用錢以足數者，可以十分爲率，軍兵給三分，官員承應人給二分，多不過十貫。凡前所收大鈔，俟至通行當復計造，其終須當精緻以圖經久。民間舊鈔故暗者，乞許於所在庫易新，若官吏勢要之家有賤買交鈔，而於院務换錢興販者，以違制論。復遣官分路巡察，其限錢過數雖許奴婢以告，乃有所屬默令其主藏匿不以實首者，可令按察司察之。若舊限已滿，當更展五十日，許再令變易鈔引諸物。"

[1]十二月：本書卷一二《章宗紀四》記章宗於泰和八年（1208）十一月崩，此十二月疑誤。

是制既行之後，章宗尋崩，衛紹王繼立，[1]大安二年潰河之役，[2]至以八十四車爲軍賞，兵衄國殘，[3]不遑救弊，交鈔之輕幾於不能市易矣。至宣宗貞祐二年二月，[4]思有以重之，迺更作二十貫至百貫例交鈔，又造二百貫至千貫例者。然自泰和以來，凡更交鈔，初雖重，不數年則輕而不行，至是則愈更而愈滯矣。南遷之後，國蹙民困，軍旅不息，供億無度，輕又甚焉。

［1］衛紹王：即完顔永濟（？—1213）。原名允濟，章宗時避顯宗諱，改“允”爲“永”。本書卷一三有紀。

［2］大安二年潰河之役：大安，金衛紹王年號（1209—1211）。中華點校本注云：“二”應爲“三”，“潰”應爲“會”之誤。本書卷一三《衛紹王紀》，卷九三《獨吉思忠傳、承裕傳》，卷一〇二《承暉傳》、《完顔弼傳》，皆記此事在承安三年，“潰河”爲“會河”。潰河之役，大安三年（1211）秋，蒙古攻金。成吉思汗率軍逼進西京，至野狐嶺（今河北省萬全縣西北），破金完顔九斤軍，南進至潰（會）河堡（今萬全西南），大破金紇石烈執中軍三十萬衆，史稱“潰河堡之役”。

［3］衄（nǜ）：損傷、挫敗。

［4］宣宗：廟號。本名吾睹補，漢名珣（1163—1224）。本書卷一四至一六有紀。　貞祐：金宣宗年號（1213—1216）。

三年四月，河東宣撫使胥鼎上言曰：[1]“今之物重，其弊在於鈔窒，有出而無入也。雖院務税增收數倍，而所納皆十貫例大鈔，此何益哉。今十貫例者民間甚多，以無所歸，故市易多用見錢，而鈔每貫僅直一錢，曾不及工墨之費。臣愚謂，宜權禁見錢，且令計司以軍須爲名，量民力徵斂，則泉貨流通，而物價平矣。”自是，錢貨不用，富家内困藏鏹之限，外弊交鈔屢變，皆至窘敗，謂之“坐化”。商人往往舟運貿易于江淮，錢多入于宋矣。宋人以爲喜，而金人不禁也。識者惜其既不能重無用之楮，[2]而又棄自古流行之寶焉。

［1］宣撫使：宣撫司長官。從一品。　胥鼎：金代州繁畤（今

山西省繁峙縣）人。字和之，胥持國之子。本書卷一〇八有傳。

［2］楮：木名，即“構”。皮可製桑皮紙，故又爲紙的代稱。

五月，權西安軍節度使烏林達與言：[1]“關陝軍多，供億不足，所仰交鈔則取於京師，徒成煩費。乞降板就造便。”又言：“懷州舊鐵錢鉅萬，[2]今既無用，願貫爲甲，以給戰士。”時有司輕罪議罰，率以錢贖，而當罪不平，遂命贖銅計贓皆以銀價爲準。

［1］權：唐以來稱代理、攝守之官爲“權”。　西安軍：屬京兆府路。治所在今陝西省西安市。　烏林達與：本名合住，大名路納鄰必剌猛安人。本書卷一〇四有傳。

［2］懷州：州名。原宋河内郡，金屬河東南路。金天會六年（1128）因與臨潢府懷州同名，加“南”字以示區别，天德三年（1151）去“南”字。治所在今河南省沁陽市。

六月，敕議交鈔利便。七月，改交鈔名爲“貞祐寶券”，仍立沮阻罪。九月，御史臺言：“自多故以來，全籍交鈔以助軍需，然所入不及所出，則其價浸減，卒無法以禁，此必然之理也。近用‘貞祐寶券’以革其弊，又慮既多而民輕，與舊鈔無異也，迺令民間市易悉從時估，[1]嚴立罪賞，期於必行，遂使商旅不行，四方之物不敢入。夫京師百萬之衆，日費不資，物價寧不日貴耶。且時估月再定之，而民間價旦暮不一，今有司强之，而市肆盡閉。復議搜括隱匿，必令如估鬻之，則京師之物指日盡，而百姓重困矣。臣等謂，惟官和買計贓之類可用時估，餘宜從便。”制可。

[1]時估：由於交鈔時發時輕，但鈔價隨時變更，金政府便讓鈔價隨行就市，隨時進行估價，實際放棄了對鈔價的控制。

十二月，上聞近京郡縣多糴於京師，穀價翔踴，令尚書省集户部、講義所、開封府、轉運司，[1]議所以制之者。户部及講義所言，以五斗出城者可闌糴其半，轉運司謂宜悉禁其出，上從開封府議，謂“寶券初行時，民甚重之。但以河北、陝西諸路所支既多，人遂輕之。商賈争收入京，以市金銀，銀價昂，穀亦隨之。若令寶券路各殊制，則不可復入河南，則河南金銀賤而穀自輕。若直閉京城粟不出，則外亦自守，不復入京，穀當益貴。宜諭郡縣小民，毋妄增價，官爲定制，務從其便。”

[1]講義所：官署名。金哀宗遷都歸德府後立於汴京，設講義所以備諮詢。　開封府：府名。治所在今河南省開封市。

四年正月，監察御史田迥秀言：[1]“國家調度皆資寶券，行才數月，又復壅滯，非約束不嚴、奉行不謹也。夫錢幣欲流通也，必輕重相權，散斂有術而後可。今之患在出太多、入太少爾。若隨時裁損所支，而增其所收，庶乎或可也。”因條五事，一曰省冗官吏，二曰損酒使司，[2]三曰節兵俸，四曰罷寄治官，五曰酒税及納粟補官皆當用寶券。詔酒税從大定之舊，餘皆不從。

尋又更定捕獲僞造寶券官賞。

[1]田迴秀：人名。不詳。

[2]酒使司：官署名。掌監知人户釀造麯酒事。長官爲使，從六品。在出土的金代官印中有“瑞州商酒務記”“寧海州酒務記”“遂城縣酒務記”（見景愛《金代官印集》，文物出版社1991年版，第49頁），應即酒使司的印記。

三月，翰林侍講學士趙秉文言：[1]“比者寶券滯塞，蓋朝廷將議更張，而已妄傳不用，因之抑遏，漸至廢絶，此迺權歸小民也。自遷汴以來，[2]廢回易務，臣愚謂當復置，令職官通市道者掌之，給銀鈔粟麥縑帛之類，權其低昂而出納之。仍自選良監當官營爲之，若半年無過，及券法通流，則聽所指任便差遣。”詔議行之。

[1]翰林侍講學士：翰林學士院下屬官員。掌制撰詞命等事。從三品。　趙秉文：金磁州滏陽（今河北省磁縣）人。晚號閑閑老人。本書卷一一〇有傳。

[2]汴：地名。北宋時爲東京。金初稱汴京。金貞元元年（1153），更爲南京，貞祐二年（1214），金中都被蒙古軍所圍，宣宗遷都於此。治所在今河南省開封市。

四月，河東行省胥鼎言：[1]“交鈔貴乎流通，今諸路所造不充所出，不以術收之，不無缺誤。宜量民力徵斂，以裨軍用。河中宣撫司亦以寶券多出，[2]民不之貴，乞驗民貧富徵之。雖爲陝西，[3]若一體徵收，則彼中所有日湊於河東，與不斂何異。又河北寶券以不許行于河南，由是愈滯。”宰臣謂：“昨以河北寶券，商旅齎販繼踵南渡，遂致物價翔踴，迺權宜限以路分。今鼎既以本路用度繁殷。欲徵軍須錢，宜從所請。若陝西可徵與否，詔令行省議定而後行。”

[1]行省：官署名。行尚書省的簡稱。章宗以後，因用兵、河防等事涉及諸路，需統籌安排，因而臨時設立行尚書省，作爲尚書省的派出機構以總其事，事畢撤銷。金末漸遍布全國，成爲臨時性地方設置。長官爲行尚書省事，或簡稱行省事，一般由執政充任。

[2]河中：府名。原宋河東郡，金屬河東南路。金天會六年（1128）降爲蒲州，天德元年（1149）升爲河中府，大定五年（1165）置陝西元帥府。治所在今山西省永濟市西南蒲州鎮。　宣撫司：官署名。長官爲使，從一品。掌節制兵馬事。金泰和六年（1206）始置陝西路宣撫司，節制陝西右監軍、右都監兵馬公事，八年，改陝西宣撫司爲安撫司，節制陝西兵馬公事。後置陝西、山東東西路、大名路、河北東西路、河東南北路、遼東咸平路、隆安路、上京路、肇州路、北京路共十路宣撫司。金貞祐四年（1216）六月，罷黄河以北諸路宣撫司，更置經略司。

[3]雖爲陝西：“爲”，本書卷一〇八《胥鼎傳》作“然”。

五月，上以河北州府官錢散失，多在民間，命尚書省經畫之。

八月，平章高琪奏：[1]“軍興以來，用度不貲，惟賴寶券，然所入不敷所出，是以浸輕，今千錢之券僅直數錢，隨造隨盡，工物日增，不有以救之，弊將滋甚。宜更造新券，與舊券權爲子母而兼行之，[2]庶工物俱省，而用不乏。”濮王守純以下皆憚改，[3]奏曰：“自古軍旅之費皆取於民，向朝廷以小鈔殊輕，權更寶券，而復禁用錢。小民淺慮，謂楮幣易壞，不若錢可久，於是得錢則珍藏，而券則亟用之，惟恐破裂而至於廢也。今朝廷知支而不知收，所以錢日貴而券日輕。然則券之輕非民輕之，國家致之然也。不若量其所支復斂于民，出入循環，則彼知爲必用之物，而知愛重矣。今徒患輕而即欲更造，不惟信令不行，且恐新券之輕復同舊券也。”既而，隴州防禦使完顏寓及陝西行省令史惠吉繼言券法之弊。[4]寓請姑罷印造，以見在者流通之，若滯塞則驗丁口之多寡、物力之高下而徵之。吉言：“券者所以救弊一時，非可通流與見錢比，必欲通之，不過多斂少支爾。然斂多則傷民，支少則用度不足，二者皆不可。爲今日計，莫若更造，以‘貞祐通寶’爲名，自百至三千等之爲十，聽各路轉運司印造，仍不得過五千貫，與舊券參用，庶乎可也。”詔集百官議。户部侍郎奧屯阿虎、禮部侍郎楊雲翼、郎中蘭芝、刑部侍郎馮鄂皆主更造，[5]户部侍郎高夔、員外郎張師魯、兵部侍郎徒單歐里白皆請徵斂，[6]惟户部尚書蕭貢謂止當如舊，[7]而工部尚書李元輔謂二者可並行。[8]太子少保張行信亦言不宜更造，[9]但嚴立不行之罪，足矣。侍御史趙伯成曰：[10]“更造之法，陰奪民利，其弊甚於徵。徵之爲法，特徵於農民則不可，若徵於市肆商賈之家，是亦敦本抑末之一端。”刑部主事王壽寧曰：[11]“不然，今之重錢輕券者皆農爾，其斂必先於民而後可。”轉運使王擴曰：[12]“凡論事當究其本，今歲支軍士家口粮四萬餘石，如使斯人地着，少寬民力，然後徵之，則行之不難。”榷貨司楊貞亦欲節無名之費，[13]罷閑冗之官。或有請鑄大錢以當百，别造小鈔以省費。或謂縣官當擇人者。獨吏部尚書温迪罕思敬上書言：[14]“國家立法，莫不備具，但有司不克奉之而已。誠使臣得便宜從事，凡外路四品以下官皆許杖决，三品以上奏聞，仍付監察二人馳驛往來，法不必變，民不必徵，一號令之，可使上下無不奉法。如其不然，請就重刑。”上以示宰臣曰：“彼自許如此，試委之可乎？”宰臣未有以處，而監察御史陳規、完顔素蘭交諍，[15]以爲“事有難行，聖哲猶病之，思敬何爲者，徒害人爾。”上以衆議紛紛，月餘不决，厭之，乃詔如舊，紓其徵歛之期焉。未幾，竟用惠吉言，造‘貞祐通寶’，興定元年二月，[16]始詔行之，凡一貫當千貫，增重僞造沮阻罪及捕獲之賞。

[1]平章：即平章政事。爲宰相之貳，從二品。佐治省事。高琪：即術虎高琪。金西北路女真人。本書卷一〇六有傳。

[2]子母：貨幣名詞。大小。幣值大的稱“母”，幣值小的稱“子”。

[3]濮王：金封爵名。小國一字王號，位第一。　守純：金宣宗第二子，本名盤都。本書卷九三有傳。

[4]隴州：原宋開陽郡，金屬鳳翔路。金海陵時隸熙秦路，大定二十七年（1187）來屬。治所在今陝西省千陽縣。　防禦使：官名。防禦州長官，掌防捍不虞，禦制盗賊。從四品。　完顔寓：金西南路猛安人，本名訛出。本書卷一〇四有傳。寓，同“宇”。惠吉：金三原縣（今陝西省三原縣）人。餘不詳。

[5]奥屯阿虎：金末時人。曾任户部郎中、侍郎、宣徽使等官。

郎中：掌同侍郎。正員一人，從五品。　蘭芝：人名。不詳。　刑部侍郎：刑部尚書的佐貳，掌律令格式，功賞捕亡等事。正員一人，正四品。　馮鄂：人名。不詳。

[6]高夔：曾任監察御史、户部尚書等官。　員外郎：此處指户部員外郎，户部的下屬官員。掌户籍、婚姻、俸禄、租税、等事。正員不定，從六品。　張師魯：金末人。曾爲户部侍郎等官。　兵部侍郎：兵部尚書的佐貳。掌兵籍、軍器、等事。正員一人，正四品。　徒單歐里白：女真人。曾爲工部侍郎等官。

[7]蕭貢：金京兆咸陽人。本書卷一〇五有傳。

[8]李元輔：曾爲泰定軍節度使等官。

[9]太子少保：東宫屬官。宫師府的下屬官員。掌保護東宫，導以德儀。正三品。　張行信：莒州日照縣（今山東省日照市）人。本書卷一〇七有傳。

[10]侍御史：御史臺官員。掌奏事，判臺事。正五品。　趙伯成：曾爲吏部侍郎、吏部尚書等官。

[11]刑部主事：官名。正員二人。從七品。　王壽寧：人名。其他事迹不詳。

[12]王擴：金中山永平（今河北省盧龍縣）人。本書卷一〇四有傳。

[13]榷貨司：官署名。貞祐四年（1216）設在南京。職掌與榷貨物同。長官爲提舉，從五品。　楊貞：宣宗時人。曾爲陝西行六部尚書、户部郎中等官。

[14]温迪罕思敬：曾任尚書省令史、同知定武軍節度使、尚書左司郎中、吏部尚書等職。

[15]陳規：金絳州稷山（今山西省稷山縣）人。本書卷一〇九有傳。　完顔素蘭：女真人。又名翼。本書卷一〇九有傳。

[16]興定：金宣宗年號（1217—1221）。

五月，以鈔法屢變，隨出而隨壞，制紙之桑皮故紙皆取于民，至是又甚艱得，遂令計價，但徵寶券、通寶，名曰“桑皮故紙錢”，謂可以免民輸輓之勞，而省工物之費也。高汝礪言：“河南調發繁重，所徵租税三倍於舊，僅可供億，如此其重也。而今年五月省部以歲收通寶不充所用，[1]迺於民間斂桑皮故紙鈔七千萬貫以補之，又太甚矣。而近又以通寶稍滯，又增兩倍。河南人户農居三之二，今年租税徵尚未足，而復令出此，民若不糴當納之租，則賣所食之粟，舍此將何得焉。今所急而難得者芻糧也，出於民而有限。可緩而易爲者交鈔也，出於國而可變。以國家之所自行者而强求之民，將若之何。向者大鈔滯則更爲小鈔，小鈔弊則改爲寶券，寶券不行則易爲通寶，變制在我，尚何煩民哉。民既悉力以奉軍而不足，又計口、計税、計物、計生殖之業而加徵，若是其剥，彼不能給，則有亡而已矣。民逃田穢，兵食不給，是軍儲鈔法兩廢矣。臣非於鈔法不加意，非故與省部相違也，但以鈔滯物貴之害輕，民去軍飢之害重爾。”時不能用。

[1]部：指户部。

三年十月，省臣奏：[1]“向以物重錢輕，犯贓者計錢論罪則太重，於是以銀爲則，每兩爲錢二貫。有犯通寶之贓者直以通寶論，如因軍興調發，受通寶及三十貫者，已得死刑，準以金銀價，纔爲錢四百有奇，則當杖。輕重之間懸絶如此。”遂命准犯時銀價論罪。四年三月，參知政事李復亨言：[2]“近制，犯通寶之贓者并以物價折銀定罪，每兩爲錢二貫，而法當贖銅者，止納通寶見錢，亦乞令依上輸銀，既足以懲惡，又有補於官。”詔省臣議，遂命犯公錯過悮者止徵通寶見錢，[3]贓污故犯者輸銀。

［1］省臣：指尚書省大臣。尚書省設有尚書令、左右丞相，平章政事、左右丞、參知政事、郎中等官。

［2］李復亨：榮州河津（今山西省河津市）人。本書卷一〇〇有傳。

［3］悮：同“誤”。

四年十二月，鎮南軍節度使温迪罕思敬上書言：[1]“錢之爲泉也，貴流通而不可塞，積於官而不散則病民，散於民而不斂則闕用，[2]必多寡輕重與物相權而後可。大定之世，民間錢多而鈔少，故貴而易行。軍興以來，在官殊少，民亦無幾，軍旅調度悉仰于鈔，日之所出動以萬計，至于填委市肆，能無輕乎。不若馳限錢之禁，許民自采銅鑄錢，而官制模範，[3]薄惡不如法者令民不得用，則錢必日多，鈔可少出，少出則貴而易行矣。今日出益衆，民日益輕，有司欲重之而不得其法，至乃計官吏之俸、驗百姓之物力以斂之，而卒不能增重，曾不知錢少之弊也。臣謂宜令民鑄錢，而當斂鈔者亦聽輸銀，民因以銀鑄錢爲數等，文曰‘興定元寶’，定直以備軍賞，亦救弊之一法也。”朝廷不從。

[1]鎮南軍：原宋汝南郡淮康軍，金屬南京路蔡州治下。金泰和八年（1208）升爲節度。治所在今河南省汝南縣。

[2]闕：義同“缺”。

[3]模範：製作器物的模型，也稱模子。

五年閏十二月，宰臣奏：“向者寶券既弊，乃造‘貞祐通寶’以救之，迄今五年，其弊又復如寶券之末。初，通寶四貫爲銀一兩，今八百餘貫矣。宜復更造‘興定寶泉’，子母相權，與通寶兼行，每貫當通寶四百貫，以二貫爲銀一兩，隨處置庫，許人以通寶易之。縣官能使民流通者，進官一階、升職一等，其或姑息以致壅滯，則亦追降的決爲差。州府官以所屬司縣定罪賞，命監察御史及諸路行部官察之，定撓法失糾舉法，失舉則御史降決，行部官降罰，集衆妄議難行者徒二年，告捕者賞錢三百貫。”元光元年二月，始詔行之。

二年五月，更造每貫當通寶五十，又以綾印製‘元光珍貨’，同銀鈔及餘鈔行之。行之未久，銀價日貴，寶泉日賤，民但以銀論價。至元光二年，寶泉幾於不用，乃定法，銀一兩不得過寶泉三百貫，凡物可直銀三兩以下者不許用銀，以上者三分爲率，一分用銀，二分用寶泉及珍貨、重寶。京師及州郡置平準務，[1]以寶泉銀相易，其私易及違法而能告者罪賞有差。是令既下，市肆晝閉，商旅不行，朝廷患之，乃除市易用銀及銀寶泉私相易之法。然上有限用之名，而下無從令之實，有司雖知，莫能制矣。義宗正大間，[2]民間但以銀市易。

[1]平準務：官署名。金尚書省户部所屬機構。元光二年（1223）五月設，十月罷廢。長官爲使，從六品。

[2]義宗：金哀宗的另一謚號。哀宗完顔守緒，初名守禮，又名寧甲述（1198—1234）。金宣宗第三子，元光二年十二月即帝位，改元正大。停止攻宋，專力抗蒙。正大九年（1232）正月戊申，傳位於承麟。次日，自縊死。《大金國志》卷二六，"義宗皇帝名守緒"。又記"或謂'哀'不足以盡謚，天下士夫咸以'義宗'謚，蓋取《左氏》君死社稷之義"。王鶚《汝南遺事》亦稱哀宗爲"義宗"。　正大：金哀宗年號（1224—1232）。

天興二年十月印"天興寶泉"于蔡州，[1]自一錢至四錢四等，[2]同見銀流轉，不數月國亡。

[1]天興：金哀宗年號（1232—1234）。　蔡：州名。原宋汝南郡淮康軍，金屬南京路。金泰和八年（1208）升爲節度，曾置榷場。治所在今河南省汝南縣。

[2]自一錢至四錢四等：中華點校本按，《汝南遺事》卷三記此事云："戊寅，更造'天興寶會'，同見銀流轉，一錢、二錢、三錢、五錢凡四等，以楮爲之。"此處"四錢"當是"五錢"之誤，屬半兩錢。

金史　卷四九

志第三十

食貨四

鹽　酒　醋　茶　諸征商　金銀税

鹽。金制，榷貨之目有十，[1]曰酒、麯、茶、醋、香、礬、丹、錫、鐵，[2]而鹽爲稱首。貞元初，[3]蔡松年爲户部尚書，[4]始復鈔引法，[5]設官置庫以造鈔、引。鈔，合鹽司簿之符。引，會司縣批繳之數。七年一釐革之。[6]

[1]榷貨：政府專賣之物。

[2]麯：一種製酒發酵劑。

[3]貞元：金海陵王年號（1153—1155）。

[4]蔡松年：金真定（今河北省正定縣）人。本書卷一二五有傳。　户部尚書：户部長官。掌户部事。正三品。

[5]鈔引法：金朝印造鈔引的制度。金貞元二年（1154），設印造鈔引庫，印造交鈔與鹽引、鹽鈔。鬻鹽時需鈔、引、公據（政

府發的證明）三者具備。

［6］釐：改正。

初，遼、金故地濱海多産鹽，[1]上京、東北二路食肇州鹽，[2]速頻路食海鹽，[3]臨潢之北有大鹽濼，[4]烏古里石壘部有鹽池，[5]皆足以食境内之民，嘗征其税，及得中土，鹽場倍之，故設官立法加詳焉。然而增減不一，廢置無恒，亦隨時捄弊而已。

［1］遼：朝代名（916—1125）。

［2］上京：京、路名。原爲女真按出虎水完顔部居地，俗稱皇帝寨、御寨。金太宗時始建都城，稱會寧府。熙宗時號上京。海陵王遷都燕京（今北京），削上京號，衹稱會寧府。金世宗時復號上京，爲上京路治所。治所在今黑龍江省阿城市金上京舊城址。　東北二路：指胡里改路和蒲峪路，相當於節度州的低級路。胡里改路，屬上京路，金初置萬户，海陵時改爲節度使，承安三年（1198）置節度副使，治所在今黑龍江省依蘭市喇嘛廟。蒲峪路，蒲峪，亦作“蒲與”。屬上京路，金初置萬户，海陵時改爲節度使，承安三年置節度副使，治所在今黑龍江省克東縣金城鄉古城村（參見黑龍江省文物考古研究所《黑龍江克東縣金代蒲峪路故城發掘》，《考古》1987 年第 2 期）。　路：金朝早期地方最高的行政設置是路，它是受漢制的影響而出現的，但這一時期的路制既不同於遼、宋王朝的地方建制，也與熙宗官制改革以後的路制不同，金朝的路制大多是因族、因地、因制而不斷設立的，路的級別也不同（參見程妮娜《金代政治制度研究》，吉林大學出版社 1999 年版，第 55 頁）。　肇州：遼出河店。天會八年（1130），因金太祖在此以兵勝遼，肇王基於此，遂建爲州。治所在今黑龍江省肇源縣茂興站南的吐什吐（《<中國歷史地圖集>釋文彙編·東北卷》，第 156、165

頁），一説在在今黑龍江省肇源縣望海屯（參見張博泉等《東北歷代疆域史》，吉林人民出版社 1981 年版，第 179、196 頁）。另一説在今黑龍江省肇東市八里城（參見李健才《金元肇州考》，《北方文物》1986 年第 2 期）。還有些人認爲是吉林省前郭縣境内的“塔虎城”（張柏忠《金代泰州、肇州考》，《社會科學戰綫》1987 年第 4 期）。

[3]速頻路：上京路下的一個低級路。遼爲率賓府，金天會二年，以耶懶路都孛堇所居地瘠，遷於此，海陵時改置節度使，因名速頻路節度使。治所在今俄羅斯濱海邊疆區烏蘇里斯克（雙城子）。

[4]臨潢：府、路名。屬北京路。遼爲上京。金初亦稱上京，天眷元年（1138）改爲北京。天德二年（1150）改北京爲臨潢府路。貞元元年（1153），以大定府爲北京後，置北京臨潢府路提刑司。大定後罷路，并入大定府路。貞祐二年（1214）四月，嘗僑治於平州。治所在今内蒙古巴林左旗南波羅城。　大鹽濼：即廣濟湖。金代重要的産鹽地。在今内蒙古自治區東烏珠穆沁旗西南達布蘇湖。

[5]烏古里石磊部：女真部落之一。分布在嫩江上游以西雅魯、卓兒河兩河流域之地。金於其地設立烏古迪烈統軍司，後升爲招討司，又改爲東北路招討司。

益都、濱州舊置兩鹽司，[1]大定十三年四月，[2]并爲山東鹽司。[3]二十一年滄州及山東各務增羨，[4]冒禁鬻鹽，[5]朝論慮其久或隳法，遂并爲海豐鹽使司。[6]十一月，又并遼東等路諸鹽場，[7]爲兩鹽司。大定二十五年，更狗濼爲西京鹽司。[8]是後惟置山東、滄、寶坻、莒、解、北京、西京七鹽司。[9]

[1]益都：府名。原宋鎮海軍，金屬山東東路。治所在今山東

省青州市。　濱州：州名。宋軍事，金屬山東東路。治所在今山東省濱州市北濱城鎮。　鹽司：官署名。指鹽使司，掌幹鹽利以佐國用。長官爲使，正五品。

［2］大定：金世宗年號（1161—1189）。

［3］山東：路名。金初設有山東東、西路。山東東路原爲宋京東東路，治所在今山東省青州市。山東西路原爲宋東平郡，舊鄆州，後以府尹兼總管，置轉運司，治所在今山東省東平縣。

［4］滄州：原宋景城郡，金屬河北東路。治所在今河北省滄州市。

［5］鬻：賣。

［6］海豐：鎮名。屬河北東路滄州鹽山治下。治所在今河北省黄驊市。

［7］遼東：金無遼東路，指遼東路轉運司。治所咸平府，在今遼寧省開原市開原老城。

［8］狗濼：湖名。在今河北省張北縣。　西京：金京、路名。沿用遼舊名，爲西京路治所。金熙宗時，西京隸屬元帥府，海陵王時置本路總管府，後改置西京留守司。治所在今山西省大同市。

［9］是後惟置山東、滄、寶坻、莒、解、北京、西京七鹽司：本書卷五七《百官志三》記載，“山東鹽使司，與寶坻、滄、解、遼東、西京、北京凡七司”，與此不同。按，《金史・百官志》無“莒”而有“遼東”。《金史・食貨志》衍“莒”字，脱“遼東”字。寶坻，縣名，屬中都路大興府治下，本新倉鎮，大定十二年（1172）升爲縣，承安三年（1198）升爲盈州，後廢州，治所在今天津市寶坻縣。莒州，州名，本城陽軍，大定二十二年升爲城陽州，二十四年更今名，治所在今山東省莒縣。解，州名，屬河東南路，宋慶成軍防禦，金初置解梁郡軍，後廢爲刺郡，金貞祐三年（1215）復升爲節鎮，金興定四年（1220）徙治平陸縣，治所在今山西省運城市西南。北京，路名，原遼中京，遼統和二十五年（1007）建爲中京，金初沿稱中京，金貞元元年（1153）更爲北

京，治所在今内蒙古自治區寧城縣西北大明城。

山東、滄、寶坻斤三百爲一袋，袋二十有五爲大套，鈔、引、公據三者俱備然後聽鬻。小套袋十，或五、或一，每套鈔一，引如袋之數。寶坻零鹽較其斤數，或六之三，或六之一，又爲小鈔引給之，[1]以便其鬻。

[1]小鈔：海陵貞元中行鈔法，分一百、二百、三百、五百、七百五等爲小鈔。見本書卷四八《食貨志三》"錢幣"條。

解鹽斤二百有五十爲一席，席五爲套，鈔引則與陝西轉運司同鬻，[1]其輸粟於陝西軍營者，許以公牒易鈔引。[2]

[1]陝西轉運司：官署名。北宋於至道三年（997）設陝西路，熙寧五年（1072）分爲永興軍路與秦鳳路。據本書卷二六《地理志下》"京兆府路"條，"宋爲永興軍路"，"京兆府"條，"天德二年置陝西路統軍司、陝西東路轉運司"，"鳳翔路"條，"宋秦鳳路"，可證金初以原宋永興軍路爲陝西東路，原宋秦鳳路爲陝西西路。據本書卷二六《地理志下》"慶原路"條，"舊作陝西西路"，可知陝西西路治所最初應設在慶原府。後曾分陝西爲六路，皇統二年（1142）省並爲四路。但轉運司、提刑司等機構仍按陝西東、西路設置。轉運司，官署名，掌賦稅錢穀，倉庫出納，權衡度量之制。長官爲轉運使，正三品。

[2]公牒：公文。

西京等場鹽以石計，大套之石五，小套之石三。北京大套之石四，小套之石一。遼東大套之石十。皆套一鈔，石一引。零鹽積十石，亦一鈔而十引。

其行鹽之界，各視其地宜。山東、滄州之場九，行山東、河北、大名、河南、南京、歸德諸府路，[1]及許、亳、陳、蔡、潁、宿、泗、曹、睢、鈞、單、壽諸州。[2]莒之場十二，濤洛場行莒州，[3]臨洪場行贛榆縣，[4]獨木場行海州司候司、朐山、東海縣，[5]板浦場行漣水、沭陽縣，[6]信陽場行密州，[7]之五場又與大鹽場通行沂、邳、徐、宿、泗、滕六州。[8]西由場行萊州録事司及招遠縣，[9]衡村場行即墨、萊陽縣，[10]之二場鈔引及半袋小鈔引，聽本州縣鬻之。寧海州五場皆鬻零鹽，[11]不用引目。黄縣場行黄縣，[12]巨風場行登州司候司、蓬萊縣，[13]福山場行福山縣，[14]是三場又通行旁縣棲霞。[15]寧海州場行司候司、牟平縣，[16]文登場行文登縣。[17]寶坻鹽行中都路，[18]平州副使於馬城縣置局貯錢。[19]解鹽行河東南北路、陝西東、及南京河南府、陝、鄭、唐、鄧、嵩、汝諸州。[20]西京、遼東鹽各行其地。北京、宗、錦之末鹽，[21]行本路及臨潢府、肇州、泰州之境，[22]與接壤者亦預焉。

[1]河北：天會七年（1129）分河北路爲河北東路與河北西路。河北東路治所在今河北省河間市。河北西路治所在今河北省正定縣。　大名：府名。舊爲散府，先置統軍司，天德二年（1150）罷，以其所轄民户分隸旁近總管府。正隆二年（1157）升爲總管府。治所在今河北省大名縣。　河南：府名。原宋西京河南府洛陽

郡，金屬南京路。金初置德昌軍，興定元年（1217）升爲中京，府曰金昌。治所在今河南省洛陽市。　南京：京、路名。治所在今河南省開封市。　歸德：府名。原宋宋州，金屬南京路。金初置宣武軍。治所在原河南省商丘縣南。金天興元年（1232），蒙軍圍南京（河南省開封市），十二月庚子，金哀宗從南京遁逃，天興二年正月退入歸德。

［2］許：州名。原宋潁昌府許昌郡，金屬南京路。治所在今河南省許昌市。　亳：州名。原宋譙郡集慶軍，隸揚州。金貞祐三年（1215）升爲節鎮，軍名集慶。治所在今安徽省亳州市。　陳：州名。原宋淮寧府淮寧郡，金屬南京路。治所在今河南省淮陽縣。蔡：州名。原宋汝南郡淮康軍，金屬南京路。金泰和八年（1208）升爲節度，曾置榷場。治所在今河南省汝南縣。　潁：州名。金屬南京路。原宋順昌府汝陰郡，嘗置榷場，金正隆四年罷榷場。治所在今安徽省阜陽市。　宿：州名。金屬南京路。原宋符離郡保静軍節度，隸揚州。金初隸山東西路，大定六年（1166）來屬。治所在今安徽省宿州市。　泗：州名。原宋臨淮郡，金屬南京路。金正隆四年罷諸地榷場，但置榷場於此。治所在今江蘇省盱眙縣。　曹：州名。原宋興仁府濟陰郡彰信軍，金屬山東西路。本隸南京路，泰和八年來屬，大定八年城爲黄河湮没，遷州治於古乘氏縣。治所在今山東省菏澤市。　睢：州名。原宋拱州，金屬南京路。金天德三年改拱州置。治所在今河南省睢縣。　鈞：州名。原爲陽翟縣，金屬南京路。大定二十二年升爲州，名爲潁順，二十四年更名鈞州。治所在今河南省禹州市。　單：州名。原宋碭郡，金屬南京路。治所在今山東省單縣。　壽：州名。屬南京路。治所在今安徽省鳳臺縣。

［3］濤洛場：鹽場地名。治所在今山東省日照市南的黄海邊。

［4］臨洪場：鹽場地名。治所在今江蘇省連雲港市。　贛榆縣：屬山東東路海州治下，原懷仁，大定七年更名贛榆。治所在今江蘇省贛榆縣附近。

［5］獨木場：地名。不詳。　海州：屬河北西路，治所在今江蘇省連雲港市。　司候司：官署名。金於諸防刺州置，司候一員，正九品；司判一員，從九品。　朐山：縣名。屬山東東路海州治下。治所在今連雲港市西南。　東海縣：屬山東東路海州治下。治所在今連雲港市附近。

［6］板浦場：地名。不詳。　漣水：縣名。屬山東東路海州治下。原漣水軍，皇統二年（1142）降爲縣來屬。治所在今江蘇省漣水縣。　沭陽縣：屬山東東路海州治下。治所在今江蘇省沭陽縣。

［7］信陽場：鹽場地名。不詳。　密州：原宋爲密州高密郡安化軍節度，金屬山東東路。治所在今河南省新密市。

［8］大鹽場：鹽場地名。不詳。　沂：州名。原宋琅琊郡，金屬山東東路。治所在今山東省臨沂市東南。　邳：州名。原宋淮陽軍，金屬山東西路。金貞祐三年（1215）改隸河南府。治所在今江蘇省睢寧縣西北古邳鎮。　徐：州名。原宋彭城郡，金屬山東西路。金貞祐三年改隸河南府。治所在今江蘇省徐州市。　滕：州名。原宋滕陽軍，金屬山東西路。金大定二十二年升爲騰陽州，二十四年更名滕州。治所在今山東省滕州市。

［9］西由場：鹽場地名。治所在今山東省掖縣北渤海邊。　萊州：原宋東萊郡，金屬山東東路。治所在今山東省萊陽市。　録事司：官署名。金於諸府節鎮置，録事一員，正八品，判官一員，正九品，執掌與警巡使同。　招遠縣：屬山東東路萊州治下。治所在今山東省招遠市。

［10］衡村場：不詳。　即墨：縣名。屬山東東路萊州治下。原治所在今山東省即墨市。　萊陽縣：屬山東東路萊州治下。治所在今山東省萊陽市。

［11］寧海州：屬山東東路。原寧海軍，大定二十二年升爲州。治所在今山東省寧海縣。

［12］黄縣場：鹽場地名。治所在今山東省龍口市附近。

［13］巨風場：鹽場地名。治所在今山東省蓬萊市。　登州：原

宋東牟郡，金屬山東東路。治所在今山東省蓬萊市。　蓬萊縣：屬山東東路登州治下。治所在今山東省蓬萊市。

［14］福山場：鹽場地名。治所在今山東省烟臺市附近。

［15］棲霞：縣名。屬山東東路登州治下。治所在今山東省棲霞縣。

［16］寧海州場行司候司："行"字下漏有地名。寧海州場，鹽場地名，治所在今山東省烟臺市東。　牟平縣：屬山東東路寧海州治下。治所在今山東省烟臺市東。

［17］文登場：鹽場地名。治所在今山東省文登市附近。

［18］中都路：原遼路名。本唐幽州。唐安史之亂時史思明於此建號稱帝，稱燕京。後晋割與契丹。遼會同元年（938），稱南京，開泰元年（1012）號燕京。金初沿稱燕京，貞元元年（1153）建都於此，以燕京乃列國之名，不當爲京師號，改爲中都。治所在今北京市西南。

［19］副使：鹽使司佐貳官。正六品。　馬城縣：屬中都路灤州治下。治所在今河北省灤縣南。新編《樂亭縣志》據遼代舊塔基出土的石刻記載，樂亭縣舊名馬城。

［20］陝西東：指陝西東路轉運司。　陝：州名。原宋陝郡保平軍節度，金屬南京路。金皇統二年降爲防禦，貞祐二年升爲節鎮。治所在今陝西省三門峽市。　鄭：州名。金屬南京路。原宋南陽郡，嘗置榷場。治所在今河南省鄭州市。　唐：州名。金屬南京路。原宋淮安郡，嘗置榷場。治所在今河南省唐河縣。　鄧：州名。金屬南京路。原宋南陽郡，嘗置榷場。治所在今河南省鄧州市。　嵩：州名。舊名順州，天德三年更名汝州。治所在今河南省嵩縣。　汝：州名。原宋臨汝郡路海軍節度，金屬南京路。金初爲刺郡，貞祐三年升爲防禦。治所在今河南省汝州市。

［21］宗：州名。屬北京路。本來州，天德三年更爲宗州，泰和六年以避睿宗諱，更爲瑞州。治所在今遼寧省綏中縣西南。　錦：州名。屬北京路。舊隸興中府，後來屬。治所在今遼寧省錦州市。

［22］泰州：屬北京路。遼時爲契丹二十部族牧地，海陵正隆年間，置德昌軍，隸上京，大定二十五年罷，承安三年（1198）復置於長春縣，以舊泰州爲金安縣。金安縣，治所在今吉林省洮南市東北雙塔鄉城四家子舊城址，一説在今黑龍江省泰來縣塔子城古城。新泰州治所在今吉林省前郭縣他虎城（參見張博泉《東北歷代疆域史》，吉林人民出版社1981年版）。此指舊泰州。

世宗大定三年二月，[1]定軍私煮鹽及盜官鹽之法，命猛安謀克巡捕。[2]

［1］世宗：廟號。本名烏禄，漢名雍（1161—1189）。本書卷六至八有紀。　大定三年二月：本書卷六《世宗紀上》記此事在大定二年（1162）二月，此“三年”誤。

［2］猛安謀克：指金代女真人特有的社會組織形式，是由氏族時期圍獵組織逐漸發展形成的。猛安，女真語的原意是“千”，所以猛安官又稱千夫長。謀克，女真語的原意是“族”“氏族”“鄉里”，滿語漢譯作“穆昆”。《三朝北盟會編》卷三作“毛毛可”。金人建國之前，猛安謀克無定數，太祖收國二年（1116）定制，以三百户爲一謀克，十謀克爲一猛安。每謀克所領披甲正兵約百人，所以謀克官又稱百夫長。實際這衹是個約數，猛安的謀克數及謀克的户數在金初都不固定。本書卷四四《兵志》記載：“東京既平，山西繼定，内收遼、漢之降卒，外籍部卒之健士。嘗用遼人訛里野以北部百三十户爲一謀克。漢人王六兒以諸州漢人六十五户爲一謀克，王伯龍及高從祐等並領所部爲一猛安。”猛安謀克的壯丁平時畋獵，戰時出征，是一種生産、行政、軍事三者合一的組織。

三年十一月，詔以銀牌給益都、濱、滄鹽使司。[1]

[1]銀牌：金代的銀牌有兩類。一類爲官員佩帶，以示功賞；另一類爲遣使送遞文書的信牌（參見和希格《從金代的金銀牌探討女真大小字》，《内蒙古大學學報》1980 年第 4 期）。

十一年正月，用西京鹽判宋俁言，[1]更定狗濼鹽場作六品使司，以俁爲使，順聖縣令白仲通爲副，[2]以是歲入錢爲定額。四月，以烏古里石壘民飢，罷其鹽池税。

[1]鹽判：即鹽使司判官。正七品。　宋俁：人名。不詳。

[2]順聖縣：屬西京路弘州治下。治所在今河北省陽原縣。　順聖縣令：順聖縣長官。掌養百姓、按察所部、勸課農桑、總判縣事等。正員一人，正七品。　白仲通：人名。不詳。

十二年十月，詔西北路招討司猛安所轄貧及富人奴婢，[1]皆給食鹽。宰臣言去鹽濼遠者，[2]所得不償道里之費，遂命計口給直，富家奴婢二十口止。

[1]西北路：治所在今内蒙古自治區正藍旗。　招討司：官署名。長官爲使，正三品。掌招懷降附，征討叛離。金在西北路、西南路、東北路置招討司。西南路招討司，治所在豐州，今内蒙古自治區呼和浩特市東。東北路招討司，本書卷九三《宗浩傳》，"初朝廷置東北路招討司泰州，去境三百里，每敵入，比出兵追襲，敵已遁去。至是，宗浩奏徙之金山，以據要害。設副招討二員，分置左、右，由是敵不敢犯"，東北路招討司治泰州，即今吉林省洮安縣東雙塔鄉程四家子古城，章宗時宗浩又設分司於金山縣。　所轄貧及富人奴婢：中華點校本校勘記云，"貧"字下有脱文，或是"户"字。

［2］宰臣：宰相及諸執政大臣。金朝以尚書省的尚書令，左、右丞相，平章政事爲宰相，尚書左右丞、參知政事爲執政官（詳見元好問《平章政事壽國張文貞公神道碑》，《元好問全集》卷一六，山西人民出版社 1990 年版）。

十三年二月，并榷永鹽爲寶坻使司，[1]罷平、灤鹽錢。[2]滄州舊廢海阜鹽場，[3]三月，州人李格請復置，[4]詔遣使相視。有司謂："是場與則損滄鹽之課，且食鹽户仍舊，而鹽貨歲增，必徒多積而不能售。"遂寢其議。三月，大鹽濼設鹽税官。[5]復免烏古里石壘部鹽池之税。

［1］永鹽：平、灤産的鹽當時有"永鹽"之稱。

［2］灤：州名。遼爲永安軍，金屬中都路。金天輔七年（1123）置節度使。治所在今河北省灤縣。

［3］海阜：鹽場地名。不詳。

［4］李格：人名。不詳。

［5］三月，大鹽濼設鹽税官：此處上文有"三月"，不應重出"三月"。本書卷九二《曹望之傳》繫此事在大定初，此處繫年有誤。

二十一年八月，參知政事梁肅言：[1]"寶坻及傍縣多闕食，可減鹽價增粟價，而以粟易鹽。"上命宰臣議，皆謂"鹽非多食之物，若減價易粟，恐久而不售，以至虧課。今歲粮以七十餘萬石至通州，[2]比又以恩、獻等六州粟百餘萬石繼至，[3]足以賑之，不煩易也"。遂罷。十二月，罷平州椿配鹽課。[4]

[1]參知政事：尚書省下屬官。爲左、右丞相的佐貳，佐治政事。從二品。　梁肅：人名。本書卷八九有傳。

[2]通州：州名。屬中都路。天德三年（1151）升潞縣置，興定二年（1218）五月升爲防禦。治所在今北京市通州區。

[3]恩：州名。原宋清河郡軍事。治所在今山東省武城縣東。獻：州名。屬河北東路。本樂壽縣，天會七年（1129）升爲壽州，天德三年更今名。治所在今河北省獻縣。

[4]平州：遼代爲遼興軍。金天輔七年（1123）以燕西地與宋，遂以平州爲南京，以錢帛司爲三司，天會四年復爲平州。治所在今河北省盧龍縣。

二十三年七月，博興縣民李孜收日炙鹽，[1]大理寺具私鹽及刮鹹土二法以上。[2]宰臣謂非私鹽可比，張仲愈獨曰："私鹽罪重，而犯者猶衆，不可縱也。"上曰："刮鹻非煎，何以同私？"仲愈曰："如此則渤海之人恣刮鹻而食，[3]將侵官課矣。"力言不已，上乃以孜同刮鹻科罪，後犯則同私鹽法論。

[1]博興縣：屬山東東路益都府治下。治所在今山東省博興縣。李孜：人名。不詳。　日炙鹽：在鹽鹹地經日曬刮地得之鹽。

[2]大理寺：官署名。掌各地奏案，審疑案。長官爲卿，正四品。

[3]渤海之人：指靠近渤海邊生活的人。

十一月，張邦基言：[1]"寶坻鹽課，若每石收正課百五十斤，慮有風乾折耗。"遂令石加耗鹽二十二斤半，仍先一歲貸支償直，以優竈户。[2]

[1]張邦基：人名。不詳。

[2]竈（zào）户：金户類名。指金代從事鹽業生産的人户。

二十四年七月，上在上京，謂丞相烏古論元忠等曰：[1]"會寧尹蒲察通言，[2]其地猛安謀克户甚艱。舊速頻以東食海鹽，蒲與、胡里改等路食肇州鹽，初定額萬貫，今增至二萬七千。若罷鹽引，添竈户，庶可易得。"元忠對曰："已嘗遣使咸平府以東規畫矣。"[3]上曰："不須待此，宜亟爲之。"通又言"可罷上京酒務，聽民自造以輸税。"上曰："先灤州諸地亦嘗令民煮鹽，後以不便罷之，今豈可令民自沽耶。"

[1]烏古論元忠：本名訛里也。金上京獨拔古女真人。本書卷一二〇有傳。

[2]會寧：府名。金初建都之地，稱上京會寧府。治所在今黑龍江省阿城市東南金上京舊址。　尹：官名。一府之長官。掌宣風導俗，肅清所部，總判府事。正員一人，正三品。　蒲察通：金中都路胡土愛割蠻猛安人。本名蒲魯渾。本書卷九五《蒲察通傳》記此時通爲上京留守帶本府尹。

[3]咸平府：府名。遼爲咸州，金屬上京路。金初爲咸州路，置都統司，天德二年（1150）升爲咸平府，後爲總管府。置遼東路轉運司、東京咸平路提刑司。治所在今遼寧省開原市老城。

二十五年十月，上還自上京，謂宰臣曰："朕聞遼東，凡人家食鹽，但無引目者，即以私治罪。夫細民徐買食之，何由有引目。可止令散辦，或詢諸民，從其所欲。"因爲之罷北京、遼東鹽使司。

二十八年，尚書省論鹽事，[1]上曰："鹽使司雖辦官課，然素擾民。鹽官每出巡，而巡捕人往往私懷官鹽，所至求賄及酒食，稍不如意則以所懷誣以爲私鹽。鹽司苟圖羨增，雖知其誣亦復加刑。宜令別設巡捕官，勿與鹽司關涉，庶革其弊。"五月，創巡捕使，山東、滄、寶坻各二員，解、西京各一員。山東則置於濰州、招遠縣，[2]滄置於深州及寧津縣，[3]寶坻置於易州及永濟縣，[4]解置於澄城縣，[5]西京置於兜答館，[6]秩從六品，直隸省部，各給銀牌，取鹽使司弓手充巡捕人，且禁不得於人家搜索，若食鹽一斗以下不得究治，惟盜販私煮則捕之，在三百里內者屬轉運司，外者即隨路府提點所治罪，[7]盜課鹽者亦如之。

[1]尚書省：行政官署名。長官爲尚書令，正一品。隋文帝實行官制改革，在中央設中書、門下、尚書三省。中書省是決策機構。門下省是審議機構。尚書省是執行機構，下統六部。此後歷代因其制。金初中央亦設三省，至海陵王即位，罷中書、門下兩省，衹置尚書省。尚書省成爲金朝最高國家行政機構。

[2]濰州：屬山東東路。治所在今山東省濰坊市。

[3]深州：原宋饒陽郡防禦，金屬河北東路。治所在今河北省深州市南。　寧津縣：屬河北東路景州治下。治所在今山東省寧津縣南。

[4]易州：原遼高陽軍，金屬中都路。治所在今河北省易縣。永濟縣：屬中都路薊州治下，大定二十七年（1187）以永濟務置，泰和八年（1208）十一月衛紹王永濟繼位，爲避諱改爲豐潤。治所在今河北省豐潤縣。

[5]澄城縣：屬京兆府路同州治下。治所在今陝西省澄城縣。

[6]兜答館：地名。不詳。

[7]提點所：官署名。不詳。

章宗大定二十九年十月，[1]上朝隆慶宫，[2]諭有司曰："比因獵，知百姓多有鹽禁獲罪者，民何以堪。朕欲令依平、灤、太原均辦例，令民自煎，其令百官議之。"十二月，户部尚書鄧儼等謂"若令民計口定課，[3]民既輸乾辦錢，[4]又必别市而食，是重費民財，而徒增煎販者之利也。且今之鹽價，蓋昔日錢幣易得之時所定，今日與向不同，況太平日久，户口蕃息，食鹽歲課宜有羨增，而反無之，何哉。緣官估高，貧民利私鹽之賤，致虧官課爾。近已減寶坻、山東、滄鹽價斤爲三十八文，乞更減去八文，歲不過減一百二十餘萬貫，官價既賤，所售必多，自有羨餘，亦不全失所減之數。況今府庫金銀約折錢萬萬貫有奇，設使鹽課不足，亦足補百有餘年之經用，若量入爲出，必無不足之患，乞令平、灤乾辦鹽課亦宜減價，各路巡鹽弓手不得自專巡捕，庶革誣罔之弊。"禮部尚書李晏等曰：[5]"所謂乾辦者，既非美名，又非良法。必欲杜絶私煮盜販之弊，莫若每斤減爲二十五文，使公私價同，則私將自已。又巡鹽兵吏往往挾私鹽以誣人，可令與所屬司縣期會，方許巡捕，違者按察司罪之。"[6]刑部尚書郭邦傑等則謂平、灤瀕海及太原鹵地可依舊乾辦，[7]餘同儼議。御史中丞移剌仲方則謂私煎盜販之徒，[8]皆知禁而犯之者也。可選能吏充巡捕使，而不得入人家搜索。同知大興府事王翛請每斤減爲二十文，[9]罷巡鹽官。左諫議大夫徒單鎰則以乾辦爲便。[10]宰臣奏以“每斤官本十文，若減作二十五文，似爲得中。巡鹽弓手可減三分之一，鹽官出巡須約所屬同往，不同獲者不坐。可自來歲五月一日行之。”上遂命寶坻、山東、滄鹽每斤減爲三十文，已發鈔引未支者准新價足之，餘從所請。十二月，[11]遂罷西京、解鹽巡捕使。[12]

[1]章宗：廟號。本名麻達葛，漢名璟（1168—1208）。本書卷九至一二有紀。

[2]隆慶宫：中都皇宫。明昌五年（1194）復爲東宫。

[3]鄧儼：金懿州宜民人。天德進士。本書卷九七《鄧儼傳》記他任户部尚書是在明昌初年。

[4]乾辦：即令民交納鹽税，政府不給鹽可以自煎。

[5]禮部尚書：總判部事。正員一人，正三品。　李晏：金澤州高平（今山西省高平市）人。本書卷九六有傳。

[6]按察司：官署名。掌鎮撫人民，稽察邊防軍旅，審録重刑等事。長官爲按察使，正三品。據本書卷五七《百官志三》，在承安四年（1199）把提刑司改爲按察司，此時衹有提刑司而無按察司。

[7]刑部尚書：刑部長官。掌律令格式、審定刑名等事。正員一人，正三品。　郭邦傑：人名。曾任通州刺史、右司郎中、轉運使等官。

[8]御史中丞：御史臺屬官。佐貳大夫。從三品。　移剌仲方：金世宗、章宗時人。曾任知河南府事、御史大夫、陝西路副統軍、左宣徽使、吏部侍郎等職。

[9]同知大興府事：爲府尹之貳，掌通判府事。從四品。大興府，府名，原後晋幽州，遼會同元年（938）升爲南京，開泰元年（1012）更爲永安析津府，金天會七年（1129）分河北路爲河北東

路與河北西路，時屬河北東路，貞元元年（1153）更名大興。治所在今北京市西南。

［10］左諫議大夫：諫院長官。正四品。　徒單鎰：金上京路女真人。本名按出。本書卷九九有傳。

［11］十二月：按此處與上文重複，當削。

［12］遂罷西京解鹽巡捕使：此處與下文重複，疑是衍文。

時既詔罷乾辨鹽錢，十二月，[1]以大理司直移剌九勝奴、廣寧推官宋扆議北京、遼東鹽司利病，[2]遂復置北京、遼東鹽使司，北京路歲以十萬餘貫爲額，遼東路以十三萬爲額。罷西京及解州巡捕使。

［1］十二月：此處與上文重複，當削。

［2］大理司直：大理寺的下屬官員。掌參議疑獄，披詳法狀，正員四人。正七品。　移剌九勝奴：人名。不詳。　廣寧：府名。本遼顯州奉先軍，金屬北京路。金天輔七年（1123）升爲府，天德二年（1150）隸咸平，後隸東京，泰和元年（1201）七月來屬。治所在今遼寧省北寧市。　推官：掌同府判，分判兵、刑、工案事。正員一人，正七品。　宋扆（yǐ）：金中都宛平人。本書卷一二一有傳。

明昌元年七月，[1]上封事者言河東北路乾辨鹽錢歲十萬貫太重，[2]以故民多逃徙，乞緩其徵督。上命侯農隙遣使察之。十二月，定禁司縣擅科鹽制。

［1］明昌：金章宗年號（1190—1196）。

［2］封事：密封的奏章。古代百官奏機密事，爲防泄密，用皂囊封緘呈進，故稱封事。　河東北路：原宋河東路。天會六年

(1128）析爲南、北路。治所在今山西省太原市。

二年五月，省臣以山東鹽課不足，[1]蓋由鹽司官出巡不敢擅捕，必約所屬同往，人不畏故也。遂詔，自今如有盜販者，聽鹽司官輒捕。民私煮及藏匿，則約所屬搜索。巡尉弓兵非與鹽司相約，則不得擅入人家。

[1]省臣：指尚書省大臣。

三年六月，孫即康等同鹽司官議，[1]"軍民犯私鹽，三百里内者鹽司按罪，遠者付提點所，皆徵捕獲之賞於販造者。猛安謀克部人煎販及盜者，所管官論贖，三犯杖之，能捕獲則免罪。又濱州渤海縣永和鎮去州遠，[2]恐藏盜及私鹽，可改爲永豐鎮與曹子山村各創設巡檢，[3]山東、寶坻、滄鹽司判官乞升爲從七品，[4]用進士。"上命猛安謀克杖者再議，餘皆從之。

[1]孫即康：金大興府人。本書卷九九有傳。

[2]永和鎮：屬河東南路隰州治下。治所在今山西省永和縣。

[3]可改爲永豐鎮與曹子山村各創設巡檢：中華點校本按，本書卷二五《地理志中》，山東東路濱州，"利津，明昌三年十二月以永和鎮升置"，此處"可改爲"下疑脱"利津縣"三字。

[4]山東、寶坻、滄鹽司判官乞升爲從七品：中華點校本按，本書卷五七《百官志三》，"山東鹽使司，與寶坻、滄……凡七司……判官三員，正七品"，疑"七"或爲"六"字之誤。判官，官名，協助長官處理部分政務，金朝廷部分官署，如三司、司天臺、武衛軍都指揮使司等設此職，諸京留守司、諸總管府和州、警

巡院、録事司亦設此職，品秩自五品到從八品不等。

尚書省奏，“山東濱、益九場之鹽行於山東等六路，濤洛等五場止行於沂、邳、徐、宿、滕、泗六州，各有定課，方之九場，大課不同。若令與九場通比增虧，其五場官恃彼大課，恐不用力，轉生奸弊”。遂定令五場自爲通比。舊法與鹽司使副通比，故至是始改焉。

五年正月，八小場鹽官左華等，[1]以課不能及額，繳進告勅。遂遣使按視十三場再定，除濤洛等五場係設管勾，[2]可即日恢辦，迺以華所告八場，從大定二十六年制，自見管課，依新例永相比磨。户部郎中李敬義等言，[3]“八小場今新定課有減其半者，如使俱從新課，而舊課已辦入官，恐所減錢多，因而作弊，而所收錢數不復盡實附曆納官”，遂從明昌元年所定酒税院務制，令即日收辦。

［1］左華：人名。不詳。

［2］管勾：官名。掌收藏帳籍案牘，以備稽考之事。正員不定，秩七至九品不等。

［3］户部郎中：户部下屬官員。掌户籍，物力，榷場等事。從五品。　李敬義：人名。本書卷四五記此時李敬義爲户部侍郎。

十一月，以舊制猛安謀克犯私鹽、酒麯者，[1]轉運司按罪，遂更定軍民犯私鹽者皆令屬鹽司，私酒麯則屬轉運司，三百里外者則付提點所，若逮問犯人而所屬恡不遣者徒二年。[2]

[1]酒麯：一種製酒發酵劑。金代早期禁止民間私釀，由官府專賣，後改收麯課，聽民釀。

[2]慳：同“吝”。

十二月，尚書省議山東、滄州舊法每一斤錢四十一文，寶坻每一斤四十三文，自大定二十九年赦恩并特旨，減爲三十文，計減百八十五萬四千餘貫。後以國用不充，遂奏定每一斤復加三文爲三十三文。至承安三年十二月，[1]尚書省奏："鹽利至大，今天下户口蕃息，食者倍於前，軍儲支引者亦甚多，况日用不可闕之物，豈以價之低昂而有多寡也。若不隨時取利，恐徒失之。"遂復定山東、寶坻、滄州三鹽司價每一斤加爲四十二文，解州舊法每席五貫文，增爲六貫四百文。遼東、北京舊法每石九百文，增爲一貫五百文。西京煎鹽舊石二貫文，增爲二貫八百文，撈鹽舊一貫五百文，增爲二貫文。既增其價，復加其所鬻之數。七鹽司舊課歲入六百二十二萬六千六百三十六貫五百六十六文，至是增爲一千七十七萬四千五百一十二貫一百三十七文二分。[2]山東舊課歲入二百五十四萬七千三百三十六貫，增爲四百三十三萬四千一百八十四貫四百文。滄州舊課歲入百五十三萬一千二百貫，增爲二百七十六萬六千六百三十六貫。寶坻舊入八十八萬七千五百五十八貫六百文，增爲一百三十四萬八千八百三十九貫。解州舊入八十一萬四千六百五十七貫五百文，增爲一百三十二萬一千五百二十貫二百五十六文。遼東舊入十三萬一千五百七十二貫八百七十文，增爲三十七萬六千九百七十貫二百五十六文。北京舊入二十一萬三千八百九十二貫五百文，增爲三十四萬六千一百五十一貫六百一十七文二分。西京舊入十萬四百一十九貫六百九十六文，增爲二十八萬二百六十四貫六百八文。

[1]承安：金章宗年號（1196—1200）。

[2]“七監司舊課”至“一千七十七萬四千五百一十二貫一百三十七文二分”：此處七監司新、舊課歲入數與下文所列各監司新舊歲入數之和均不合。按下文各監司舊課歲入數之和爲六百二十二萬六千六百三十七貫一百六十六文，新課歲入之和爲一千七十七萬四千五百六十六貫一百三十七文二分。

四月，[1]宰臣奏：“在法，猛安謀克有告私鹽而不捕者杖之，其部人有犯而失察者，以數多寡論罪。今乃有身犯之者，與犯私酒麴、殺牛者，皆世襲權貴之家，不可不禁。”遂定制徒年、杖數，不以贖論，不及徒者杖五十。

[1]四月：按四月上缺紀年，上有“承安三年十二月”，則此當是承安四年（1199）或五年。

八月，命山東、寶坻、滄州三鹽司，每春秋遣使督按察司及州縣巡察私鹽。

泰和元年九月，[1]省臣以滄、濱兩司鹽袋，歲買席百二十萬，皆取於民。清州北靖海縣新置滄鹽場，[2]本故獵地，沮洳多蘆，宜弛其禁，令民時采而織之。

[1]泰和：金章宗年號（1201—1208）。

[2]清州：原宋幹寧郡軍，金屬河北東路。治所在今河北省青縣。　靖海縣：金屬河北東路青州治下。金明昌四年（1193）以青州窩子口置，明時改靖爲静。治所在今天津市静海縣。

十一月，陜西路轉運使高汝礪言：[1]"舊制，捕告私鹽、酒麴者，計斤給賞錢，皆徵于犯人。然監官獲之則充正課，巡捕官則不賞，巡捕軍則減常人之半，免役弓手又半之，是罪同而賞異也。乞以司縣巡捕官不賞之數，及巡捕弓手所减者，皆徵以入官，則罪賞均矣。"詔從之。

[1]陜西路轉運使高汝礪：據本書卷一〇七《高汝礪傳》，明昌"四年十二月，爲陜西東路轉運使。泰和元年七月，改西京路轉運使。二年正月，爲北京臨潢府路按察使"。此陜西路轉運使，當是西京路轉運使之誤。轉運使，轉運司長官，掌税賦錢穀、倉庫出納、權衡度量等事，正三品。高汝礪，人名，金應州金城人，本書卷一〇七有傳。

三年二月，以解鹽司使治本州，以副治安邑。[1]

[1]安邑：縣名。屬河東南路解州治下。治所在今山西省運城市。此云"以解鹽司治本州，以副治安邑"，安邑蓋解州鹽使司之分司。

十一月，定進士授鹽使司官，以榜次及入仕先後擬注。[1]

[1]榜次：金朝常以舉進士第一人人名名榜。榜次，即中榜的先後。

四年六月，以七鹽使司課額七年一定爲制，每斤增爲四十四文。時桓州刺史張煒乞以鹽易米，[1]詔省臣議之。

[1]桓州：屬西京路。治所初在今内蒙古自治區正藍旗南黑城子。後北遷三十里建新桓州城，在今内蒙古自治區正藍旗北四郎城。　刺史：刺史州長官。掌宣導風俗、肅清所部，兼治州事。正五品。　張煒：金洺州永年人。本書卷一〇〇有傳。

六月，詔以山東、滄州鹽司自增新課之後，所虧歲積，蓋官既不爲經畫，而管勾、監同與合干人互爲姦弊，以致然也。即選才幹者代兩司使副，以進士及部令史、譯人、書史、譯史、律科、經童、諸局分出身之廉慎者爲管勾，[1]而罷其舊官。

[1]令史：官名。掌文書案牘之事。有進士、宰執子弟、吏員轉補等女真令史和左右漢令史，出仕途徑不同。無品階。　譯人：吏名。金朝各級官衙中管理文書語言翻譯之人。　書史：吏名。掌衙門文書案牘之事。主要設於按察司、安撫司，多於終場舉人内充選。　譯史：吏名。從事筆譯，設於州以上官署。金朝規定，役滿一百二十個月，即可出職。大定二十八年（1188）規定，省女真譯史從現任從七品、從八品，年六十以上者中選用。　律科：金代科舉考試科目之一。　經童：金代科舉考試科目之一。金在皇統間，取至五十人，遂定爲常科。考試中選後，與律科一樣，也稱爲

舉人。

十月，西北路有犯花鹹禁者，欲同鹽禁罪，宰臣謂若比私鹽，則有不同。詔定制，收鹻者杖八十，十斤加一等，罪止徒一年，賞同私礬例。

五年六月，以山東、滄州兩鹽司侵課，遣户部員外郎石鉉按視之，[1]還言令兩司分辦爲便。詔以周昂分河北東西路、大名府、恩州、南京、睢、陳、蔡、許、潁州隸滄鹽司，[2]以山東東西路，開、濮州，[3]歸德府，曹、單、亳、壽、泗州隸山東鹽司，各計口承課。

[1]户部員外郎：户部的下屬官員。掌户籍、婚姻、俸禄、租税、等事。正員不定，從六品。

[2]周昂：金真定（今河北省正定縣）人。本書卷一二六有傳。

[3]開：州名。金屬大名府路。原宋開德府澶淵郡鎮寧軍節度，降爲澶州，金皇統四年（1144）更名開州。治所在今河南省濮陽市西南。　濮州：金屬大名府路。原宋濮陽郡。治所在今山東省鄄城縣。

十月，簽河北東西大名路按察司事張德輝言，[1]海壖人易得私鹽，故犯法者衆，可量户口均配之。尚書省命山東按察司議其便利，言：“萊、密等州比年不登，計口賣鹽所斂雖微，人以爲重，恐致流亡。且私煮者皆無籍之人，豈以配買而不爲哉。”遂定制，命與滄鹽司皆馳驛巡察境内。

[1]簽河北東西大名路按察司事：以京官爲地方官稱簽。按據本書卷五七《百官志三》，“簽按察司事，正五品，承安四年設”。此繫在明昌五年，誤。　張德輝：人名。不詳。

六年三月，[1]右丞相内族宗浩、參知政事賈鉉言：[2]“國家經費惟賴鹽課，今山東虧五十餘萬貫，蓋以私煮盜販者成黨，鹽司既不能捕，統軍司、按察司亦不爲禁，[3]若止論犯私鹽者之數，罰俸降職，彼將抑而不申，愈難制矣。宜立制，以各官在職時所增虧之實，令鹽司以達省部，[4]以爲升降。”遂詔諸統軍、招討司，京府州軍官，所部有犯者，兩次則奪半月俸，一歲五次則奏裁，巡捕官但犯則的決，令按察司御史察之。[5]

[1]六年三月：“三”，北監本、南監本作“二”。

[2]右丞相：爲宰相。從一品。按本書卷一二《章宗紀四》，泰和四年八月，“丁酉，以尚書右丞相宗浩爲左丞相”，七年九月，“左丞相兼都元帥宗浩薨於軍”。此處當作“左丞相”。　内族：即宗室。金代爲避睿宗諱，在大定以前稱宗室，大定以後稱内族。宗室，指金始祖完顔函普的後裔，有金一代均如此，與漢人的宗室概念不同。　宗浩：金皇族，即完顔昂子，本名老。本書卷九三有傳。　賈鉉：金博州博平人。本書卷九九有傳。

[3]統軍司：官署名。掌督領兵馬，鎮撫邊疆。長官爲使，正三品。金在河南、山西、陝西、益都置統軍司。按本書卷二五《地理志中》，河南統軍司置於天德二年（1150），治所在今河南省開封市。據中華點校本校勘記，本書卷四四《兵志》天德二年九月，“罷大名統軍司，而置統軍司于山西、河南、陝西三路”，卷七二《轂英傳》，“天德二年，遷右監軍，元帥府罷，改山西路統軍使，

領西南、西北兩路招討兵馬”，由此知山西確置有統軍司，但其治所不詳。陝西路統軍司，治所在今陝西省西安市。益都統軍司，又稱山東統軍司，治所在今山東省青州市。

[4]省：指尚書省。

[5]御史：即監察御史。主管糾察内外百官，檢查諸官署賬目案卷，並監祭禮及出使之事。正七品。世宗大定二年（1162）定員八人，章宗承安四年增至十人，承安五年增至十二人，遂爲定制。按本書卷五七《百官志三》按察司條，下設官職爲使、副使、簽按察司事、判官等，無“御史”一職。

四月，從涿州刺史夾古蒲乃言，[1]以萊州民所納鹽錢聽輸絲綿銀鈔。

[1]涿州：原遼永泰軍，金屬中都路。治所在今河北省涿州市。夾古蒲乃：女真人。餘不詳。

七年九月，定西、北京，遼東鹽使判官及諸場管勾，增虧升降格，凡文資官吏員、諸局署承應人、應驗資歷注者，增不及分者升本等首，一分減一資，二分減兩資、遷一官，四分減兩資、遷兩官，虧則視此爲降。如任回驗官注擬者，增不及分升本等首，一分減一資，二分減一資、遷一階，四分減兩資、遷兩階，虧者亦視此爲降。

十二月，尚書省以盧附翼所言，[1]遂定制竈户盗賣課鹽法，若應納鹽課外有餘，則盡以中官，[2]若留者減盗一等。若刮鹻土煎食之，采黄穗草燒灰淋鹵，及以酵粥爲酒者，杖八十。

[1]盧附翼：人名。不詳。

[2]則盡以中官："中"，殿本作"申"。是。

八年七月，宋克俊言：[1]"鹽管勾自改注進士諸科人，而鹽官有失超升縣令之階，以故怠而虧課，乞依舊爲便。"有司以泰和四年改注時，選當時到部人截替，遂擬以秋季到部人注代。

[1]宋克俊：人名。不詳。

八年七月，[1]詔沿淮諸榷場，[2]聽官民以鹽市易。

[1]八年七月：此處與上文重複，當改爲"是月"爲妥。

[2]榷場：金代對外貿易市場。金朝在臨近宋、蒙古、西夏、高麗等沿邊重鎮設立榷場，兼有政治作用。東勝、净、慶三州榷場除貿易牲畜、畜産品外，還是羈縻蒙古等部的基地。

宣宗貞祐二年十月，[1]户部言，陽武、延津、原武、滎澤、河陰諸縣饒鹹鹵，[2]民私煎不能禁。遂詔置場，設判官、管勾各一員，隸户部。既而，御史臺奏，[3]諸縣皆爲有力者奪之，而商販不行，遂勑御史分行申明禁約。

[1]宣宗：廟號。本名吾睹補，漢名珣（1163—1224）。本書卷一四至一六有紀。　貞祐：金宣宗年號（1213—1216）。

[2]陽武：縣名。屬南京路開封府治下。治所在今河南省原陽縣。　延津：縣名。屬南京路開封府治下。貞祐三年（1215）七月

升爲延州。治所在今河南省延津縣。　原武：縣名。屬南京路鄭州治下。治所在今河南省原陽縣西南原武鎮。　滎澤：縣名。屬南京路鄭州治下。治所在今河南省鄭州市北。　河陰：縣名。屬南京路鄭州治下。治所在今河南省鄭州市北。

[3]御史臺：官署名。掌糾察朝儀，彈劾官邪，勘鞫官府公事，審理陳訴刑獄不當等事。長官爲御史大夫，從二品。

三年十二月，河東南路權宣撫副使烏古論慶壽言：[1]“絳、解民多業販鹽，[2]由大陽關以易陝、虢之粟，[3]及還渡河，而官邀糴其八，其旅費之外所存幾何。而河南行部復自運以易粟于陝，以盡奪民利。比歲河東旱蝗，加以邀糴，物價踴貴，人民流亡，誠可閔也。乞罷邀糴，以紓其患。”四年七月，慶壽又言：“河中乏粮，[4]既不能濟，而又邀糴以奪之。夫鹽乃官物，有司陸運至河，復以舟達京兆、鳳翔，[5]以與商人貿易，艱得而甚勞。而陝西行部每石復邀糴二斗，是官物而自糴也。夫轉鹽易物，本濟河中，而陝西復强取之，[6]非奪而何。乞彼此壹聽民便，則公私皆濟。”上從之。

[1]權：唐以來稱代理、攝守之官爲“權”。　宣撫副使：佐貳官。按察司副使兼宣撫副使。正四品。　烏古論慶壽：金河北西路猛安人。本書卷一〇一有傳。

[2]絳：州名。原宋絳郡防禦，金屬河東南路。金天會六年（1128）置絳陽軍節度使，興定二年（1218）十二月升爲晉安府，總管河東南路兵馬。治所在今山西省新絳縣。

[3]大陽關：地名。不詳。

[4]河中：府名。原宋河東郡天會六年降爲蒲州，金屬河東南

路。金天德元年（1149）升爲河中府，大定五年（1165）置陝西元帥府。治所在今山西省永濟市西南蒲州鎮。

［5］鳳翔：府名。原宋扶鳳郡鳳翔軍節度，金屬鳳翔路。金皇統二年（1142）升爲府。治所在今陝西省鳳翔縣。

［6］陝西：金無陝西路。北宋的陝西路治所在京兆府（今陝西省西安市），轄境相當於今陝西、寧夏長城以南，秦嶺以北及山西西南部、河南西北部、甘肅東南部地區。金朝皇統二年（1142），省並陝西六路爲四（太宗天會八年以後，右副元帥完顏宗輔爲攻取陝西的金兵統帥。金占領陝西以後設置幾路，《金史》中的記載並不統一。本書卷一九《睿宗紀》記載爲“既定陝西五路”，卷四《熙宗紀》也記載，八月，“招撫諭陝西五路”，似乎金朝占領陝西以後設置了五路。但《金史·地理志》記載爲四路）。金的陝西路指京兆（治所在今陝西省西安市）、慶原（甘肅省慶陽市）、熙秦（即臨洮路，治所在今甘肅省臨夏縣東北）、鄜延（治所在今陝西省延安市）路。

興定二年六月，［1］以延安行六部員外郎盧進建言：［2］“綏德之嗣武城、義合、克戎寨近河地多産鹽，［3］請設鹽場管勾一員，歲獲十三萬餘斤，可輸錢二萬貫以佐軍。”三年，詔用其言，設官鬻鹽給邊用。

［1］興定：金宣宗年號（1217—1221）。

［2］延安：府名。原宋延安郡彰武軍節度使，金屬鄜延路。金皇統二年（1142）置彰武軍節度使。治所在今陝西省延安市。　行六部：官署名。中央六部的派出機構。行，官制用語，官階高而所理職低者稱行。　員外郎：尚書省各部屬官。一至三員不等，從五品至從六品不等。　盧進：人名。不詳。

［3］綏德：州名。原唐綏州，宋綏德軍，金屬鄜延路。金大定

二十二年（1182）升爲州。治所在今陝西省綏德縣。　嗣武城：屬鄜延路綏德州治下。治所在今陝西省米脂縣西北。　義合：寨名。屬鄜延路綏德州治下。治所在今陝西省綏德縣東。　克戎寨：屬鄜延路綏德州治下。治所在今陝西省子洲縣東北。

四年，李復亨言，[1]以河中西岸解鹽舊所易粟麥萬七千石充關東之用。[2]尋命解鹽不得通陝西，以北方有警，河禁方急也。元光二年内族訛可言，[3]民運解鹽有助軍食，詔修石牆以固之。

[1]李復亨：榮州河津（今山西省河津市）人。本書卷一〇〇有傳。

[2]關東：地域名。指潼關以東。

[3]訛可：金宣宗孫，荆王守純長子。本書卷一一一有傳。

酒。金榷酤因遼、宋舊制，[1]天會三年始命榷官，[2]以周歲爲滿。世宗大定三年，詔宗室私釀者，從轉運司鞫治。三年，[3]省奏中都酒户多逃，以故課額愈虧。上曰："此官不嚴禁私釀所致也。"命設軍百人，隸兵馬司，[4]同酒使副合干人巡察，雖權要家亦許搜索。奴婢犯禁，杖其主百。且令大興少尹招復酒户。[5]

[1]宋：朝代名（960—1279）。

[2]天會：金太宗與金熙宗初年號（1123—1137）。

[3]三年：按此處與上文重複，當削。

[4]兵馬司：指諸總管府節鎮等機構。

[5]大興少尹：府尹的佐官。掌通判府事。正員一人，正五品。

八年，更定酒使司課及五萬貫以上，鹽場不及五萬貫者，依舊例通注文武官，餘並右職有才能、累差不虧者爲之。九年，大興縣官以廣陽鎮務虧課，[1]而懼奪其俸，逼以酒散部民，使輸其稅。大理寺以財非入己，請以贖論。上曰："雖非私贓，而貧民亦被其害，若止從贖，何以懲後。"特命解職。

[1]大興縣：屬中都路大興府治下。治所在今北京市大興區。廣陽鎮：屬中都路大興府大興縣治下。治所在今北京市大興區西。

二十六年，省奏鹽鐵酒麴自定課後，增各有差。上曰："朕頃在上京，酒味不嘉。朕欲如中都麴院取課，[1]庶使民得美酒。朕日膳亦減省，嘗有一公主至，而無餘膳可與。朕欲日用五十羊何難哉，慮費用皆出於民，不忍爲也。監臨官惟知利己，不知利何從來。若恢辦增羨者酬遷，虧者懲殿，仍更定并增并虧之課，無失元額。[2]如横班祗虧者，與餘差一例降罰，庶有激勸。且如功酬合辦二萬貫，而止得萬七八千，難迭兩酬者，必止納萬貫，而輒以餘錢入己。今後可令見差使内不迭酬餘錢，[3]與後差使内所增錢通筭爲酬，[4]庶錢可入官。及監官食直，若不先與，何以責廉。今後及格限而至者，即用此法。"又奏罷杓欄人。[5]

[1]中都麴院：即中都都麴使司。長官爲使，從六品。

[2]元：本來。

[3]見：義同"現"。

[4]筭：同“算”。

[5]杓欄人：應爲酒稅務下屬吏員。

二十七年，議以天下院務，依中都例，改收麯課，而聽民酤。户部遣官詢問遼東來遠軍，[1]南京路新息、虞城，[2]西京路西京酒使司、白登縣、迭剌部族、天成縣七處，[3]除稅課外，願自承課賣酒。上曰：“自昔監官多私官錢，若令百姓承辦，庶革此弊。其試行之。”

[1]來遠軍：金屬東京路。舊來遠城，本遼熟女真地，金大定二十二年（1182）升爲軍，後升爲州。治所在今遼寧省丹東市九連城東，鴨緑江中黔定島上。

[2]新息：縣名。屬南京路息州治下。治所在今河南省息縣。虞城：縣名。屬南京路歸德府治下。治所在今河南省虞城縣北。

[3]白登縣：屬西京路大同府治下。本名長清，大定七年（1167）更。治所在今山西省陽高縣。 迭剌：部落名。原爲契丹遥輦八部之一，後降金。金承安三年（1198）改爲土魯渾扎石合節度使。 天成縣：屬西京路大同府治下。治所在今山西省天鎮縣。

明昌元年正月，更定新課，令即日收辦。中都麯使司，大定間歲獲錢三十六萬一千五百貫，承安元年歲獲四十萬五千一百三十三貫。西京酒使司，大定間歲獲錢五萬三千四百六十七貫五百八十八文，承安元年歲獲錢十萬七千八百九十三貫。七月，定中都麯使司以大定二十一年至明昌六年爲界，通比均取一年之數爲額。

五年四月，省奏：“舊隨處酒稅務，所設杓欄人，以射粮軍歷過隨朝差役者充，大定二十六年罷去，其隨朝應役軍人，各給添支錢粟酬其勞。今擬將元收杓欄錢，[1]以代添支，令各院務驗所收之數，百分中取三，隨課代輸，更不入比，歲約得錢三十餘萬，以佐國用。”

[1]杓欄錢：所徵酒坊税。

泰和四年九月，省奏：“在都麯使司，自定課以來八年并增，宜依舊法，以八年通該課程，均其一年之數，仍取新增諸物一分税錢并入，通爲課額。以後之課，每五年一定其制。”又令隨處酒務，元額上通取三分作糟酵錢。[1]

[1]糟酵錢：麯税一種。因製酒過程中産生酒糟和酵母而徵的税。

六年，制院務賣酒數各有差，若數外賣、及將帶過數者，罪之。

宣宗貞祐三年十二年，御史田迥秀言：[1]“大定中，酒税歲及十萬貫者，始設使司，其後二萬貫亦設，今河南使司亦五十餘員，[2]虚費月廪，宜依大定之制。”元光元年，復設麯使司。

[1]田迥秀：人名。不詳

[2]河南：府名。原宋西京河南府洛陽郡，金屬南京路。金初置德昌軍，興定元年（1217）升爲中京，府曰金昌。治所在今河南省洛陽市。

醋税。自大定初，以國用不足，設官榷之，以助經用。至二十三年，以府庫充牣，遂罷之。

章宗明昌五年，以有司所入不充所出，言事者請榷醋息，遂令設官榷之，其課額，俟當差官定之。後罷。

承安三年三月，省臣以國用浩大，遂復榷之。五百貫以上設都監，千貫以上設同監一員。

茶。自宋人歲供之外，皆貿易于宋界之榷場。世宗大定十六年，以多私販，迺更定香茶罪賞格。章宗承安三年八月，以謂費國用而資敵，遂命設官製之。以尚書省令史承德郎劉成往河南視官造者，[1]以不親嘗其味，但采民言謂爲温桑，實非茶也，還即白上。上以爲不幹，杖七十，罷之。

[1]承德郎：階官名。爲金代文官散階正七品上。　劉成：人名。不詳。

四年三月，於淄、密、寧海、蔡州各置一坊，[1]造新茶，依南方例，每斤爲袋，直六百文。以商旅卒未販運，命山東、河北四路轉運司以各路户口均其袋數，付各司縣鬻之。買引者，納錢及折物，各從其便。

[1]淄：州名。原宋淄川郡，金屬山東東路。治所在今山東省淄博市南。

五月，以山東人户造賣私茶，侵侔榷貨，遂定比煎私礬例，罪徒二年。

泰和四年，上謂宰臣曰："朕嘗新茶，味雖不嘉，亦豈不可食也。比令近侍察之，迺知山東、河北四路悉椿配於人，既曰强民，宜抵以罪。此舉未知運司與縣官孰爲之，所屬按察司亦當坐罪也。其閱實以聞。自今其令每袋價減三百文，至來年四月不售，雖腐敗無傷也。"

五年春，罷造茶之坊。三月，上諭省臣曰："今雖不造茶，其勿伐其樹，其地則恣民耕樵。"六年，河南茶樹槁者，命補植之。十一月，尚書省奏："茶，飲食之餘，非必用之物。比歲上下竞啜，農民尤甚，市井茶肆相屬。商旅多以絲絹易茶，歲費不下百萬，是以有用之物而易無用之物也。若不禁，恐耗財彌甚。"遂命七品以上官，其家方許食茶，仍不得賣及饋獻。不應留者，以斤兩立罪賞。七年，更定食茶制。

八年七月，言事者以茶迺宋土草芽，而易中國絲綿錦絹有益之物，不可也。國家之鹽貨出於鹵水，歲取不竭，可令易茶。省臣以謂所易不廣，遂奏令兼以雜物博易。

宣宗元光二年三月，省臣以國蹙財竭，奏曰："金幣錢穀，世不可一日闕者也。茶本出於宋地，非飲食之急，而自昔商賈以金帛易之，是徒耗也。泰和間，嘗禁止之，後以宋人求和，迺罷。兵興以來，復舉行之，然犯者不少衰，而邊民又窺利，越境私易，恐因泄軍情，或盜賊入境。今河南、陝西凡五十餘郡，郡日食茶率二十袋，袋直銀二兩，是一歲之中妄費民銀三十餘萬也。[1]奈何以吾有用之貨而資敵乎。"迺制親王、公主及見任五品以上官，素蓄者存之，禁不得賣、饋，餘人並禁之。犯者徒五年，告者賞寶泉一萬貫。[2]

[1]袋直銀二兩，是一歲之中妄費民銀三十餘萬也：中華點校本校勘記謂，上文“五十餘郡，郡日食茶二十袋”，是每日千袋，袋直銀二兩則一歲妄費七十餘萬，如袋直銀一兩則妄費三十餘萬，“二”字或“三”字必有一誤。

[2]寶泉：紙幣名。金興定五年（1221）發行“興定寶泉”。遼寧省博物館館藏的“興定寶泉”交鈔與《金史》記載的交鈔樣式略有不同。館藏的交鈔上印的字是“僞造者斬，賞六百貫，仍給犯人家産”，印的年號是“興定六年二月”。《金史》興定年號衹有五年，所以不同，可能是印時尚未改元。

諸征商。海陵貞元元年五月，[1]以都城隙地賜隨朝大小職官及護駕軍。七月，各徵錢有差。大定二年，制院務創虧及功酬格。八月，罷諸路關税，止令譏察。[2]

[1]海陵：即完顔亮，本名迪古迺（1122—1161），金太祖庶長孫。本書卷五有紀。

[2]譏察：稽查、查問。

三年，尚書省奏，山東西路轉運司言，坊場河渡多逋欠，[1]詔如監臨制，以年歲遠近爲差，蠲減。又以尚書工部令史劉行義言，[2]定城郭出賃房税之制。

[1]逋：逃亡、拖欠。

[2]工部：官署名。掌修造營建法式、屯田、江河堤岸、道路

橋樑等事。長官爲尚書，正員一人，正三品。　劉行義：人名。不詳。

五年，以前此河濼罷設官，復召民射買，[1]兩界之後，仍舊設官。

[1]射：請求。

二十年正月，定商税法，金銀百分取一，諸物百分取三。

章宗大定二十九年，户部言天下河泊已許與民同利，其七處設官可罷之，委所屬禁豪强毋得擅其利。

明昌元年正月，勅尚書省，定院務課商税額，諸路使司院務千六百一十六處，比舊減九十四萬一千餘貫，遂罷坊場，免賃房税。十月，尚書省奏："今天下使司院務，既減課額，而監官增虧既有升遷追殿之制，宜罷提點所給賞罰俸之制，但委提刑司，[1]察提點官侵犯場務者，則論如制。"詔從之。

[1]提刑司：官署名。金於大定二十九年（1189）六月乙未開始設提刑司，掌審察刑獄、糾察濫官、勸農桑、吏出巡案等事，分按九路。長官爲提刑使，正三品。

三年，詔減南京出賃官房及地基錢。

二年，[1]諭提刑司，禁勢力家不得固山澤之利。又司竹監歲采入破竹五十萬竿，[2]春秋兩次輸都水監，[3]備河防，餘邊刀笋皮等賣錢三千貫，葦錢二千貫，爲額。

[1]二年：上文已有“三年”，疑次序顛倒或數目有誤。

[2]司竹監：官署名。屬京兆府管轄，掌管竹園和采伐等事。長官爲管勾，正員一人，從七品。

[3]都水監：官署名。專門規劃黄河、沁河等河防事。長官爲監，正員一人，正四品。

明昌五年，陳言者乞復舊置坊場，上不許，惟許增置院務，詔尚書省参酌定制。遂擬遼東、北京依舊許人分辦，中都等十一路差官按視，量添設院務千二十三處，自今歲九月一日立界。制可。

大定間，中都税使司歲獲千六萬四千四百四十餘貫，[1]承安元年，歲獲二十一萬四千五百七十九貫。泰和六年五月，制院務課虧，令運司差官監榷。

[1]千六萬：百納本校勘記“千六萬”，殿本作“十六萬”。

金銀之税。大定三年，制金銀坑冶許民開采，二十分取一爲税。[1]泰和四年，言事者以金銀百分中取一，諸物取三，今物價視舊爲高，除金銀則額所不能盡該，自餘金銀可並添一分。詔從之。七年三月，户部尚書高汝礪言：“舊制，小商貿易諸物收錢四分，而金銀乃重細之物，多出富有之家，復止三分，是爲不倫，亦乞一例收之。”省臣議以爲如此恐多匿隱，遂止從舊。

[1]二十分取一爲税：中華點校本卷五〇《食貨五》校勘記云，“榷場”條之末有“金銀之税”三百七十六字，當是本志文，誤置彼處，當接此下。

金史　卷五〇

志第三十一

食貨五

榷場　和糴　常平倉　水田　區田　入粟　鬻度牒[1]

[1]鬻：賣。　度牒：僧尼出家，由官府發給的憑證。有憑證的得免徭役、地稅。

榷場，[1]與敵國互市之所也。皆設場官，嚴厲禁，廣屋宇以通二國之貨，歲之所獲亦大有助於經用焉。

[1]榷場：金代對外貿易市場。金朝在臨近宋、蒙古、西夏、高麗等沿邊重鎮設立榷場，兼有政治作用。東勝、净、慶三州榷場除貿易牲畜、畜産品外，還是羈縻蒙古等部的基地。

熙宗皇統二年五月，[1]許宋人之請，[2]遂各置於兩界。九月，命壽州、鄧州、鳳翔府等處皆置。[3]海陵正隆四年正月，[4]罷鳳翔府、唐、鄧、潁、蔡、鞏、洮等州并膠西縣所置者，[5]而專置于泗州。[6]尋伐宋，亦罷之。五年八月，命榷場起赴南京。[7]

[1]熙宗：廟號。本名合剌，漢名亶（1119—1150）。本書卷四有紀。　皇統：金熙宗年號（1141—1149）。“皇統”下當加“元年正月，夏國請置榷場，許之”。參見本書卷四《熙宗紀》。

[2]宋：朝代名（960—1279）。

[3]壽州：屬南京路。治所在今安徽省鳳臺縣。　鄧州：今屬南京路。原宋南陽郡，嘗置榷場。治所在今河南省鄧州市。　鳳翔府：原宋扶鳳郡鳳翔軍節度，金屬鳳翔路。金皇統二年（1142）升爲府。治所在今陝西省鳳翔縣。

[4]海陵：即完顏亮，本名迪古迺（1122—1161），金太祖庶長孫。本書卷五有紀。　正隆：金海陵王年號（1156—1161）。

[5]唐：州名。金屬南京路。原宋淮安郡，嘗置榷場。治所在今河南省唐河縣。　潁：州名。金屬南京路。原宋順昌府汝陰郡，嘗置榷場，金正隆四年（1159）罷榷場。治所在今安徽省阜陽市。　蔡：州名。金屬南京路。原宋汝南郡淮康軍，金泰和八年（1208）升爲節度，曾置榷場。治所在今河南省汝南縣。　鞏：州名。金屬臨洮路。原宋通遠軍。治所在今陝西省隴西縣。　洮：州名。金屬臨洮路。治所在今甘肅省臨潭縣。　膠西縣：屬山東東路密州。治所在今山東省膠縣。

[6]泗州：原宋臨淮郡，金屬南京路。金正隆四年罷諸地榷場，但置榷場於此。治所在今江蘇省盱眙縣。

[7]五年八月，命榷場起赴南京：據本書卷五《海陵紀》，正隆五年八月“辛亥，命榷貨務并印造鈔引庫起赴南京”，本書卷五六《百官志二》榷貨務，“掌發賣給隨路香茶鹽鈔引”，與“敵國互市”無關，此處修史者誤以榷貨務爲榷場。南京，京、路名，治所在今河南省開封市。

國初於西北招討司之燕子城、北羊城之間嘗置之，[1]以易北方牧畜。世宗大定三年，[2]市馬於夏國之榷場。[3]四年，以尚書省奏，[4]復置泗、壽、蔡、唐、鄧、潁、密、鳳翔、秦、鞏、洮諸場。[5]七年，禁秦州場不得賣米麵、及羊豕之腊、并可作軍器之物入外界。

[1]招討司：官署名。掌招懷降附，征討叛離。長官爲使，正三品。金在西北路、西南路、東北路置招討司。西南路招討司，治所在豐州（今内蒙古自治區呼和浩特市東）。東北路招討司，本書卷九三《宗浩傳》，“初朝廷置東北路招討司泰州，去境三百里，每敵入，比出兵追襲，敵已遁去。至是，宗浩奏徙之金山縣，據要害。設副招討二員，分置左、右，由是敵不敢犯”，東北路招討司治泰州，即今吉林省洮南市東雙塔鄉城四家子古城，章宗時宗浩又設分司於金山縣。　燕子城：寨名。屬西京路撫州柔遠縣治下。大定十年（1170）隸於宣德州，明昌三年（1192）來屬。治所在今河北省張北縣。　北羊城：寨名。屬西京路撫州柔遠縣治下。治所在今河北省沽源縣西南的小河鎮一帶。

[2]世宗：廟號。本名烏禄，漢名雍（1123—1189）。　大定：金世宗年號（1161—1189）。本書卷六至八有紀。

[3]夏國：國名。也稱西夏、大夏。是西北少數民族党項羌建的封建政權（1038—1227），都興慶府（今寧夏回族自治區銀川市東南）。夏、遼、金先後成爲與宋鼎峙的政權。

[4]尚書省：行政官署名。長官爲尚書令，正一品。隋文帝實行官制改革，在中央設中書、門下、尚書三省。中書省是決策機構。門下省是審議機構。尚書省是執行機構，下統六部。此後歷代因其制。金初中央亦設三省，至海陵王即位，罷中書、門下兩省，衹置尚書省。尚書省成爲金朝最高國家行政機構。

[5]密：州名。原宋爲密州高密郡安化軍節度，金屬山東東路。

治所在今河南省新密市。　秦：州名。治所在今甘肅省天水市。

十七年二月，上謂宰臣曰：[1]“宋人喜生事背盟，或與大石交通，[2]恐枉害生靈，不可不備。其陝西沿邊榷場可止留一處，[3]餘悉罷之。令所司嚴察奸細。”前此，以防奸細，罷西界蘭州、保安、綏德二榷場。[4]二十一年正月，夏國王李仁孝上表乞復置，[5]以保安、蘭州無所産，而且税少，惟於綏德爲要地，可復設互市，命省臣議之。[6]宰臣以陝西鄰西夏，邊民私越境盜竊，緣有榷場，故奸人得往來，擬東勝可依舊設，[7]陝西者並罷之。上曰：“東勝與陝西道路隔絶，貿易不通，其令環州置一場。”[8]尋於綏德州復置一場。

[1]宰臣：即宰相及諸執政大臣。金朝以尚書省的尚書令，左、右丞相，平章政事爲宰相，尚書左右丞、參知政事爲執政官（詳見元好問《平章政事壽國張文貞公神道碑》，《元好問全集》卷一六，山西人民出版社 1990 年版）。

[2]大石：即耶律大石，遼太祖八世孫。契丹被金滅後，耶律大石率一部分人西遷，重建遼朝，史稱“西遼”。

[3]陝西：金無陝西路。北宋的陝西路治所在京兆府（今陝西省西安市），轄境相當於今陝西、寧夏長城以南，秦嶺以北及山西西南部、河南西北部、甘肅東南部地區。金朝皇統二年（1142），省並陝西六路爲四（太宗天會八年以後，右副元帥完顔宗輔爲攻取陝西的金兵統帥。金占領陝西以後設置幾路，《金史》中的記載並不統一。本書卷一九《睿宗紀》記載爲“既定陝西五路”，卷四《熙宗紀》也記載，八月，“招撫諭陝西五路”，似乎金朝占領陝西以後設置了五路。但《金史·地理志》記載爲四路）。金的陝西路

指京兆（治所在今陝西省西安市）、慶原（甘肅省慶陽市）、熙秦（即臨洮路，治所在今甘肅省臨夏縣東北）、鄜延（治所在今陝西省延安市）路。

［4］蘭州："蘭"，南監本、北監本、殿本、局本作"蘭"，中華點校本據改爲"蘭"。金屬臨洮路。原宋金城郡軍事。治所在今甘肅省蘭州市。　保安：州名。金屬鄜延路。原宋保安軍，屬鳳翔路。原宋天水郡雄武軍節度，後置秦鳳路。金初置節度，皇統二年（1142）置防禦使，隸熙秦路，大定二十七年（1187）來屬。治所在今陝西省志丹縣。　綏德：州名。金屬鄜延路。原唐綏州，宋綏德軍，金大定二十二年（1182）升爲州。治所在今陝西省綏德縣。二榷場："二"應爲"三"。中華點校本按，下文云，"以保安、蘭州無所産，而且税少，惟於綏德爲要地，可復設互市"，是蘭州、保安、綏德確是三地名。

［5］李仁孝：西夏國王仁宗。宋紹興九年（1139），繼爲夏國王，在位五十五年。在位期間，大興文教，設科取士。爲夏國一代名主。

［6］省臣：指尚書省大臣。尚書省設有尚書令，左、右丞相，平章政事，左、右丞，參知政事，郎中等官。

［7］東勝：州名。金初置武興軍。治所在今内蒙古自治區托克托縣。

［8］環州：屬慶原路，金初因之，大定間升爲刺郡。治所在今甘肅省環縣。本書卷一三四《西夏傳》記載在綏德州置榷場。本書卷八《世宗紀下》，二十一年"壬子，以夏國請，詔復綏德軍榷場，仍許就館市易"。俱不載環州設榷場事。當從本紀。

十二月，禁壽州榷場受分例。[1]分例者，商人贄見場官之錢幣也。[2]

[1]分例：據《宋會要輯稿》"食貨""互市"條記載，南宋孝宗乾道三年，即金世宗大定七年（1167），南宋尚書度支郎中唐琢言，"襄陽府榷場，每客人一名入北界交易，其北界先收錢一貫三陌，方聽入榷場。所將貨物，又有稅錢。及宿舍之用，並須見錢。大約一人往彼交易，非將見錢三貫不可"。

[2]贄：初見場官所送的禮物。

章宗明昌二年七月，[1]尚書省以泗州榷場自前關防不嚴，遂奏定從大定五年制，官爲增修舍屋，倍設闌禁，委場官及提控所拘榷，[2]以提刑司舉察。[3]惟東勝、静、慶州，[4]來遠軍者仍舊，[5]餘皆修完之。

[1]章宗：廟號。本名麻達葛，漢名璟（1168—1208）。本書卷九至一二有紀。　明昌：金章宗年號（1190—1196）。

[2]場官：官名。在榷場管理市場的官員。餘不詳。

[3]提刑司：官署名。金於大定二十九年（1189）六月乙未開始設提刑司，掌審察刑獄、糾察濫官、勸農桑、更出巡案等事，分按九路。長官爲提刑使，正三品。

[4]静：應作"净"。中華點校本按：本書卷二四《地理志上》，西京路有净州，屬縣天山注云，"舊爲榷場。大定十八年置，爲倚郭"。州名。屬西京路。大定十八年以天山縣升。治所在今内蒙古自治區四子王旗西北。　慶州：屬北京路。天會八年（1130）改爲奉州，皇統三年（1143）廢。治所在今内蒙古自治區巴林右旗西北查幹木倫河西岸白塔子古城。

[5]來遠軍：金屬東京路。舊來遠城，本遼熟女真地，金大定二十二年（1182）升爲軍，後升爲州。治所在今遼寧省丹東市九連城東，鴨緑江中黔定島上。

泗州場，大定間，歲獲五萬三千四百六十七貫，承安元年，[1]增爲十萬七千八百九十三貫六百五十三文。所須雜物，泗州場歲供進新茶千胯、荔支五百斤、圓眼五百斤、金桔六千斤、橄欖五百斤、芭蕉乾三百個、蘇木千斤、温柑七千個、橘子八千個、沙糖三百斤、生薑六百斤、梔子九十稱，[2]犀象丹砂之類不與焉。宋亦歲得課四萬三千貫。

[1]承安：金章宗年號（1196—1200）。

[2]胯：兩股之間。此是指度量單位，具體不詳。　梔子：一種常緑灌木。木材質地堅實、緻密，不易割裂，可用於製作農具和雕刻。果實用水浸後可得黄色染料。

秦州西子城場，[1]大定間，歲獲三萬三千六百五十六貫，承安元年，歲獲十二萬二千九十九貫。承安二年，復置於保安、蘭州。

[1]西子城：寨名。亦作西市城，在今甘肅省定西縣西南。

三年九月，行樞密院奏，[1]斜出等告開榷場，[2]擬於轄里尼要安置，[3]許自今年十一月貿易。尋定制，隨路榷場若以見錢入外界、與外人交易者，[4]徒五年，三斤以上死。

[1]行：官制用語。官階高而所理職低者稱“行”。金代後期在地方設立的臨時機構也稱“行”。　樞密院：軍政官署。掌理朝廷軍機要務。長官爲樞密使，從一品。金初襲遼制，占領遼東地區

後，設樞密院於廣寧府（今遼寧省北寧市），以統漢軍，後改設燕京。又於西京設雲中樞密院。金天會六年（1128），燕京樞密院並於雲中，成爲統轄全國軍隊的最高軍政官署。此後每行兵則稱元帥府，兵罷則復爲院（參見本書卷五五《百官志一》）。

[2]斜出：金中葉北阻卜人。附金，後隨夾谷清臣出征，因掠羊馬盜物被罰，又叛去。

[3]轄里尼要：本書卷一一《章宗紀三》作轄里褭。本書卷二四《地理志上》西京路昌州寶山縣下作"押恩尼要"。音同異譯，亦即狗濼，在今河北省張北縣。一説在內蒙古自治區錫林郭勒盟太僕寺旗炮臺營子西南九連城諸爾。

[4]路：金朝早期地方最高的行政設置是路，它是受漢制的影響而出現的。但這一時期的路制既不同於遼、宋王朝的地方建制，也與熙宗官制改革以後的路制不同。金朝的路制大多是因族、因地、因制而不斷設立的，路的級別也不同（參見程妮娜《金代政治制度研究》，吉林大學出版社 1999 年版，第 55 頁）。　見：意義與"現"同。

宋界諸場，以伐宋皆罷。泰和八年八月，[1]以與宋和，宋人請如舊置之，遂復置於唐、鄧、壽、泗、息州及秦、鳳之地。[2]

[1]泰和：金章宗年號（1201—1208）。

[2]息州：州名。屬南京路。本新息縣，泰和八年（1208）升爲息州。治所在今河南省息縣。

宣宗貞祐元年，[1]秦州榷場爲宋人所焚。二年，陝西安撫副使烏古論兖州復開設之，[2]歲所獲以十數萬計。

[1]宣宗：廟號。本名吾睹補，漢名珣（1163—1224）。本書卷一四至一六有紀。　貞祐：金宣宗年號（1213—1216）。

[2]安撫副使：按察司屬官。爲佐貳之官，兼勸農事。正員一人，正四品。　烏古論兖州：女真人。曾任同知京兆府事、商州刺史等職。

三年七月，議欲聽榷場互市用銀，而計數税之。上曰："如此，是公使銀入外界也。"平章盡忠、權參知政事德升曰：[1]"賞賜之用莫如銀絹，而府庫不足以給之。互市雖有禁，而私易者自如。若税之，則斂不及民而用可足。"平章高琪曰：[2]"小人敢犯，法不行爾，况許之乎。今軍未息，而産銀之地皆在外界，不禁則公私指日罄矣。"上曰："當熟計之。"興定元年，[3]集賢諮議官吕鑑言：[4]"嘗監息州榷場，每場獲布數千匹，銀數百兩，兵興之後皆失之。"

[1]平章：即平章政事。爲宰相之貳，佐治省事。從二品。　盡忠：金上京路猛安人。即抹撚盡忠，本名彖多。本書卷一〇一有傳。　權：唐以來稱代理、攝守之官爲"權"。　參知政事：尚書省下屬官。爲左、右丞相的佐貳，佐治政事。從二品。　德升：金益都路（今山東省青州市）女真人。即烏古論德升，本名六斤。本書卷一二二有傳。

[2]高琪：金西北路女真人。即术虎高琪。本書卷一〇六有傳。

[3]興定：金宣宗年號（1217—1221）。

[4]集賢諮議官：備皇帝諮詢。正九品。　吕鑑：人名。餘不詳。

金銀之税。[1]世宗大定五年，聽人射買寶山縣銀冶。[2]九年，御史臺奏河南府以和買金銀，[3]抑配百姓，且下其直。上曰："初，朕欲泉貨流通，故令行，豈可反害民乎。"遂罷之。十二年，詔金銀坑冶，恣民采，毋收税。二十七年，尚書省奏，聽民於農隙采銀，承納官課。明昌二年，天下見在金千二百餘鋌，銀五十五萬二千餘鋌。

[1]金銀之税：本段應是本書卷四九《食貨四》"金銀之税"條之文，誤置於此。

[2]射：逐取、追求。　寶山縣：本書卷二四《地理志上》小字注文，"寶山有狗濼，國言曰押恩尼要"。縣在河北省張北縣西北。

[3]御史臺：官署名。長官爲御史大夫，掌糾察朝儀，彈劾官邪，勘鞫官府公事，審理陳訴刑獄不當等事。從二品。　河南：府名。原宋西京河南府洛陽郡，金屬南京路。金初置德昌軍，興定元年（1217）升爲中京，府曰金昌。治所在今河南省洛陽市。

三年，以提刑司言，封諸處銀冶，禁民采煉。五年，以御史臺奏，請令民采煉隨處金銀銅冶，上命尚書省議之，宰臣議謂："國家承平日久，户口增息，雖嘗禁之，而貧人苟求生計，聚衆私煉。上有禁之之名，而無杜絶之實，故官無利而民多犯法。如令民射買，則貧民壯者爲夫匠，老稚供雜役，各得均齊，而射買之家亦有餘利。如此，則可以久行。比之官役顧工，[1]糜費百端者，有間矣。"遂定制，有冶之地，委謀克、縣令籍數，[2]召幕射買。禁權要、官吏、弓兵、里胥皆不得與。

如舊場之例，令州府長官一員提控，提刑司訪察而禁治之。上曰："此終非長策。"參知政事胥持國曰：[3] "今姑聽如此，後有利然後設官可也。譬之酒酤，蓋先爲坊場，而後官榷也。"上亦以爲然，遂從之。

[1]顧：通"雇"。

[2]謀克縣令：指謀克和縣令，應斷開爲是。

[3]胥持國：金代州繁畤（今山西省繁峙縣）人。本書卷一二九有傳。

墳山、西銀山之銀窟凡百一十有三。[1]

[1]墳山西銀山：地名。施國祁《金史詳校》卷四，"集禮墳山在銀山西北，嶺南屬奉先縣"，"嶺北屬宛平縣"，俱在今河北省。兩處銀調合爲百一十有六處，與此"百一十有三處"異。

和糴。熙宗皇統二年十月，燕，[1] 西、東京，[2] 河東，[3] 河北，[4] 山東，[5] 汴京等路秋熟，[6] 命有司增價和糴。

[1]燕：即金中都路，原遼路名，本唐幽州。唐安史之亂時史思明於此建號稱帝，稱燕京。後晉割與契丹。遼會同元年（938），稱南京，開泰元年（1012）號燕京。金初沿稱燕京，貞元元年（1153）建都於此，以燕京乃列國之名，不當爲京師號，改爲中都。治所在今北京市西南。

[2]西：西京，金京、路名。沿用遼舊名，爲西京路治所。金熙宗時，西京隸屬元帥府，海陵王時置本路總管府，後改置西京留

守司。治所在今山西省大同市。　東京：金京、路名。本渤海遼陽故城，遼在此設東平郡，天顯三年（928）升爲南京，十三年，更爲東京。金沿用遼舊名設東京路，治遼陽府，設東京留守司。治所在今遼寧省遼陽市。

[3]河東：路名。金設有河東南、北路。河東北路，治太原府，治所在今山西省太原市。河東南路，治平陽府，治所在今山西省臨汾市。

[4]河北：天會七年（1129）分河北路爲河北東路與河北西路。河北東路，治河間府，治所在今河北省河間市。河北西路，治真定府，治所在今河北省正定縣。

[5]山東：路名。金初設有山東東、西路。山東東路原爲宋京東東路，治益都府，治所在今山東省青州市。山東西路原爲宋京東西路，治東平府，後以府尹兼總管，置轉運司，治所在今山東省東平縣。

[6]汴京：地名。北宋時爲東京。金初稱汴京，貞元元年（1153）更爲南京，貞祐二年（1214）金中都被蒙古軍所圍，宣宗遷都於此。治所在今河南省開封市。

世宗大定二年，以正隆之後倉廩久匱，遣太子少師完顔守道等山東東、西路收糴軍粮，[1]除户口歲食外，盡令納官，給其直。三年，謂宰臣曰："國家經費甚大，向令山東和糴，止得四五十萬餘石，未足爲備。自古有水旱，所以無患者，由蓄積多也。山東軍屯處須急爲二年之儲，若遇水旱則用賑濟。自餘宿兵之郡，亦須糴以足之。京師之用甚大，所須之儲，其敕户部宜急爲計。"[2]

[1]太子少師：東宫屬官。　完顔守道：本名習尼列，完顔希

尹之孫。本書卷八八有傳。本傳記此時守道爲太子詹事，本書卷六《世宗紀上》記其進太子少師，在大定四年（1164）以後，這裏的“少師”係誤載。

[2]户部：官署名。尚書省下屬六部之一。掌全國的户籍、物力、榷場、租税等事。長官爲尚書，正三品。

五年，責宰臣曰：“朕謂積貯爲國本，當修倉廩以廣和糴。今聞外路官文具而已。[1]卿等不留心，甚不稱委任之意。”六年八月，勅有司，秋成之後，可於諸路廣糴，以備水旱。九年正月，諭宰臣曰：“朕觀宋人虚誕，[2]恐不能久遵誓約。其令將臣謹飭邊備，以戒不虞。去歲河南豐，宜令所在廣糴，以實倉廩。詔州縣和糴，毋得抑配百姓。”十二年十二月，詔在都和糴，以實倉廩，且使錢幣通流。又詔，凡秋熟之郡，廣糴以備水旱。十六年五月，[3]諭左丞相紇石烈良弼曰：[4]“西邊自來不備儲蓄，其令所在和糴，以備緩急。”

[1]文具：没有實際内容的空文。

[2]虚誕：虚幻荒唐。

[3]十六年五月：本書卷七《世宗紀中》記此事在九月。

[4]左丞相：爲宰相。從一品。

十七年春，尚書省奏，先奉詔賑濟東京等路飢民，三路粟數不能給。上曰：“朕嘗諭卿等，豐年廣糴以備凶歉。卿等皆言天下倉廩盈溢，今欲賑濟，迺云不給。自古帝王皆以蓄積爲國長計，朕之積粟豈欲獨用。即今不給，可於鄰道取之。自今多備，當以爲常。”四月，尚書省奏，“東京三路十二猛安尤闕食者，[1]已賑之矣。尚有未賑者。”詔遣官詣復州、曷蘇館路，[2]檢視富家，蓄積有餘增直以糴。令近地居民就往受粮。

[1]闕：意義與“缺”同。

[2]復州：原遼懷遠軍節度，金屬東京路。金明昌四年（1193）降爲節度。治所在今遼寧省瓦房店市境内的復州城。　曷蘇館路：《讀史方輿紀要》卷三七：“曷蘇館在衛東南，契丹移女真部落數千家於此，置館領之，謂之熟女真。金亦置曷蘇館路節度使，後徙於寧州。”知曷蘇館最初治所在今遼寧省蓋州市東南，後遷寧州。寧州爲遼所設州，金無，故本書《地理志》不載。

十八年四月，命泰州所管諸猛安、西北路招討司所管奚猛安，[1]咸平府慶雲縣、霿鬆河等處遇豐年，[2]多和糴。

[1]泰州：遼時爲契丹二十部族牧地，金屬北京路。金海陵正隆年間，置德昌軍，隸上京，大定二十五年（1185）罷，承安三年（1198）復置於長春縣，以舊泰州爲金安縣。金安縣治所在今吉林省洮南市東北雙塔鄉城四家子舊城址，一説在今黑龍江省泰來縣塔子城古城。新泰州，治所在今吉林省前郭縣他虎城（參見張博泉《東北歷代疆域史》，吉林人民出版社1981年版）。此指舊泰州。　奚：古族名。原居於饒樂水（今内蒙古自治區西拉木倫河流域），唐末分爲東、西奚。附遼後，多散居於中京地區。

[2]咸平府：府名。遼爲咸州，金屬上京路。金初爲咸州路，置都統司，天德二年（1150）升爲咸平府，後爲總管府，置遼東路轉運司、東京咸平路提刑司。治所在今遼寧省開原市老城。　慶雲縣：屬咸平路咸平府治下。治所在今遼寧省康平縣東南三十五里齊

家屯古城。　霧鬆河：河名。今遼寧省開原市境馬鬃河。

章宗明昌四年七月，諭旨户部官，“聞通州米粟甚賤，[1]若以平價官糴之，何如？”於是，有司奏，“中都路去歲不熟，今其價稍減者，以商旅運販繼至故也。若即差官争糴，切恐市價騰踴，貧民愈病，請俟秋收日，依常平倉條理收糴”。詔從之。

[1]通州：州名。屬中都路。天德三年（1151）升潞縣置，興定二年（1218）五月升爲防禦。治所在今北京市通州區。

明昌五年五月，上曰：“聞米價騰踴，今官運至者有餘，可減直以糶之。其明告民，不須貴價私糴也。”

六年七月，勅宰臣曰：“詔制内飢饉之地令減價糶之，而貧民無錢者何以得食，其議賑濟。”省臣以爲，闕食州縣，一年則當賑貸，二年然後賑濟，如其民實無恒産者，雖應賑貸，亦請賑濟。上遂命間隔飢荒之地，可以辨錢收糴者減價糶之，貧乏無依者賑濟。

宣宗貞祐三年十月，命高汝礪糴於河南諸郡，[1]令民輸輓入京，復命在京諸倉糴民輸之餘粟。侍御史黄摑奴申言：[2]“汝礪所糴足給歲支，民既於租賦之外轉輓而來，亦已勞矣。止將其餘以爲歸資，而又强取之，可乎。且糴此有日矣，而止得二百餘石，此何濟也。”詔罷之。十二月，附近郡縣多糴於京師，穀價騰踴，遂禁其出境。

[1]高汝礪：金應州金城（今山西省應縣）人。本書卷一〇七有傳。

[2]侍御史：御史臺官員。掌奏事，判臺事。正五品。　黄摑奴申：人名。不詳。

四年，河北行省侯摯言：[1]“河北人相食，觀、滄等州斗米銀十餘兩。[2]伏見沿河諸津許販粟北渡，然每石官糴其八，商人無利，誰肯爲之。且河朔之民皆陛下赤子，既罹兵革，又坐視其死，臣恐弄兵之徒得以籍口而起也。願止其糴，縱民輸販爲便。”詔從之。又制凡軍民客旅粟不於官糴處糶，而私販渡河者，杖百。沿河軍及譏察權豪家犯者，徒年、杖數並的决從重，以物没官。

[1]行省：官署名。行尚書省的簡稱。章宗以後，因用兵、河防等事涉及諸路，需統籌安排，因而臨時設立行尚書省，作爲尚書省的派出機構以總其事，事畢撤銷。金末漸遍布全國，成爲臨時性地方設置。長官爲行尚書省事，或簡稱行省事，一般由執政充任。　侯摯：金東阿（今山東省東阿縣）人。初名師尹，因避諱改今名。本書卷一〇八有傳。

[2]觀：州名。原宋永静軍，金屬河北東路。金初升爲景州，貞元二年（1154）來屬，大安年間爲避章宗諱更爲觀州。治所在今河北省東光縣。　滄：州名。金屬河北東路。治所在今河北省滄州市。

上以河北州府錢多，其散失民間頗廣，命尚書省措畫之。省臣奏："已命山東、河北榷酤及濱、滄鹽司，[1]以分數代納矣。今河北艱食，販粟北渡者衆，宜權立法以遮糴之。擬於諸渡口南岸，選通練財貨官，先以金銀絲絹等博易商販之粮，轉之北岸，以迴易糴本，兼收見錢。不惟杜奸弊，亦使錢入京師。"從之。

[1]濱：州名。宋軍事，金屬山東東路。治所在今山東省濱州市北濱城鎮。

又上封事者言：[1]"比年以來屢艱食，雖由調度征斂之繁，亦兼并之家有以奪之也。收則乘賤多糴，困急則以貸人，私立券質，名爲無利而實數倍。飢民惟恐不得，莫敢較者，故場功甫畢，官租未了，而囤已空矣。此富者益富，而貧者益貧者也。國朝立法，舉財物者月利不過三分，積久至倍則止，今或不期月而息三倍。願明勑有司，舉行舊法，豐熟之日增價和糴，則在公有益，而私無損矣。"詔宰臣行之。是年，權河東南路宣撫副使烏古論慶壽言邀糴事。[2]見鹽志下。

[1]封事：密封的奏章。古代百官奏機密事，爲防泄密，用皂囊封緘呈進，故稱封事。

[2]宣撫副使：佐貳官。按察司按撫副使兼宣撫副使。正四品。烏古論慶壽：金河北西路猛安人。本書卷一〇一有傳。

興定元年，上頗聞百姓以和糴太重，棄業者多，命宰臣加意焉。八月，以户部郎中楊貞權陝西行六部尚書，[1]收給潼、陝軍馬之用，[2]奏糴販粮濟河者之半以寬民。從之。

[1]户部郎中：户部下屬官員。掌户籍、物力、榷場等事。從五品。　楊貞：宣宗時人，曾任户部郎中等官。

[2]潼、陝：金與蒙古在此激戰。潼，指今陝西潼關。陝，指陝西地區。

六月，[1]立和糴賞格。

[1]六月：此處上缺繫年。

常平倉。世宗大定十四年，嘗定制，詔中外行之，其法尋廢。章宗明昌元年八月，御史請復設，[1]勅省臣詳議以聞。省臣言："大定舊制，豐年則增市價十之二以糴，儉歲則減市價十之一以出，平歲則已。夫所以豐則增價以收者，恐物賤傷農。儉則減價以出者，恐物貴傷民。增之損之以平粟價，故謂常平，非謂使天下之民專仰給於此也。今天下生齒至衆，如欲計口使餘一年之儲，則不惟數多難辦，又慮出不以時而致腐敗也。況復有司抑配之弊，殊非經久之計。如計諸郡縣驗户口例以月支三斗爲率，每口但儲三月，已及千萬數，亦足以平物價救荒凶矣。若令諸處，自官兵三年食外，可充三月之食者免糴，其不及者俟豐年糴之，庶可久行也。然立法之始貴在必行，其令提刑司各路計司兼領之，郡縣吏沮格者糾，能推行者加擢用。若中都路年穀不熟之所，則依常平法，減其價三之一以糶。”詔從之。

[1]御史：即監察御史，御史臺屬官。主管糾察內外百官，檢查諸官署賬目案卷，並監祭禮及出使之事。正七品。世宗大定二年（1162）定員八人，章宗承安四年（1199）增至十人，承安五年增至十二人，遂爲定制。

三年八月，勅“常平倉豐糴儉糶，有司奉行勤惰褒罰之制，其徧諭諸路，其奉行滅裂者，[1]提刑司糾察以聞”。又謂宰臣曰：“隨處常平倉，往往有名無實。况遠縣人户豈肯跋涉，直就州府糴糶。可各縣置倉，命州府縣官兼提控管勾。”[2]遂定制，縣距州六十里内就州倉，六十里外則特置。舊擬備户口三月之粮，恐數多致損，改令户二萬以上備三萬石，一萬以上備二萬石，一萬以下、五千以上備萬五千石，五千户以下備五千石。河南、陝西屯軍貯粮之縣，不在是數。州縣有倉仍舊，否則創置。郡縣吏受代，所糴粟無壞，一月内交割給由。如無同管勾，亦准上交割。違限，委州府并提刑司差官催督監交。本處歲豐，而收糴不及一分者，本等内降，提刑司體察，直申尚書省，至日斟酌黜陟。

[1]滅裂：草率行事。

[2]管勾：官名。掌收藏賬籍案牘，以備稽考之事。正員不定，秩七至九品不等。

九月，勅置常平倉之地，[1]令州府官提舉之，縣官兼董其事，以所糴多寡約量升降，爲永制。

［1］九月，敕置常平倉之地：本書卷九《章宗紀一》記此事在十月。

又諭尚書省曰："路諸縣未有常平倉，如亦可置，定其當備粟數以聞。"四年十月，尚書省奏，"今上京、蒲與、速頻、曷懶、胡里改等路，[1]猛安謀克民户計一十七萬六千有餘，[2]每歲收税粟二十萬五千餘石，所支者六萬六千餘石，總其見數二百四十七萬六千餘石。臣等以爲此地收多支少，遇灾足以賑濟，似不必置"，遂止。

［1］上京：京、路名。原爲女真按出虎水完顏部居地，俗稱皇帝寨、御寨。金太宗時始建都城，稱會寧府。熙宗時號上京。海陵王遷都燕京（今北京），削上京號，衹稱會寧府。金世宗時復號上京，爲上京路治所。治所在今黑龍江省阿城市金上京舊城址。　蒲與：路名。亦作"蒲峪"，屬上京路。金初置萬户，海陵時改爲節度使，承安三年（1198）置節度副使。治所在今黑龍江省克東縣金城鄉古城村（參見張泰湘、景愛《黑龍江克東縣金代蒲峪路故城發掘》，《考古》1987年第2期）。　速頻路：路名。遼爲率賓府，金上京路下的一個低級路。金天會二年（1124），以耶懶路都孛堇所居地瘠，遷於此，海陵時改置節度使，因名速頻路節度使。治所在今俄羅斯濱海邊疆區烏蘇里斯克（雙城子）。　曷懶：路名。屬上京路。治所在今朝鮮咸境南道咸興城五里處。　胡里改：路名。屬上京路。金初置萬户，海陵時改爲節度使，承安三年置節度副使。治所在今黑龍江省依蘭市喇嘛廟。

［2］猛安謀克民户：金朝户類之一。指編入猛安謀克組織内的人户，主要是女真人户，也有契丹、奚等族人户。

五年九月，尚書省奏："明昌三年始設常平倉，定其永制。天下常平倉總五百一十九處，見積粟三千七百八十六萬三千餘石，可備官兵五年之食，米八百一十餘萬石，可備四年之用，而見在錢總三千三百四十三萬貫有奇，僅支二年以上。見錢既少，且比年稍豐而米價猶貴，若復預糴，恐價騰踴，於民未便"。遂詔權罷中外常平倉和糴，俟官錢羡餘日舉行。

水田。明昌五年閏十月，言事者謂郡縣有河者可開渠，引以溉田，詔下州郡。既而八路提刑司雖有河者皆言不可溉，惟中都路言安肅、定興二縣可引河溉田四千餘畝，[1]詔命行之。六年十月，[2]定制，縣官任內有能興水利田及百頃以上者，升本等首注除。謀克所管屯田，能創增三十頃以上，賞銀絹二十兩匹，其租稅止從陸田。

[1]安肅：州名。原宋安肅軍，金屬中都路。金天會七年（1129）升爲徐州，隸河北東路，貞元二年（1154）劃歸中都路，天德三年（1151）改爲安肅州，軍名徐郡軍，大定後降爲刺郡，廢軍。治所在今河北省徐水縣。此爲安肅州下屬安肅縣。　定興：縣名。屬中都涿州治下。大定六年（1166）以范陽縣黄村置。治所在今河北省定興縣。

[2]六年十月：本書卷一〇《章宗紀二》記此事在十一月。

承安二年，勅放白蓮潭東牐水與百姓溉田。[1]三年，又命勿毁高梁河閘，[2]從民灌溉。

[1]白蓮潭：即積水潭（在今北京市）。金由中都東至通州漕渠，即利用高梁河、白蓮潭諸水，沿途設閘門八，以通山東、河北之粟帛。

[2]高梁河：在今北京市西北的大通河上游，又名高良河。

泰和八年七月，詔諸路按察司規畫水田，[1]部官謂：[2]“水田之利甚大，沿河通作渠，如平陽掘井種田俱可灌溉。[3]比年邳、沂近河布種豆麥，[4]無水則鑿井灌之，計六百餘頃，比之陸田所收數倍。以此較之，它境無不可行者。”遂令轉運司因出計點，[5]就令審察，若諸路按察司因勸農，可按問開河或掘井如何爲便，規畫具申，以俟興作。

[1]按察司：官署名。掌鎮撫人民，稽察邊防軍旅，審録重刑等事。長官爲按察使，正三品。

[2]部：指户部。

[3]平陽：府名。原宋平陽郡建雄軍節度，金屬河東南路。金天會六年（1128）升爲總管府，置轉運司。治所在今山西省臨汾市。

[4]邳：州名。原宋淮陽軍，金屬山東西路。金貞祐三年（1215）改隸河南府。治所在今江蘇省睢寧縣西北古邳鎮。　沂：州名。原宋琅琊郡，金屬山東東路。治所在今山東省臨沂市東南。

[5]轉運司：官署名。本書卷五七《百官志三》：“惟中都路置都轉運司，餘置轉運司。”掌税賦錢穀、倉庫出納、權衡度量之制。長官爲使，正三品。

貞祐四年八月，言事者程淵言：[1]“碭山諸縣陂湖，[2]水至則畦爲稻田，水退種麥，所收倍於陸地。宜募人佃之，官取三之一，歲可得十萬石。”詔從之。興定五年五月，南陽令李國瑞創開水田四百餘頃，[3]詔升職二等，仍録其最狀徧諭諸道。

［1］程淵：人名。不詳。

［2］碭山：縣名。治所在今安徽省碭山縣。

［3］南陽：縣名。屬南京路鄧州治下。治所在今河南省南陽市。南陽令：掌養百姓、按察所部、勸課農桑、總判縣事。正七品。李國瑞：人名。不詳。

十一月，議興水田，省奏：[1]“漢召信臣於南陽灌溉三萬頃。[2]魏賈逵堰汝水爲新陂，[3]通運二百餘里，人謂之賈侯渠。鄧艾修淮陽、百尺二渠，通淮、潁，大治諸陂于潁之南，[4]穿渠三百餘里，溉田二萬頃。今河南郡縣多古所開水田之地，收穫多於陸地數倍。”勅令分治户部按行州郡，有可開者誘民赴功，其租止依陸田，不復添徵，仍以官賞激之。陝西除三白渠設官外，[5]亦宜視例施行。

［1］省：指尚書省。

［2］漢：朝代名（前206—221）。　召信臣：西漢時人。曾任零陵、南陽太守。在南陽時，利用水泉開通溝渠，並築堤閘數十處，灌田三萬多頃。

［3］賈逵：三國時魏人。曾任豫州刺史，内治民事，外修軍旅，造新陂，通灌渠二百餘里，人稱賈侯渠。　汝水：古水名。上游即今河南省的北汝河。自郾城以下會今洪河和沙河。

［4］修淮陽、百尺二渠，通淮、潁，大治諸陂于潁之南：鄧艾，三國時魏人，曾建議屯田兩淮，廣開漕渠，著有《濟河論》。《晋書》卷二六《食貨志》記載：鄧艾“遂北臨淮水，自鐘離而南，横石以西，盡沘水四百餘里，……兼修廣淮陽、百尺二渠，上引河流，下通淮潁，大治諸陂於潁南、潁北，穿渠三百餘里，灌田二萬頃，淮南、淮北皆相連接。”潁，水名，在今河南省登封縣境，諸渠也應在此縣境。

［5］三白渠：亦稱白渠。在今陝西涇陽、三原一帶。古引涇水南流，至涇陽縣北五里建三限閘分水。太白渠、中白渠、南白渠總名爲三白渠（見《讀史方輿紀要》卷五三“白渠”）。

元光元年正月，遣户部郎中楊大有等詣京東、西、南三路開水田。[1]

［1］楊大有：人名。不詳。

區田之法。見嵇康《養生論》，[1]自是歷代未有天下通用如趙過一畝三甽之法者。[2]章宗明昌三年三月，宰執嘗論其法於上前，上曰：“卿等所言甚嘉，但恐農民不達此法，如其可行，當遍諭之。”四年夏四月，上與宰執復言其法，久之，參知政事胥持國曰：“今日方之大定間，户口既多，費用亦厚。若區種之法行，良多利益。”上曰：“此法自古有之，若其可行，則何爲不行也？”持國曰：“所以不行者，蓋民未見其利。今已令試種于城南之地，迺委官往監督之，若使民見收成之利，當不率而自効矣。”參知政事夾谷衡以爲“若有其利，[3]古以行矣。且用功多而所種少，復恐廢壠畝之田功也”。

上曰："姑試行之。"六月，上問參知政事胥持國曰："區種事如何?"對曰："六七月之交，方可見矣。""河東及代州田種今歲佳否?"[4]曰"比常年頗登。"是日，命近侍二人馳驛巡視京畿禾稼。[5]

[1]嵇康：三國時期魏國思想家、文學家、音樂家。爲"竹林七賢"之一。 《養生論》：書名。不詳。

[2]趙過：西漢武帝時期人，任搜粟都尉。他主持、設計了三角耬，還改進了其他生産工具，同時提倡代田法，對當時農業生産起了一定的推進作用。 一畝三甽：即代田法，把一畝地分成三甽和三壟，年年互换位置，以休養地力。

[3]夾谷衡：本名阿里不。山東西路三土猛安益打把謀克人。本書卷九四有傳。

[4]代州：金屬河東北路。治所在今山西省代縣。

[5]京畿：國都所在地及其行政官署所管轄的地方。

五年正月，勑諭農民使區種。先是，陳言人武陟高翌上區種法，[1]且請驗人丁地土多少，定數令種。上令尚書省議既定，遂勑令農田百畝以上，如瀕河易得水之地，須區種三十餘畝，多種者聽。無水之地則從民便。仍委各千户謀克縣官依法勸率。

[1]武陟：縣名。屬河東南路懷州治下。治所在今河南省武陟縣。 高翌：人名。不詳。 區種法：西漢氾勝之總結的一種耕作方法。即把土地劃分成許多小塊，集中使用水肥，精耕細作，以提高單位面積産量。

承安元年四月，初行區種法，男年十五以上、六十以下有土田者丁種一畝，丁多者五畝止。二年二月，九路提刑馬百禄奏：[1]“聖訓農民有地一頃者區種一畝，五畝即止。臣以爲地肥瘠不同，乞不限畝數。”制可。

[1]九路提刑：官署名。即提刑司。金於大定二十九年（1189）六月乙未開始設提刑司，掌審察刑獄、糾察濫官、勸農桑、更出巡案等事，分按九路。長官提刑使，正三品。　馬百禄：金通州三河（今河北省三河市）人。本書卷九七有傳。

泰和四年九月，尚書省奏：“近奉旨講議區田，臣等謂此法本欲利民，或以天旱迺始用之，倉卒施功未必有益也。且五方地肥瘠不同，使皆可以區種，農民見有利自當勉以効之。不然，督責雖嚴，亦徒勞而。”勅遂令所在長官及按察司隨宜勸諭，亦竟不能行。

入粟、鬻度牒。熙宗皇統三年三月，陝西旱飢，詔許富民入粟補官。世宗大定元年，[1]以兵興歲歉，[2]下令聽民進納補官。又募能濟飢民者，視其人數爲補官格。

[1]世宗大定元年：本書卷七《世宗紀中》記此事在大定二年（1162）正月。

[2]兵興：指海陵王南下攻宋之事。

五年，上謂宰臣曰：“頃以邊事未定，財用闕乏，自東、南兩京外，命民進納補官，及賣僧、道、尼、女冠、度牒，紫、褐衣師號，寺觀名額。今邊鄙已寧，其悉罷之。慶壽寺、天長觀歲給度牒，[1]每道折錢二十萬以賜之。”

[1]慶壽寺：在今北京市。　天長觀：據《元一統志》，天長觀在燕舊城（今北京市）昊天寺之東會仙坊内。有金明昌三年（1192）冲和大師提點十方天長觀事孫明道重建碑。此孫明道即王寂《鴨緑江行部志》“令主大天長觀事”之“道人孫公”。

明昌二年，勅山東、河北闕食之地，納粟補官有差。

承安二年，賣度牒、師號、寺觀額，復令人入粟補官。三年，西京飢，[1]詔賣度牒以濟之。宣宗貞祐二年，從知大興府事胥鼎所請，[2]定權宜鬻恩例格，進官升職、丁憂人許應舉求仕、監户從良之類，[3]入粟草各有數。

[1]西京：金京、路名。沿用遼舊名，爲西京路治所。金熙宗時，西京隸屬元帥府，海陵王時置本路總管府，後改置西京留守司。治所在今山西省大同市。

[2]知大興府事：從四品，掌通判府事。大興府，府名，原後晋幽州，遼會同元年（938）升爲南京，開泰元年（1012）更爲永安析津府。金天會七年（1129）分河北路爲河北東路與河北西路，時屬河北東路，貞元元年（1153）更名大興府，治所在今北京市西南。　胥鼎：金代州繁畤（今山西省繁峙縣）人。字和之，胥持國之子。本書卷一〇八有傳。

[3]監户：金户類名，即宫籍監户。“良人”没入官爲奴婢，隸宫籍監爲監户。本書卷一〇八《胥鼎傳》記此事作“官監户從良之類”，“監”字上有“官”字，此處應有“官”字。

三年，制無問官民，有能勸率諸人納物入官者，米百五十石遷官一階，正班任使。七百石兩階，除諸司。千石三階，除丞簿。[1]過此數則請於朝廷議賞。推司縣官有能勸二千石遷一階，三千石兩階，以濟軍儲。又定制，司縣官能勸率進粮至五千石以上者減一資考，萬石以上遷一官、減二等考，二萬石以上遷一官、升一等，皆注見闕。

[1]丞：縣衙屬官。掌貳縣事。赤縣正八品，餘九品。　簿：即主簿。掌同縣丞。正九品。

四年，河東行省胥鼎言："河東兵多民少，倉空歲飢。竊見潞州元帥府雖設鬻爵恩例，[1]然條目至少，未盡勸率之術。今擬凡補買正班，依格止廕一名，[2]若願輸許增廕一名。僧道已具師號者，許補買本司官。職官願納粟或不願給俸及券粮者，宜量數遷加。三舉終場人年五十以上，四舉年四十五以上，並許入粟，該恩大小官及承應人。令、譯史吏員，[3]雖未係班，亦許進納遷官。其有品官應注諸司者，聽獻物借注丞、薄，丞、薄注縣令，差使免一差。掌軍官能自備芻粮者，依職官例遷官如舊。"

[1]元帥府：官署名。金朝派駐地方的最高軍事機構。掌一方征討之事，兵罷則省。長官爲總元帥，從一品。金朝末年因戰事頻繁在地方設元帥府。

[2]廕：也作"蔭"，指因祖先的官職功勞而使後代得官。金代門蔭制度在天眷以前，一品至八品不限所蔭之人。貞元二年（1154）始定蔭叙法。章宗明昌年間，又行改制。規定諸色出身文

武官一品，蔭子孫至曾孫及弟兄姪孫六人，因門蔭則五人。二品則子孫至曾孫及弟兄姪五人，因門蔭則四人。三品子孫兄弟姪四人，因門蔭則三人。四品、五品三人，因門蔭則二人。六品二人，七品子孫弟兄一人，因門蔭則六品、七品子孫兄弟一人。

[3]令：令史，官名。掌文書案牘之事。有進士、宰執子弟、吏員轉補等女真令史和左右漢令史，出仕途徑不同。無品階。　譯人：吏名。金朝各級官衙中管理文書語言翻譯之人。　譯史：吏名。從事筆譯。設於州以上官署。金朝規定，役滿一百二十個月，即可出職。大定二十八年（1188）規定，省女真譯史從現任從七品、從八品，年六十以上者中選用。

四年，[1]耀州僧廣惠言：[2]“軍儲不足，凡京府節鎮以上僧道官，乞令納粟百石。防刺郡副綱、威儀等，[3]七十石者迺充，三十月滿替。諸監寺十石，周年一代，願復買者聽。”詔從之。

[1]四年：上文已有四年，此處重出，且據本書卷一四《宣宗紀上》，此事繫在貞祐四年（1216）八月。則此“四年”當作“八月”爲是。

[2]耀州：金屬京兆府路。原爲宋華原郡感德軍節度，金皇統二年（1142）降爲軍事，後爲刺史州。治所在今陝西省耀州區。廣惠：人名。不詳。

[3]防刺郡：金代無郡稱，有防刺州，掌巡捕，管理城堡等事。長官爲軍轄，無品級。

興定元年，潞州行元帥府事粘割貞言：[1]“近承奏格，凡去歲覃恩之官，[2]以品從差等聽其入粟，委帥府書空名宣勅授之，則人無陳訴之勞，而官有儲蓄矣。比年屢降覃恩，凡羈縻軍職者多未暇授，[3]若止許遷新覃，則將隔越矣。乞令計前後所該輸粟積遷。”詔從之。

[1]潞州：金屬河東南路。原宋隆德府上黨郡昭德軍節度。治所在今山西省長治市。　行元帥府：臨時性機構，爲元帥府的派出機構。因用兵涉及數路，故設行元帥府以總統兵馬。宣宗以後，因與蒙古的戰事規模擴大，行元帥府之設也遍及各路，主要戰場都設有行元帥府。行，官制用語，官階高而所理職低者稱行。　粘割貞：西南路招討司人。本名抄合，大定進士，累官至潞州經略使、工部尚書等。興定三年（1219）守晋安府，城破，死之。

[2]覃恩：廣布恩澤。古代帝王普行封賞或赦免稱爲覃恩。

[3]羈縻：引申爲籠絡、控制。羈，馬籠頭；縻，牛紖。